高等院校图书馆运作理论与实践研究

钱静雅　肖霞　杨淑亚　著

中国水利水电出版社
www.waterpub.com.cn
·北京·

内 容 提 要

图书馆主要是解决人类信息总量的无限需求及内容分布散乱与人们利用信息的多样性、特定之间的矛盾。本书以图书馆的基本概念为切入，对发展中的图书馆进行了梳理与研究。

图书在版编目（CIP）数据

高等院校图书馆运作理论与实践研究 / 钱静雅，肖霞，杨淑亚著. -- 北京：中国水利水电出版社，2017.6
ISBN 978-7-5170-5467-2

Ⅰ.①高… Ⅱ.①钱… ②肖… ③杨… Ⅲ.①院校图书馆–图书馆管理–研究 Ⅳ.①G258.6

中国版本图书馆CIP数据核字（2017）第131144号

责任编辑：陈 洁　　封面设计：王 伟

书　　名	高等院校图书馆运作理论与实践研究 GAODENG YUANXIAO TUSHUGUAN YUNZUO LILUN YU SHIJIAN YANJIU
作　　者	钱静雅　肖霞　杨淑亚　著
出版发行	中国水利水电出版社 （北京市海淀区玉渊潭南路1号D座　100038） 网址：www.waterpub.com.cn E-mail：mchannel@263.net（万水） 　　　　sales@waterpub.com.cn 电话：（010）68367658（营销中心）、82562819（万水）
经　　售	全国各地新华书店和相关出版物销售网点
排　　版	北京万水电子信息有限公司
印　　刷	三河市佳星印装有限公司
规　　格	170mm×240mm　16开本　11.75印张　207千字
版　　次	2017年7月第1版　2017年7月第1次印刷
册　　数	0001—2000册
定　　价	48.00元

凡购买我社图书，如有缺页、倒页、脱页的，本社营销中心负责调换
版权所有·侵权必究

◎ 前　言

　　随着高等教育理念的不断发展和创新，对高校图书馆的研究已引起越来越多的关注。高校图书馆随着社会环境的变化而变化，但这种变化不是简单的取代，而是与社会需求紧密相连，并不断地得到拓展和提升。从功能上来讲，图书馆经历了从图书文献管理、研究和开发，到信息集散、加工、销售和文化教育等一系列功能的衍生和整合；从服务上来讲，当初的服务意识淡薄、项目单一、服务范围窄，早已转化到认识上的统一、项目上的丰富与完善、服务上的不断深入与扩展；从整体上来讲，是由传统型图书馆向数字化图书馆发展，其基本特征表现为数据量大规模增长、全文资料数字化、数据查阅互联网化，迄今为止，高校图书馆演变成了一个多功能、全方位的系统。

　　图书馆主要是解决人类信息总量的无限需求及内容分布散乱与人们利用信息的多样性、特定之间的矛盾。本书以图书馆的基本概念为切入点，对发展中的图书馆进行了梳理与研究，具体内容体现为：第一章，图书馆的发展与阐释，主要界定了图书馆与高校图书馆的基本概念，追溯了高校图书馆的历史变迁；第二章，高校图书馆的教育功能理论，本书系统对高校图书馆教育功能的定位、高校图书馆教育功能实施与高校图书馆教育功能扩展进行分析；第三章，高校图书馆人力资源管理，论述了图书馆人力资源管理的内涵、高校图书馆人力资源应具有的素质、高校图书馆人力资源有效的管理途径；第四章，高校数字图书馆管理，对高校数字图书馆做了分析，解析了高校数字图书馆建设，以及对高校数字图书馆建设评估实例分析；第五章，科学发展中的高校图书馆学科化信息服务，图书馆有促进社会稳定和谐的功能，本章对积极建设和谐社会中的图书馆总结出以下四点，即：构建科学发展中的图书馆和谐服务平台、现代图书馆和谐服务理念及人性化服务、高校图书馆馆员与读者和谐关系的构建、科学发展中的高校图书馆导读服务；第六章，高校图书馆社会化服务，主要探讨了高校图书馆社会化服务的历史渊源与现状，分析对比高校图书馆社会化服务的主要模式，阐述了推进高校图书馆社会化服务的新措施，为更好地建立高效图书馆社会化服务的评价体系。

我国的高校图书馆各项工作还处于起步阶段，与世界接轨还需要很长的时间、做更多的工作，但最大限度地满足每一位公民对信息和知识的需求，真正实现信息和知识享有均等化，是每一个高校图书馆应尽的重任。

本书参阅了众多中外学者的文献和研究成果，这些为本书的写作提供了很大的帮助，在此表示衷心的感谢。由于时间紧迫，书稿难免存在一些不足，恳请各位专家、学者、前辈、同仁批评指正。

作　者

2017年4月20日

目 录

前言

第一章 图书馆的发展与阐释 ... 1
    第一节 图书馆与高校图书馆 ... 1
    第二节 高校图书馆的历史变迁 ... 3

第二章 高校图书馆的教育功能理论 ... 19
    第一节 高校图书馆教育功能的定位 ... 19
    第二节 高校图书馆教育功能实施 ... 21
    第三节 高校图书馆教育功能的扩展 ... 27

第三章 高校图书馆人力资源管理 ... 36
    第一节 高校图书馆人力资源管理的内涵 ... 36
    第二节 高校图书馆人力资源应具有的职业资格 ... 40
    第三节 高校图书馆人力资源的四步管理途径 ... 59

第四章 高校数字图书馆管理 ... 76
    第一节 高校数字图书馆概述 ... 76
    第二节 高校数字图书馆建设 ... 82
    第三节 高校数字图书馆建设评估实例分析 ... 90

第五章 科学发展中的高校图书馆学科化信息服务 ... 101
    第一节 构建科学发展中的图书馆和谐服务平台 ... 101
    第二节 现代图书馆和谐服务理念及人性化服务 ... 108
    第三节 高校图书馆馆员与读者和谐关系的构建 ... 117
    第四节 科学发展中的高校图书馆导读服务 ... 118

第六章 高校图书馆社会化服务 ·· 128
　第一节 高校图书馆社会化服务的历史渊源与现状分析············ 128
　第二节 高校图书馆社会化服务的主要模式·························· 152
　第三节 推进高校图书馆社会化服务的新措施······················· 168

参考文献·· 180

第一章 图书馆的发展与阐释

第一节 图书馆与高校图书馆

一、图书馆

郭沫若先生曾大声疾呼"办好大学图书馆,就等于办好大学的一半";[1]哈佛大学校长艾略特(Charles W. Eliot)曾把图书馆比喻为"大学的心脏,学校办学水平的镜子,现代大学的支柱之一。";美国学者哈特(James D. Hart)也说"大学不可能伟大,除非这所大学有一个伟大的图书馆。"美国作家雷·布拉德伯里在1976年就预言:"大学对你毫无帮助,除非你每天狂热地生活在图书馆中,在图书馆里生活、长大。"在美国,没有一所名牌大学的图书馆不是优秀的,有的大学图书馆甚至在全世界都是名列前茅的,如哈佛、哥伦比亚、普林斯顿、耶鲁等大学的图书馆,由此可见图书馆在大学的地位。凡举种种,都说明大学的发展与成功需要图书馆长期的支持,这些支持集中体现在它的馆藏、资料的检索与利用、各种设备设施、各种服务、图书馆馆员的专业知识和服务态度等方面,概括起来就是大学图书馆功能的发挥,就是图书馆依靠自身能力能为学校的发展做什么。对现代大学图书馆的功能进行重新定位,关系到大学以及图书馆的发展和前途。

据《辞海》释义,图书馆是"搜集、整理、收藏和流通图书资料,以供读者进行学习和参考研究的文化机构"。可见,图书馆具有搜集、整理、收藏和流通等功能。原北京大学图书馆学系主任刘国钧称,"图书馆乃是以搜罗人类一切思想与活动之记载为目的,用最科学经济的方法保存它们,整理它们,以便社会上一切人使用的机关",[2]彰显了图书馆收藏的功能。图书馆学家卢震京在《图书馆学辞典》中表示,"图书馆系根据

---

[1] 苏志武,吴远香主编.论现代高等学校管理[M].北京:中国传媒大学出版社,2004.
[2] 黄宗忠.图书馆学导论[M].武汉:武汉大学出版社,1988.

其特定需要，搜集一切或一些人类文化在科学、技术、文学及艺术各方面所创造的精华记载，用科学的经济的方法，整理，保存，以便广大人民使用，进而帮助其接受马列主义，并成为完成社会主义建设所必需的知识的文化中心。"[1]"高校"，以《高等教育法》第六十八条的规定为标准，是指大学、独立设置的学院和高等专科学校。因此高校图书馆综合定义为：高校图书馆是收集、整理和保存文献资料，并向师生和社会民众提供使用的教育文化性质的服务机构。

二、高校图书馆

教育部2002年颁发的《普通高等学校图书馆规程（修订）》中写道："高等学校图书馆是学校的文献信息中心，是为教学和科学研究服务的学术性机构，是学校信息化和社会信息化的重要基地。高等学校图书馆的工作是学校教学和科学研究工作的重要组成部分，高等学校图书馆的建设和发展应与学校的建设和发展相适应，其水平是学校总体水平的重要标志。"[2]可见，高校图书馆对高校和社会的健康发展有着十分重要的作用和深远的意义。在以经济和科技实力、国防实力和社会发展水平为主要内容日趋激烈的综合国力的竞争中，高层次人才越来越成了各国竞争的焦点和核心。高校图书馆作为为高层次人才提供服务的重要部门，只有得到不断的发展和壮大，才能担负起其应有的历史使命。在以知识为核心资源的知识经济时代，作为一个发展中国家，我国要赶超世界先进水平和实现跨越式发展的战略目标，努力发展和壮大高校图书馆，充分发挥高校图书馆的功能，为中国高层次人才建设提供优质服务，有着更为重大而紧迫的现实意义和历史意义。

---

[1] 卢震京. 图书馆学辞典[M]. 北京：商务印书馆出版社，1958.

[2] 李立国. 现代图书馆馆长工作方法与创新：领导艺术、业务实践、管理创新[M]. 北京：中国知识出版社，2006.

第二节　高校图书馆的历史变迁

一、新中国成立之前的高校图书馆

（一）历史渊源

中国是世界文明古国之一，历史悠久、文化灿烂辉煌。中国历史上最早的图书起源于商代，被称为"典籍"。典籍主要是以备忘录的形式记载古代皇家或官府的各项活动，涉及政治、宗教、军事、商业活动等各方面，记载的形式主要有甲骨、木材、石头、陶器、皮革、金属等。一般由宫廷和王公贵族等上层人物收藏，当时能够阅读到典籍的人非常少，只限于皇家或官府的部分成员。正因为典籍记载保存了古代人类的文明活动，所以它是人类从原始社会走向文明社会的象征。

随着人类社会的发展，典籍收藏的数量和记载的内容日趋增多，人类不仅有意识地对收集的各种典籍进行保管、整理、编序，而且还设立了专门的收藏地点，并由专门的史官管理。到了周代，典籍的收藏已经不再是简单的保管和整理，而是发展为管理和利用，其管理和利用水平与世界上最早的古巴比伦图书馆和古埃及图书馆的水平相差无几。因此，学术界公认周代史官的收藏是我国图书馆的起源和成型时期。

古代把收藏典籍的地方称为"藏书楼"。我国藏书楼的历史源远流长，起源于殷；形成于汉，发展于唐，繁荣于宋、清。藏书楼主要有官府藏书、私家藏书、书院藏书和寺观藏书四种类型。古代藏书具有封闭、私有、专享三大特点，其私有性和封闭性根源于当时社会经济发展水平和封闭的社会环境，中国传统的农耕文明所具有的封闭性，自给自足的小农经济滋养了藏书家狭隘的占有心理，再就是当时印刷技术的落后也导致了书籍数量少而且不易得，更使得藏书人倍加珍惜书籍，不轻易示人。这些社会条件使得古代藏书楼具有了"重藏轻用"或"藏而不用"的性质，尽管古代藏书楼只注重收藏而不注重应用，但仍保存了大量珍贵的各个朝代的典章制度、科考制度、皇家大事、天文、历史、地理、历法等各类丰富的文化典籍，对推动古代文化的繁荣和发展起到了重要的作用。

清末时期，由于频繁的战争、封建经济的解体导致了封建藏书楼的衰落。随着帝国主义对中国侵略的加剧，中华民族危机四伏，激起了国人的觉醒，爱国志士纷纷探求救国救民的道路，在向西方学习的过程中，不断引进西方图书馆先进的学术思想和管理方法，从而促进了旧式藏书楼向新式藏书楼的转变。

近代以后，中国社会迫切需要藏书为社会所用，逐渐打破旧的藏书体制，从"重藏轻用"发展到"藏用兼顾"，由封闭、私有、专享向公开、公用、共享转变，以面向社会公众为发展方向，建立起为社会服务的新式藏书楼。比如，徐树兰在绍兴筹建的古越藏书楼、国英创建的共读楼、杭州丁丙创建的丁氏八千卷楼等私人藏书楼；皖省藏书楼、京师大学堂等公共藏书楼；格致书院、广雅书院、龙门书院等地方书院藏书楼；苏学会、扬州匡时学会等学会藏书楼。这些新式藏书楼既继承了我国古代传统藏书楼的管理方法，又吸收了西方近代图书馆的管理技术，不仅形成了完整丰富的藏书体系，还制定了科学的藏书借阅制度，开始了民间藏书楼向近代图书馆的蜕变，成为中国近代图书馆的雏形。

（二）近代图书馆产生的三种学说

第一种观点自称为"中国图书馆西来说"。

这种观点认为中国图书馆是西方文明冲击的产物，是从接受西方图书馆思想和管理方法之后才开始中国图书馆的历史。他们认为中国古代没有图书馆，古代的"藏书楼"与现代的"图书馆"不仅在名称上存在差异，而且是两种性质截然不同的事物。假如不受西方思想文化的影响，就是再经过若干世纪的发展，中国的藏书楼也不可能自行演变成近代的图书馆。

原因是中国古代的藏书楼缺少演变成为近代图书馆的基本机制。西方图书馆的发展是一种完整的演变、递进过程，其历史起源于古代的两河流域、希腊和罗马的公共图书馆，中世纪演变为大教堂和修道院图书馆，产业革命后产生了近代图书馆。[1]而中国古代的藏书楼在近代之后就中断和消亡了，没有进一步演变递进为近代图书馆。所以，中国近代图书馆不是继承了中国藏书楼的传统，而是接受了西方图书馆的思想、观念、管理方法和先进技术后产生的新事物。

学者们认为，近代图书馆的诞生是"西学东渐"的结果，"西学东渐"分为"以日为师"和"以美为师"两个阶段。甲午战争后，清政府意识到日本在政治制度革新、输入西学并消化吸收西学方面的优势，于是，爱国志士从"救国之道"出发，拉开了大规模留学日本的帷幕。据统计，1903年在日的中国学生已达1300多人，截至1911年，赴日本的留学生总计达38307人。[2]中国学者在创建图书馆的实践中，"以日为师"的代表朱宗

---

[1] 吴晞."论中国图书馆的产生"[J].图书馆工作与研究，1992（2）.

[2] 张亚群."论清末留学教育的发展"[J].华侨大学学报，2000（4）.

莱在求学日本回国后，筹建了"海宁州中学堂""正蒙女子学堂""海宁州图书馆"等，缪荃孙东渡日本考察学务，回国后主持创办了"江南图书馆""京师图书馆"等，并于1919年任京师图书馆正监督。此时期对中国近代图书馆事业做出重大贡献的还有鲁迅、蔡元培、李大钊等学者，他们都曾到过日本留学或游历，将日本图书馆的管理方法和服务宗旨吸纳进来，开启了中国图书馆的"日本模式"创建、管理时代。1908年，美国国会提出将部分退还给中国的赔款用于中国学生赴美留学，中国的"以日为师"阶段转向"以美为师"阶段，并引起留学美国的热潮。"以美为师"的代表有杜定友、戴志骞等学者，他们回国后大力宣传美国图书馆知识及管理思想。沈祖荣学成归国后，积极投身中国图书馆事业，和余日章、胡庆生等在10余个省介绍和创建美国式的图书馆，在真正理解了近代图书馆的精髓的基础上开始创建中国近代图书馆事业。经过"西学东渐"，融合吸收欧美日等国图书馆的先进学术思想和理念，开启了中国近代图书馆的发展历程。

第二种观点认为，近代图书馆是中国自身发展过程中的产物。

中国古代藏书楼是图书馆的初级形态，图书馆则是古代藏书楼的高级阶段。藏书楼是现代图书馆的母体，现代图书馆是古代藏书楼发展的必然产物。原因是尽管古代的藏书楼侧重"重藏轻用"，而不是近代图书馆所强调的"藏用并重"和"藏以致用"，但古代藏书楼确实具备了近代图书馆最基本的特征——收藏图书和利用图书，这就是把中国图书馆的前身看成是中国古代藏书楼的根据。我国最早的藏书实物是殷商时代出现的用甲骨文书写的文献典籍，保存文献典籍的机构或者场所就是古代藏书楼的雏形。古代藏书楼形成于两汉时期，发展于隋唐时期，繁荣于宋清时期。

古代藏书楼有一套完整的藏书体系，可分为官藏、公藏和私藏。官藏是最早的古代藏书体系，不仅商周朝代的中央政府设有藏书室，各诸侯国也藏典设史；公藏是指社会教育、宗教机构的藏书，主要是书院、寺观的藏书；私家藏书主要是个人爱好，只有少数的外人可阅读。无论是官藏、公藏还是私藏，都是只注重收藏却不注重应用，以官藏为例，各种官府藏书一般深藏秘阁而很少对外开放，一般的平民百姓没有机会接触到收藏的各种文献著作，只有王公贵族能专享这些文献著作。汉代对藏书的借阅就非常严格，对太常、太史、博士等官员以外的未经皇帝允许的其他人员，不得私借、抄录，违反者就要受到惩罚。这极大地削弱了藏书功能的发挥，对中国典籍与文化的传播产生了负面影响。私人藏书楼的藏书一般也秘而不宣，主人一般都会设立严厉的家规以防止藏书外借。藏书家们辛勤地购书藏书，并想方设法保存维护，使许多文献著作能够流传至今，对推动中国古代文化的发展起到了一定的作用。尽管古代的藏书楼注重收藏而轻视利用图书，但它确实具备了近代图书馆最基本的特征。另外，学者们还认为，尽管西方思想的传人和影响是客观存在的，无论受其影响的程度如何，但是起决定作用的还是中华文化自我发展的必然结果。

第三种观点认为，近代图书馆是中西方共同作用的产物。

在中西多元文化相互融合之下便出现了中国近代图书馆。持此观点的学者们认为我国近代图书馆产生于三个方面：一是西方思想文化传入中国的产物；二是我国社会发展的产物；三是藏书楼的土壤与养料的作用。西方传教士是近代图书馆诞生的促进者，他们最先将西方文化带入中国，最先将西方图书馆介绍到中国。他们创办的宗教和教会图书馆对我国近代图书馆的建立起到了不可低估的作用。西方传教士在中国创立最早的图书馆是著名传教士金尼阁（Nicolas Trigautt）创办的基督教图书馆，到了明末清初时期，基督教图书馆有了进一步发展，在北京建成了著名的南堂、东堂、北堂和西堂图书馆，"四堂"图书馆积累了大量有价值的宗教和科学书籍。但后来因为清政府实行禁教、闭关政策，西方传教士的活动被禁止，"四堂"图书馆的大量藏书被毁。西方传教士在中国创办的早期图书馆并没有给中国图书馆的历史带来实质性的影响，直到鸦片战争之后，西方传教士在古老的中国大地上创建了一座座居于先进水平的新式图书馆。如1847年耶稣会传教士南格禄等人在上海建立的"徐家汇天主堂藏书楼"，1849年西方侨民在上海创办的"工部局图书馆"，1871年英国牧师伟烈亚历创办的"亚洲文会北中国支会图书馆"，1874年英国传教士傅兰雅发起在上海成立的"格致书院"，1894年由美国圣公会传教士在上海创办的"圣约翰大学图书馆"，1903年由美国基督教徒韦棣华女士建立的"文华公书林"，1904年建立的"圣约翰大学罗氏藏书室"，1911年建立的"南京金陵大学图书馆"、成都的"华西协和大学图书馆"和江苏的"东吴大学图书馆"，1912年建立的"杭州之江文理学院图书馆"，1916年建立的"福建协和大学图书馆"，1919年在北京建立的"燕京大学图书馆"，1922年在山东建立的"齐鲁大学图书馆"，1925年建立的"辅仁大学图书馆"等。这些图书馆的建立和使用，使中国人对"图书馆"有了直观的认识，起到了启蒙和示范的作用。它们为我国图书馆带来了先进的理念、先进的馆舍和设备、先进的管理方法，促进了中国近代图书馆事业的兴起。

西方图书馆的观念在清末民初时是由知识分子传播的。最早介绍和提倡学习西方图书馆的是中国近代思想界的先驱林则徐、魏源、陈逢衡、姚莹、徐继畲等人。林则徐翻译和编辑的《四洲志》中，首次详细介绍了欧美国家的近代图书馆文明。魏源的《海国图志》，对美国和欧洲各国的图书馆均有描述。知识分子们倡导向西方学习，兴办公共藏书楼，极大地冲击了中国古代藏书楼的封闭制度，为中国近代图书馆的创建奠定了经验基础。清末民初知识分子是中国古代藏书楼的"扬弃者"。1897年，康有为出版的《日本书目志》，采纳了日本图书分类法和中国古代书目的优点，改进了传统的四部分类法，强调了图书的社会功能，对后来新的图书分类法产生了一定的影响。[1]1896年，梁启超出版的《西学书目表》，创建了比较完整的以科学分类为基础的书目分类体系，并阐明了图书分类的理论原则，为近代西方图书分类法的输入和新的图书分类法的产生开辟了道路。清末民初知识分子是中国近代图书馆的"奠基者"。1895年，康有为在著名的"公车上书"中明确具体地提出了创办公共藏书楼的思想，呼吁中国向西方各国学习，建立供大众"以广见闻"的藏书楼。仿效西方国家经营图书馆的办法，把创办向社会开放的图书馆作为传播新思想、新知识和改变旧风气的重要措施。梁启超是中国近代图书馆学的奠基人和创立者，他主编的《时务报》，多次介绍西方各国的图书馆，报道国内各地筹办藏书楼的消息。1904年，内阁大学士张之洞会同官方开办了我国第一所官办公共图书馆"湖北省图书馆"。[2]1905年，湖南巡抚庞鸿书奏建了"湖南图书馆"。1912年8月，京师图书馆的开馆，在中国图书馆史上具有划时代的意义，标志着我国完成了由封建藏书楼向近代图书馆的转化，开创了我国图书馆史上的一个新时代。1918年1月，北京大学图书馆的成立，标志着中国近代图书馆进入了快速萌生和发展时期。

针对近代图书馆是如何产生的问题，通过以上学者们的分析，我们认为前两种观点虽然都表达了部分真理，但论据不完整。我们应该以历史的、辩证的观点客观全面地对问题进行研究与评价，若只选择问题的某个方面进行论述，就会使研究具有片面性。我们更赞同第三种观点。中国古代藏书楼和西方图书馆先进学术思想的传入，是中国近代图书馆产生的两个必要条件，缺一不可。若只有"封闭性"的古代藏书楼，而没有西方图书馆先进学术思想作为催化剂，就产生不了"开放性"的近代图书馆；若只有西方图书馆先进的学术思想，而没有古代藏书楼作为基础，也不会有近代图书馆的产生。

（三）近现代高校及其图书馆的创建发展

19世纪末，随着中西交往的深入，改良派已认识到西方教育制度的优越性，指出西方国家之所以富强，"不在炮械军兵，而在穷理劝学"。而中国之所以贫弱，原因主要是教育不良，人才缺乏。以康有为、梁启超为

---

[1] 程焕文.晚清图书馆学术思想史[M].北京：北京图书馆出版社，2004.
[2] 叶继元.中国百年图书馆精神探寻[J].图书情报知识，2004（5）.

代表的维新派为了使中国走向富强道路,把改革教育、兴办学堂、开启民智作为社会改良的重要内容。维新派认为育人才、兴办学校才是使国家富强的根本途径和关键所在。因此,他们向光绪皇帝上书,建议在各省州县遍设学堂,并在京师办学,这一时期创立的高等学堂是维新变法的产物。1898年创立的京师大学堂,是我国近代第一所国立大学,民国成立后改名为北京大学。直到1921年才建立起第二所国立大学——东南大学。据1926年7月北洋政府教育部公布的《全国公立私立专门以上学校一览表》统计,[1]当时国立大学有16所:北京大学、北洋大学、山西大学、东南大学、北京法政大学、北京农业大学、北京工业大学、北京师范大学、西北大学、同济大学、北京医科大学、武昌大学、武昌商科大学、北京女子师范大学、北京女子大学、政治大学等。

1. 中国第一所具有现代意义的大学——京师大学堂

京师大学堂从1896—1898年经历了创办、停办、恢复的三年曲折时期。据《清史稿·李端棻传》记载,1896年6月12日,思想上倾向维新的刑部侍郎李端棻向光绪皇帝上奏折,奏议设立京师大学堂以及各省府州县皆设书堂,这是创办京师大学堂的最早倡议。他还提出设藏书楼、创仪器院、开译书局、广立报馆、选派游历五项措施,光绪皇帝准奏并任命管理官书局大臣孙家鼐筹办设立京师大学堂。孙家鼐提出筹办京师大学堂的具体设想:定立以中学为主、西学为辅的宗旨,建造校舍,学问分科,聘请教习,招选学生,筹拨经费等。他的这些筹备计划虽然得到光绪皇帝的赞同,但恭亲王奕䜣和军机大臣刚毅等守旧大臣们却以经费困难等为理由,主张"缓办",导致京师大学堂的创议中途遇阻,横遭搁置。

1898年,变法图强的光绪帝在康有为、梁启超等人的建议下,又颁旨举办京师大学堂,并由梁启超代总理衙门起草了《京师大学堂章程》,于1898年12月招收首届学生。1900年八国联军入侵北京,京师大学堂的房屋、图书和仪器等大部分惨遭侵略军的破坏,完全没有了大学堂的样子,大学堂被迫停办。光绪与维新派认为大学堂为培养人才之地,慈禧太后与守旧派也需要培养维护自身统治的人才,所以,清政府于1902年1月10日下令恢复京师大学堂。清廷发布上谕,派张百熙管理京师大学堂和统筹全国学务。随后,张百熙进行复建京师大学堂和制订《钦定学堂章程》的改革工作,先后进行了人力资源整合,加强师资队伍建设,大胆启用学贯中西的人作为京师大学堂的管理人员,聘任贯通中西学的人才作为大学堂教

---

[1] 中国第二历史档案馆编.中华民国史档案资料汇编第三辑教育[M].南京:江苏古籍出版社,1991.

师；充实学堂设施，扩大学堂面积，筹措办学经费，编译教材，大力提倡西学，努力提高办学质量；设预科、开分科教学，创新办学机制等一系列有力措施。《钦定学堂章程》是我国近代第一个明确的大学宗旨，包括《京师大学堂章程》《考选入学章程》《高等学堂章程》《中学堂章程》《小学堂章程》《蒙学堂章程》六个章程，《章程》对大学堂的办学纲领、科系设置、培养目标、课程安排、规章制度、管理体制、教师聘用等方面都作了详细具体的规定。经过张百熙等人的积极筹备，京师大学堂于1902年10月14日开始招生，并于12月17日正式开学。

1903年，清廷任命荣庆为管学大臣，协助张百熙管理大学堂，同年6月，清廷又命张之洞会同张百熙、荣庆共同重新修订学堂章程《奏定学堂章程》，此章程与《钦定学堂章程》相比较，内容更加详细丰富，将大学堂分为经学科、政法科、文学科、医科、格致科、农科、工科和商科八个学科，对大学堂下各附属机构也有章程规定其日常运行。《钦定京师大学堂章程》和《奏定大学堂章程》是京师大学堂早期发展中两个十分重要的章程，它们对于京师大学堂及全国学堂的发展有着重要的指导意义。京师大学堂在张百熙、张之洞的先后领导下，在坚持传统文化的基础上不断寻求新的突破，不仅继承了维新派学习西学的意愿，而且借鉴了西方先进的管理理念和教学体制，加强了先进教育思想的传播范围和力度，极大地推进了我国高等学校教育制度的近代化进程，使京师大学堂逐渐发展成为中国近代高等教育的雏形。京师大学堂是当时全国最高学府兼最高教育行政机关，它的建立，使得各地方纷纷效仿，建立省会大学堂，这意味着中国的教育开始迈入近代化的进程。

早在1900年"庚子事变"之前，京师大学堂藏书楼就已经存在，馆址在北京城内马神庙和嘉公主府公主梳妆楼内。京师大学堂藏书楼是当时各学堂藏书楼中规模最大的，藏书楼的藏书来自于从江、浙、鄂、粤、赣、湘等地调取的书籍，还接受了强学会和官书局的藏书，京师大学堂复校后，同文馆的藏书并入京师大学堂藏书楼。清政府为了规范图书馆，采取了一系列措施，制订了章程、颁布了法规、建立了国家及各省图书馆。《京师大学堂章程》把藏书楼的建设放置在了十分重要的地位，还对藏书楼的体制做出了具体规定。《京师大学堂章程》是中国近代高等教育史上成文早、影响最大的官方文献，同时也是中国近代图书馆史，尤其是大学图书馆史上最早、最完备的建馆章程。[1]该章程的颁布，明确了图书馆的

---

[1] 吴晞.从藏书楼到图书馆[M].北京：书目文献出版社，1996.

宗旨和任务，使大学图书馆的设置有了依据。1910年，学部颁布《京师图书馆及各省图书馆通行章程》，规定京师图书馆的办馆宗旨，"图书馆之设，所以保存国粹，选就通才，以备硕学专家研究学艺、学生士人检阅考证之用，以广征博采、供人浏览为宗旨。"这与西方图书馆的精神深切契合。该章程还对图书馆的设置与名称、人员配备、经费环境设备要求、图书的搜集和利用、图书的阅览、规章制度等方面做了详细的规定。该章程是关于图书馆的第一部法规，它规定了"图书馆"作为我国藏书机构的法定名称，取代了"藏书楼"这一传统的称谓。该章程不仅体现了各行政系统建立图书馆的思想，还使图书馆的建立有章可循，对推动我国图书馆事业起到积极的作用。以京师图书馆的建立和《京师图书馆及各省图书馆通行章程》的颁布为标志，我国图书馆事业进入了一个新的发展阶段。

2. 北京大学图书馆

辛亥革命后，京师大学堂更名为北京大学，大学堂藏书楼亦更名为北京大学图书馆。1917年初，蔡元培就任北京大学校长，蔡校长非常重视图书馆建设，积极筹措图书经费，不仅开创了北京大学历史上思想自由、学术繁荣的黄金时代，对北大图书馆的发展也起到积极的推动作用。

1918年1月，李大钊任北京大学图书馆馆长，他不仅重视图书馆的事业，还十分重视图书馆的教育作用。在他主持图书馆工作的四年中，对图书馆进行整顿和改革，建立发展规划、完善规章制度，积极配合教学改革，调整图书馆机构和工作人员队伍，加强和改善读者服务工作，学习和借鉴国内外图书馆的先进经验和做法，提出"兼容互需"的藏书建设方针，积极引进新思想书籍，使北大图书馆成为传播马克思主义和新文化的重要基地。在李大钊的领导下，北大图书馆逐步发展成为国内领先、具有重大影响的大学图书馆。之后，袁同礼、马衡、蒋梦麟、毛准、严文郁、向达、蓝芸夫、阎光华、谢道渊、庄守经、林被甸、戴龙基、朱强等先后被任命为北京大学图书馆馆长，他们对图书馆的繁荣发展起到了非常积极的作用。

在北京大学图书馆走过的百年历程中，历尽沧桑，完成了一个从量到质的全面发展。在地安门内马神庙的和嘉公主府梳妆楼的基础上，增建西文藏书楼，之后迁入沙滩红楼一层，设立两处分馆，同时募集资金建筑新馆，新馆建筑面积为6600平方米，可容纳图书30余万册，采用当时先进的技术和设备，是当时国内第一流的图书馆。全国院系调整，北京大学迁入燕京大学校园，燕京大学图书馆并入北京大学图书馆，形成以原燕京大学图书馆为总馆的新的格局。1975年初，新的图书馆在燕园中心落成，总面积达24000多平方米，阅览座位2400个，可容纳藏书360万册，是当时国内建筑面积最大、馆舍条件最好的图书馆,该馆舍后被称为"老馆""西楼"。1998年,北京大学百年校庆之际,由香港实业家李嘉诚先生捐资兴建的新馆(东楼)落成,新馆在设计上具有面向现代计算机和网络技术未来发展的前瞻性,大开间布局,与旧馆完美对接,总建筑面积达到51000多平方米,阅览座位4100多个,在建筑规模上成为当时亚洲第一大高校图书馆。2000年,原北京医科大学图书馆并入北大图书馆,又增加馆舍面积10200平方米,阅览座位700余个。2005年,由教育部和北京大学拨款,对图书馆西楼重新进行了改造和修缮,增加面积1385平方米。2009年在昌平校区建成国内首例远程储存图书馆,面积近5000平方米。加上已建成的23个分馆,截至2011年,图书馆总面积已达85000平方米,为创建世界一流大学图书馆提供了良好的馆舍条件。

3. 清华大学图书馆

1911年建立清华学堂,次年,改建为清华学校,并建立了清华学校图书室。1919年3月建立了建筑面积2114平方米的清华学校图书馆,1928年学校改为国立清华大学,1931年11月馆舍扩建,面积增至7700平方米,可容书30万册,阅览座位700余席。1935年10月至1936年9月,著名文学家朱自清教授任图书馆委员会主席兼代图书馆主任。

1952年国家教育体制改革,清华大学由一所综合性大学调整为工科大学,重点采集工科类图书,同时积极采集马列主义经典著作以及进步文艺作品,1966年馆藏已发展到135万余册。1978年党的十一届三中全会以后,清华大学重新扩展成为一所综合性大学,随着学校学科布局的调整和规模的不断扩大,图书馆馆藏的种类和数量也有了较大的发展,至1990年已达250万册。

清华大学图书馆的黄金时代是自20世纪90年代之后,由香港邵逸夫先生捐资和国家教委拨款兴建的新馆落成,后被命名为"逸夫馆"。"逸夫馆"建成后,图书馆馆舍总面积达27820平方米,阅览座位2500余席。图书馆的自动化、网络化建设取得了重要进展,逐步建立起比较先进、完备的信息基础设施。至2013年底,实体馆藏总量约有4630万册,文摘索引类二次文献已基本覆盖学校现有学科,中、外文学术性全文电子期刊逾66000种。

目前,学校有人文图书馆、经管图书馆、法律图书馆、建筑图书馆、美术图书馆、医学图书馆六个专业图书馆;随着清华大学建设世界一流大学的前进步伐,清华大学图书馆正朝着建设研究型、数字化和开放文明的现代化图书馆的目标不断前进。

二、新中国成立之后的高校图书馆

新中国成立后，高校图书馆事业在曲折中前进，在完成由量变到质变的渐进发展过程中，经历了五个特殊时期：

1949—1965年的恢复发展时期

1966—1976年的停滞破坏时期

1978—1988年的改革振兴时期

1989—1998年的稳步发展时期

1999至今的飞跃发展时期

（一）高校图书馆恢复发展时期

1. 强化"硬件"管理

新中国及其文化部成立后，不断加强对高校图书馆的管理。一方面，改变旧中国遗留下来的图书馆的性质，对高校图书馆进行科学的整顿，清理反动、淫秽、荒诞书刊，加强文献的征集与保存。另一方面，通过召开座谈会的形式，专家学者们充分讨论与研究，完善和提高图书馆的图书分类、排架等工作，使高校图书馆的基本工作更加科学化，为高校图书馆文献资源建设的规范化、标准化、现代化打下了良好的基础。

1956年1月，党中央发出了"向现代科学大进军"的号召，有的科学家提出，要使科学赶上世界先进水平，首先要图书馆收藏的图书资料赶上世界先进水平。北京大学、清华大学等重点大学响应党中央"向现代科学大进军"的号召，图书馆合理分配现有的书刊，改善外国书刊的进口工作，增设教师阅览室、研究室、专业参考室等，拉开了高校图书馆积极为教学和科学研究服务的序幕。

1956年12月，高等教育部召开全国高等学校图书馆工作会议，确定了高等学校图书馆的性质和主要任务。高校图书馆的性质是为教学和科学研究服务的学术性机构。主要任务是：①搜集、供应教师、学生、科学工作者及其他工作人员所需的书刊、资料；②统一管理全校（院）的图书工作，以科学方法进行分类、编目、流通与保管，并开展参考工作，使书刊得以充分利用；③通过书刊、资料宣传马列主义及党和国家的政策法令；④培养图书馆的专业干部，并进行图书馆学的科学研究工作。[1]会议还颁发了《中华人民共和国高等学校图书馆工作试行条例（草案）》《高等

---

[1] 河北大学图书馆学系编.图书馆法规文件汇编[M].保定：河北大学出版社，1985.

学校图书馆馆际互借办法（草案）》《高等学校图书馆书刊调拨暂行办法（草案）》《高等学校图书馆书刊补充几项规定（草案）》4个文件。文件中明确规定了高校图书馆的组织机构及其职责、人员编制及待遇、图书经费来源及使用、图书馆委员会的设立等，为高校图书馆事业的有序发展指明了方向。

2. 完善"软件"素质

教育部在高校设置图书馆学专修科，学制三年，有计划地培养图书馆学人才，向高校图书馆输送大量高素质的图书馆学人才。为了提高工作人员的素质，高等教育部举办高等学校图书馆工作人员进修班，有的高校图书馆学系还设立函授班，使得学习人员大大提高了自身的业务水平，改进了图书馆的采访、编目、流通等工作。

3. 借鉴国外经验

1955年，我国选派留学生赴前苏联莫斯科图书馆学院学习先进的图书馆学理论与实践经验，并曾先后派遣代表团赴前苏联、德国、波兰、捷克、保加利亚等国进行友好访问和业务观摩，考察图书馆事业的发展情况和图书馆科学的工作方法、图书馆干部教育和工作人员进修制度以及研究解决如何为科学研究服务等问题。[1]国外先进的理论与技术，为我国高校图书馆建设带来了宝贵的经验，对我国高校图书馆在图书馆建筑、文献资源建设、图书馆布局、读者服务、科学管理等方面产生了深远的影响。

4. 增强国内协作

1957年，成立了"全国图书协调方案"，增强了高校图书馆之间的协作。建立了中心图书馆委员会，便于各高校图书馆由国家全面规划和统一管理；成立了中外、西文、俄文三个图书提要卡片联合编辑组，进行图书的集中编目；设立了全国图书联合目录编辑组；为了推动文献资源的开发和利用，开展了馆际互借，实现了高校图书馆之间的联系与协作。国家为高校图书馆在馆舍建设、文献资源建设、读者服务工作等方面的健康发展提供了政策上的保障，促进了高校图书馆的恢复发展。从1949年10月全国有高校图书馆132所，藏书794万册，发展到1957年有高校图书馆229所，藏书达4000万册，再到1965年全国有高校图书馆434所，为高校图书馆的进一步发展奠定了良好的基础。[2]

（二）高校图书馆停滞破坏时期

---

[1]张树华,吴慰慈.中国图书馆事业三十年大事记（1949—1979）[M].北京：北京大学出版社，1979.

[2]张乐鸟."我国高校图书馆事业回顾与展望"[J].天中学刊，2001（6）.

1966—1976年"文革"十年期间，高校图书馆基本处于关闭状态，停止采购，停止开放，有的馆舍被占用，图书资料流失，工作人员集中搞"斗、批、改"，偶尔开放也只是为配合少数人搞运动。后来，随着高校逐步恢复招生，高校图书馆也恢复了开放，但由于多年关闭和长期"左"的影响，藏书开放的范围极为有限，新书极少，这种开放经历了比较长时间的恢复阶段。

1971年4月，全国出版工作座谈会的召开为高校图书馆的重新开放、借阅服务提供了重要的政策依据。其后，一些高校图书馆陆续开放，积极整理藏书，先后恢复借阅服务。

"文革"的十年中，高校图书馆事业遭受一场空前的浩劫和灾难，1971年，全国高校图书馆由1965年的434所锐减到328所。[1]这十年，是高校图书馆发展的严冬期。

（三）高校图书馆改革振兴时期

1978年12月，中共十一届三中全会纠正了指导思想上"左"的错误，高校图书馆事业也随之迎来了发展的春天。改革开放以来，高校图书馆事业进入了蓬勃发展的时期。图书馆基本建设投入加大，管理体制、管理方式更加科学，工作人员的思想观念、价值取向、行为规范进一步提高，服务方式更加全面，现代技术应用更加先进。

1978年3月，全国科学大会召开，会议对高校图书馆提出了新的要求和任务，即健全和加强科学技术情报机构，尽快实现科学技术情报工作的现代化，建立文献检索中心和数据库，提高高校图书馆的情报服务职能。

1978年5月，教育部颁发《关于加强高等学校图书资料工作的意见》，提出了对图书、资料进行整顿的意见：

（1）彻底肃清"四人帮"在图书、资料工作中的流毒和影响；
（2）切实加强对图书馆工作的领导；
（3）对现有图书、资料进行一次清理，简化手续；
（4）调整开馆、借阅时间，提高服务质量；
（5）加强图书资料的保管、维护工作；
（6）加强图书资料工作队伍的建设；
（7）积极改善图书馆的条件；
（8）加强图书资料工作的现代化。[2]

---

[1] 黄宗忠，徐军."20世纪后半期的中国高校图书馆事业"[J]. 图书与情报，2000（4）.
[2] 陈源蒸，张树华，毕世栋编. 中国图书馆百年纪事（1840—2000）[M]. 北京：北京图书馆出版社，2004.

该意见明确了高校图书馆的发展方向与目标。该意见还明确规定高等学校要积极开展图书资料的编目和管理现代化的科学研究，逐步创造条件采用先进设备，使图书资料的搜集、整理、管理、服务等各个环节实现机械化、现代化。随着电讯业的发展和计算机的普及，图书馆工作的自动化程度逐步提高，高校图书馆正由传统图书馆向现代图书馆转化。

同年，全国哲学社会科学发展规划办公室对图书馆学制定了《1978—1985年图书馆学发展规划》（草案），其中拟定了五大类重点研究项目，指明了图书馆学研究的方向，丰富了图书馆学研究的内容，对高校图书馆的现代化、管理科学化提供了充分的理论依据和具体操作办法。

1979年7月9日，图书馆的专门性学术团体——中国图书馆学会正式成立，北京地区高等学校图书馆学会是中国图书馆协会的组成部分，在业务上接受中国图书馆协会的指导。同年，全国文献工作标准技术委员会成立，委员会在书目著录、文献分类、主题标引、书目情报交换、磁带格式等方面制定了国家标准，使文献工作进入规范化和自动化的轨道。

1979年12月，教育部发布了关于试行《一般高等学校校舍规划面积定额》的通知，对高校图书馆的面积做了详细的规定，内容包括学生阅览室、教师阅览室、特种阅览室、杂志报刊阅览室、书库、行政办公用房（包括编目、整理、装订等）、目录厅、借书处、会议室及附属用房等，[1]使得高校图书馆的建设有法可依。

1981年10月，教育部颁发《中华人民共和国高等学校图书馆工作条例》，规定高校图书馆的性质是：高等学校图书馆是学校的图书、资料、情报中心，是为教学和科研服务的学术性机构，它的工作是教学和科学研究工作的重要组成部分。条例对业务工作、领导体制和组织机构、工作人员、经费、馆舍、设备等均作了明确的规定。该《条例》是"文革"后第一个有关高校图书馆建设的国家法规，使高校图书馆事业建设步入正规化、法律化的轨道。

1981年11月26日，教育部发出《关于成立全国高等学校图书馆工作委员会的通知》，《通知》规定：全国高等学校图书馆工作委员会，是作为教育部主管全国高等学校图书馆工作的机构。全国高等学校图书馆工作委员会的成立，加强了高校图书馆之间的交流与合作，为面对、探讨、解决共同的问题提供了良好的平台，有益于高校图书馆的健康发展。

1982年12月13日，召开全国高校图书馆工作委员会第二次全体会议，

---

［1］河北大学图书馆学系编.图书馆法规文件汇编[M].保定：河北大学出版社，1985.

会议要求各图书馆努力提高服务水平和工作效率，有计划地推进高校图书馆事业整体的建设，为实现向社会主义现代图书馆的过渡打好基础，努力开创高校图书馆事业的新局面。

1984年4月，全国高校图书馆工作委员会召开了全国高校图书馆工作经验交流会。

会议讨论了高校图书馆改革的方向、目的、着重点及管理改革与业务的关系。随着高校图书馆改革研讨会会议的陆续召开，推进了高校图书馆改革的深入发展，大到高校图书馆改革的方向、目标、着重点，小到高校图书馆的队伍建设、业务管理、岗位责任制等，改革措施的实施加快了整个高校图书馆事业前进的步伐。经过多年的努力，高校图书馆的面貌发生了巨大的变化，提高了文献资源建设水平，改善了读者的借阅环境，激发了高校图书馆工作人员的工作热情，为高校图书馆发挥自身作用提供了良好的条件保证。

1978—1988年间，我国高等学校图书馆事业在文献资源建设、工作人员、学科建设、读者服务、学术交流等方面得到了全面改革振兴。图书馆的服务质量和工作效率逐步提高；现代化事业得到初步发展，逐渐走向信息化道路；文献检索与利用课程的开设有了突破性发展；图书馆学教育得到了长足发展。

（四）高校图书馆稳步发展时期

随着高校图书馆深化改革、不断开拓和稳步的发展，高校图书馆事业从整体上更注重自我发展意识，注重开放意识，馆员思想观念、价值取向、工作态度等有了明显的转变。现代科技的发展，计算机网络、多媒体技术的运用，促使高校图书馆服务手段和服务功能发生了划时代的飞跃，高校图书馆的工作重心由馆藏的发展和管理转变为信息的存取和服务。大力发展国内、国际的网络服务，使信息服务向更快、更准、更全、更深、更专题的方向发展。

1989年3月，全国高校图书馆评估研讨会召开，会议拟定了《关于建立普通高等学校图书馆评估制度的意见》和《普通高等学校图书馆评估指标体系大纲》两个草案，使得高校图书馆的建设与发展有了更准确的参考标准。1991年10月，国家教育委员会颁发了《关于普通高等学校图书馆评估工作的意见》。对评估目的、评估内容、评估级别等都做了详细说明，还规定了高校图书馆评估指标体系大纲及其说明。高校图书馆进入了全面评估的活动之中，其建设的可操作性越来越强，大大促进了高校图书馆的稳步健康发展。此后，相继召开了全国高校图书馆学系主任会议、全国高校图书馆1994年外文报刊协调会议、全国高校图书馆第5届期刊学术研讨会、全国高校文献检索教学研讨会、全国高校中文书刊联合统编工作研讨会、国产图书馆信息管理系统展示会暨高等学校图书馆信息管理系统研讨会、国际信息管理系统展示会暨高等学校信息管理系统研讨会、全国高校信息管理专业教育研讨会等。这些研讨会的召开，使得高校图书馆的数据库建设更加科学化、标准化、规范化，为提高其服务水平打下了坚实的基础；对图书馆学的教育起到了巨大的推进作用；使得高校图书馆的文献采编工作步入了高效、科学的轨道；加快了管理系统在高校图书馆的应用，加速了高校图书馆的现代化、自动化、网络化进程。

1990—1997年，高校图书馆在文献累计量、建筑面积、阅览座、正式职工等几个重要指标上，均出现了稳步增长的局面。到1995年底，全国高校图书馆达1080所。1997年全国高校图书馆建筑总面积627.81万平方米，全国高校图书馆工作人员增至41300人。[1]1998年全国现有图书馆学本科专业20个，信息管理专业151个，设有图书馆学硕士学位授权点13个，情报学硕士学位授权点18个，图书馆学和情报学博士授权点各3个，截至1998年年底，共培养图书馆学情报学硕士研究生1465名，博士研究生56名。[2]回至1997年底，全国已有200多所高校图书馆的计算机与因特网联网。从这些数据可以看出，1989—1998年正是高校图书馆的稳步发展时期。

（五）高校图书馆飞跃发展时期

自1999年以来，图书馆诸要素再次全面提升。馆舍条件大大改善，全国各地到处都传播着建设高校图书馆楼的消息，2005年，在203所高校图书馆建筑总面积排行榜中，超过1万平方米的达到104个，最小的面积也在1000平方米左右，平均面积超过13573平方米。

进入21世纪后，现代化设备全面充实到图书馆各个领域，大多数高校图书馆都具备几百台计算机，智能卡技术、射频识别技术、计算机网络和数据库管理技术、通信技术、设备集控技术、视音频监控技术、多媒体信息转换技术等多方面的技术与现代化设备全面充实到了图书馆工作的各个领域。在2005年，175所高校图书馆个人计算机数量排行榜中，千台以上的有3个，百台以上的达98个，平均每馆194台。

随着科学技术的发展，计算机等新技术不断应用于高校图书馆，在这一时期，因特网、中国教育科研信息网等各类网络化建设成就显著，网络化建设为高校图书馆快速发展铺设了"高速公路"，信息资源的数字化建

---

〔1〕黄宗忠，徐军."20世纪后半期的中国高校图书馆事业"[J]. 图书与情报, 2000（4）.
〔2〕章飞等. 中闲图书馆学教育概论[M]. 长沙：国防科技大学出版社, 2001.

设取得了巨大成就，这些都为高校图书馆的飞跃发展带来了新的机遇，为高校图书馆信息资源的共建、共知、共享的实现提供了各种条件。

2003年，教育部图书情报工作指导委员会针对高校图书馆制定了《普通高等学校图书馆评估指标（征求意见稿）》和《关于<普通高等学校图书馆评估指标（征求意见稿）>及评估办法的说明》，全国各地高校根据评估指标积极行动起来，掀起"以评促改，以评促建，以评促管，评建结合，重在建设"的热潮。高校评估给高校图书馆的发展带来了新的契机，高校图书馆伴随资金投入的加大和网络技术的发展进步，发生了深刻的变革，从馆舍设施、信息资源的数量到服务的职能和方式等都呈现出新的发展趋势和特色，高校评估促进并带动了高校图书馆的转变和发展，使高校图书馆逐步向信息化、自动化、网络化和数字化发展。

1999年以来，高校图书馆在文献资源等软硬实力方面的建设以及取得的成绩，比以往任何一个阶段都要全面、深入。尤其是高校图书馆评估的进一步深化，大大促进了高校图书馆的发展。

通过分析高校图书馆经历的不同发展时期，高校图书馆存在各种各样的问题：图书经费有待进一步提高；自动化进程有待加强；人员素质有待提升；资源共建共享需要向纵深发展；现代化、信息化程度有望提高；读者服务范围需要扩展，承担更多的社会责任和义务等。这些问题的解决需要政治、经济、指导思想、法制、科学技术、自身发展等各个方面的保证和支持。高校图书馆要获得进一步的发展，需要稳定的社会经济政治环境，需要科学的指导思想，需要先进的科学技术并适应科学技术的发展，需要强有力的法制保障，要在提高自身服务水平的同时加强各馆之间的合作，需要不断促进管理体制、组织机构的改革，加强科学管理，只有不断加强自身的改革和发展，不断适应社会经济的要求，才能促进整个高校图书馆事业的进步。

第二章 高校图书馆的教育功能理论

第一节 高校图书馆教育功能的定位

关于高校图书馆的教育功能定位，1981年全国高校图书馆工作会议指出，高校图书馆应当发挥四个方面的教育功能，即配合学校思想政治工作对学生进行思想政治教育；直接配合教学进行专业教育；扩大学生知识面进行综合教育；对读者进行利用文献的教育。概括起来就是思想政治教育、专业教育、综合教育和利用文献教育。1987年国家教委以（87）教材图字009号文件颁发了《普通高等学校图书馆规程》，不仅将高校图书馆定性为"教学和科学研究服务的学术性机构"，而且首次提出高校图书馆要履行教育功能和情报功能。同年，全国高校图书情报工作会议重申了高校图书馆这四个方面的教育功能，并要求各校在实践中积累和总结好自己的经验和心得的基础上有所开拓、有所创新。时任国家教委副主任的彭珮云同志也有详尽的论述，她强调要根据各校的具体情况，重视对文献情报资源的开发，加强情报服务工作。不仅国家在政策上对高校图书馆教育功能进行定位，而且学术界也从理论上对此进行了一些探讨。例如，北京大学齐宝惠等同志认为高校图书馆教育功能的基本内容主要可归结为两点：一是提供各科文献直接配合教学进行专业教育及综合教育，使读者形成自己的健全的科学知识体系；二是对学生进行情报意识与文献利用教育，使其具有检索、搜集、处理和吸收情报资料的能力，从而培养学生独立学习、研究和工作的能力，包括思维能力和实践能力。[1] 而这两点正是与高等学校教育的两个基点即对学生进行"知识"和"能力"教育相一致的。

根据上文提出的有关高校图书馆教育功能定位的四个方面的依据，结合国家有关高校图书馆教育功能政策方面的要求以及相关的学术探讨，以下将高校图书馆的教育功能定位在以下三个方面。

---

[1] 全国高等学校图书情报工作委员会秘书处. 高校图书馆履行教育职能经验交流会文集[M]. 北京：北京师范大学出版社，1990.

（一）提供文献资源配合专业教育及综合教育，帮助学生学好各科知识

高校图书馆最集中最系统地收集、保存各种历史的和现实的文献，被认为是知识的宝库。高校图书馆教育功能的发挥，就是要运用各种先进的信息技术手段，将这个知识宝库中的宝藏开发出来，使之得到最广泛、最充分的利用。学生通过利用高校图书馆藏书学习各专业学科知识，不仅是对课堂学习的必要补充，而且可起到课堂教学无法起到的作用。因为学生在高校图书馆的学习，便可以根据自己的个性需要和社会需要，来选择自己的学习内容；可以跨越不同的学科，也可不受年级的限制；既可以选择某一学科的专业知识，又可以通过广泛涉猎而博学多才。这种学习，更有利于培养学生的主动性、能动性和创造精神。高校图书馆应充分发挥这种自主性教育的优势。

（二）通过信息素质教育培养学生获取知识的能力，学会学习

高校图书馆对学生能力的培养主要是帮助其提高获取知识的能力和学习的能力。高校图书馆是取之不尽、用之不竭的知识宝库，知识宝库的社会价值要通过读者和用户对它的充分开发和利用才能实现。同时，学生只有掌握打开这些宝库的钥匙，才能从中获取知识。高校图书馆馆员要把知识宝库的钥匙交给学生，使他们能够主动地、有效地、充分地利用高校图书馆文献信息资源。

从新形势对新型人才的需求来看，开发学生立体、全面、开发的思维迫在眉睫。高校图书馆是信息素质教育中心，高校图书馆的专业人员应是信息素质教育的积极推行者。图书馆信息意识教育重点应放在信息、文献、知识的获取和利用这一面，使学生善于将网络上的信息与书本上的知识有机结合起来。馆员要成为网络学习者的先行者，帮助学生获得所需学习资源，提高学生信息素质，从而培养学生获取知识的能力。

因此，高校图书馆具有教育方式上的优势，也就是"自学+辅导"的自我教育方式，以其种类丰富、结构优化的知识资源为基础保障，以阅读辅导教育等手段，帮助学生自主学习，提高学生学习能力。

（三）利用自身资源优势，提高学生思想道德素质和文化素质

高校图书馆在大学生成长中是不可或缺的精神食粮。图书馆员要懂得配合社会主义、爱国主义和集体主义的宣传教育活动，加强对这方面优秀图书的推荐、宣传、辅导工作，并通过开展"新书通报""新书、热门书推荐"等宣传活动，引导学生多读书、读好书，有效地开展图书馆导读工作，激励学生认真学习各方面的知识技能，调动学生的学习积极性和创造性。优秀图书能影响学生的世界观、人生观、价值观的形成，使学生终生难忘、受益无穷。良好的思想道德教育，能够使学生在不知不觉中培养敏

锐的观察力和准确的判断力，分清善恶、是非、美丑，在潜移默化中形成美好的品德。

在人的诸多素质中，文化素质是一种基础性的素质，对于其他素质的形成和发展具有很大的影响力。没有较高的文化素质，很难想象一个人会具有很高的思想道德境界和人生追求，也很难想象一个人的业务水平和专业能力会有进一步的提高和充分的发挥。文化素质对于人的人生观、价值观的形成具有基础性的决定作用。1995年，国家教委提出了加强大学生文化素质教育设想，具体内容是：通过课内外各种形式的活动，加强大学生人文社会科学等有关理论知识的教育，提高大学生的文化品位和素养，使大学生综合素质得到全面发展，并基于这一精神组织开展试点工作。围绕这项工作，图书馆可以充分发挥自身资源优势，确定大学生必读书目，开展"读书月"活动，举办文化讲座等工作。知识、能力和素质三者有着辩证统一的关系，在图书馆的教育功能实现过程中，上述这三点是相辅相成的，不可厚此薄彼。

第二节 高校图书馆教育功能实施

一、高校图书馆教育功能实施的条件保障

（一）丰富的馆藏资源

高校图书馆有丰富的馆藏，是人类知识的宝库。大学生在这里通过阅读和借阅，可以得到大量信息，了解时事动态，掌握新科学技术，开阔视野，从中受到教育和启迪。为了更好地实施其教育功能，图书馆在此基础上应不断扩大藏书规模，多购书，购好书。在藏书建设上应针对教学科研和文化素质需要，采购各文种、各类型、各专业、各载体的文献资料。除专业资料外，还应加强人文素质方面的文献资源建设，满足读者对文献资料的各种需求，保证为大学生进行全面素质教育奠定良好的物质基础。

在网络环境中，图书馆的文献资源不再只局限于馆藏，还包括网上可利用的其他文献资源。图书馆不仅要发掘自身资源，使馆藏资源网络化，还要充分利用网络资源，使网络资源为图书馆所吸收，更好地为读者服务。

（二）图书馆教育功能实施的有力保证——高素质的图书馆员

很长时间以来，人们对高校图书馆的认识还是存在着误差，认为高校图书馆只是为教学、科研服务的服务性机构，其工作内容主要是一些借

借还还的事务性工作,对高校图书馆在教育中的作用缺乏足够的认识。在高校图书馆内部,馆员也同样存在着对本职工作认识不足的问题,只看到高校图书馆日常进行的采(文献采访)、分(对文献进行分类标引)、编(编目)、典(典藏)、流(书刊流通)等业务活动,没有认识到高校图书馆在高级专门人才培养和教育中所起的十分重要的作用。对于如何利用自身的特点与优势来进行教育,缺乏必要的思想准备和行动措施,从而导致在图书馆的政策、服务、文献资源建设、用户教育、图书馆参与学校文化建设等方面表现出明显的缺陷。在导读、图书报道宣传、读者教育方面,忽视对学生素质的全面性要求,表现为无整体性的教育计划、无系统的教育行为来为学生提供完整合理的教育活动。文献检索与利用课的开设,往往流于一种形式,未达到预期的效果,结果是学生的情报意识不强,文献检索能力较差。无论是对传统的检索工具还是对新型的电子检索工具与网络检索工具都很陌生,情报意识、科研能力、自学能力等存在严重不足。因此,要充分发挥高校图书馆在素质教育中的作用,首先要求教育主管部门、高校领导以及图书馆的领导及全体工作人员,要不断更新观念、提高对图书馆在素质教育中重要性的认识。

如果一个教师讲授能力差、本人水平低,教学效果必然不会好,同样图书馆工作人员素质太低,也必然影响到图书馆教育功能的发挥。因此,图书馆一方面在人才结构上必须合理配备,整个图书馆应该具备多维多层次的人才;另一方面要使人员的知识结构尽可能广博,善于积累知识、捕捉信息,真正做到言传身教、为人师表。在强调人员素质提高的同时,还应注意充分调动人的潜在能力,使图书馆的教育功能发挥得更加充分和深入。例如,美国俄亥俄州大学图书馆规定其在职人员不论在哪个业务部门,除他本身的业务工作外,还必须是身兼某一专业(系)的书目专家,专门负责该专业(系)的藏书发展,到系里配合教学介绍参考书、了解新开课程及专业等。

长远来说,优秀图书馆员将成为当代图书馆的最重要的资源。因为图书馆员是知识的载体,是图书馆信息库的建造者和维护者,是信息资源与读者用户之间的桥梁和纽带,是知识含量信息产品的设计者、生产者和操作者,而具有创新精神的图书馆员又恰恰是图书馆内在发展的动力。

(三)图书馆教育功能实现的有利契机——信息环境下的自主学习

教育信息化是信息化时代高校教育发展的趋势,旨在高等学校实施信息化建设,借助计算机技术、多媒体技术、网络技术等现代信息技术的优势推动学校全面发展,从而构筑起以数字校园为基础,以网络远程教育为纽带,面向学习化社会,以培养和提高学生的信息素养,特别是信息能力

第二章 高校图书馆的教育功能理论

为重要目标，从而推进高等教育的进程。从信息资源建设、信息人才建设、信息化硬件的建设需要出发，教育信息化在其进程中既可以充分发挥高校图书馆教育功能，又能为高校图书馆提供一个可以无限发展的虚拟空间。

学生从被动地接受教育模式中，还可以通过图书馆的丰富信息资源直接搜索和接收本学科最新、最前沿的知识。图书馆可以利用在线教学资源库（如网上报告厅、在线学习资源库、多媒体教学软件），引导学生的自主式学习。

我们可以把大学生在学校学习期间对知识的获取方式看成是螺旋上升式的循环，这种循环是在听课与自学间进行的。听课主要是通过课堂教育，通过教师对特定学科知识系统的讲解、介绍、提示和启发的方式，从而引起学生进一步学习和研究的动机。自学则可通过图书馆教育，通过馆员配合教师的课堂教育内容与教学环节，以提供馆藏的专业及相关学科的图书文献资料和设施以及学生利用馆藏的独立检索能力的方式，使学生在自学自读过程中，对学科知识进行自我认知、内化，从而形成科学的知识体系，使知识变为能力。总之，上述两种教育形式在学生受教育的过程中是相辅相成、缺一不可的。

（四）图书馆教育功能发挥的催化剂——图书馆服务的整体合力

一个合理而科学的系统，其整体能量大于其各组成部分相加的总和。因此，要充分发挥图书馆教育功能，必须从整体考虑建立一个有利于充分发挥教育功能的图书馆系统，即图书馆各业务部门以教育功能为共同目标而形成一个有机的整体，各部门的一切活动与工作均围绕着这个共同的目标而进行。例如，图书馆的采访部在以用为主、为用而藏的观念指导下建立馆藏，要研究学校教学、管理、科研的需要，要研究培养现代化人才优化知识结构的需要，精选符合人才培养要求的书刊，这是图书馆充分发挥教育功能进行一切活动的物质基础。此外，采访部还应担负向读者介绍国内外出版物状况，指导如何选择图书、报刊等；编目部虽不直接与读者接触，但在图书馆教育功能的系统中也担负着不可推卸的重任，可以建立教参系统书目。另外，在编制推荐书目、重点学科目录、专题目录、新书介绍以及向读者进行书目教育中发挥着重要的作用；阅览部和流通部是图书馆直接与学生接触的部门，也是教育功能重点体现的部门，需要认真思索大胆尝试如何变被动服务为主动服务，如阅览室的设置与布局要从如何体现教育目的去考虑，变"守门人"为开发文献、指导阅读、启发读者发现问题，成为读者寻求知识增强能力的向导和朋友；参考咨询部门可以着重进行信息资源的整合和学生信息能力的培养，如开设"如何利用图书馆"以及"各类数据库介绍"讲座和文献检索课，畅通学生与图书馆之间的信息交流渠道；技术部门可以重点保障图书馆信息设施，在远程教学中发挥作用。总之，图书馆只有从整体出发，从增进知识、技能这一教育活动出发，有机地组织图书馆的各项业务工作，才能最大限度地充分发挥其教育功能。

二、高校图书馆教育功能实施的主要途径

（一）建立教参系统阅览室

直接配合课堂教学建立教参系统阅览室。首先，搜集、研究全校教改动态，与本校教学行政部门保持联系，以掌握全校教学计划和课程设置。其次，通过各系教务办公室保持与任课教师的联系，并了解任课教师对教学参考书的要求以搜集书目。再次，了解学校新开专业情况，适时补充教育系统的馆藏。最后，建立教参系统数据库，专门搜集有关教学用的教学参考书。

教参系统阅览室建立起来只是图书馆应做的第一步，最重要的是要让教参系统阅览室在教学中发挥作用。在课程教学中，各科教师可以指定这些教学参考书作为学生学习这门课的必读书目，从而切实起到辅助教学的作用。教参系统阅览室的建立对一些专业的教学还起到一个实习基地的作用。比如艺术设计专业可以由老师直接带学生去教参系统阅览室上课，让学生直接利用艺术设计书籍进行课堂学习。另外，外语阅读课教学也可以利用教参系统阅览室进行，学生可以边利用图书馆的英语阅读书籍边听老师讲解，比起单纯在课堂上进行口头讲授效果要好得多。

（二）了解学生阅读需求，积极主动开展导读活动

阅读辅导即导读，要求图书馆充分发挥其教育功能，开展多形式、多层次的阅读指导工作。例如，在人文素质教育方面，可以配合学校政治思想教育工作开展导读活动，图书馆可根据不同的历史时期，不同的宣传任务，举办多种形式的书展，使学生提高思想觉悟，树立美好的人生观、价值观和崇高理想。配合各种节日，如"国际劳动节""五四青年节""国庆节""一二·九运动纪念日"等，进行爱国主义教育，宣传社会主义建设事业的伟大成就，进行国情教育，以使大学生养成一种强国富民的使命感和责任感。

在专业学习教育方面，导读要突出一个为教学服务的特点。有调查显示，本科生在学习方面主要存在两个问题：一个是知识结构问题，也就是知识框架的构建；另一个是学习方法问题，也就是如何去学习以及如何去

利用图书馆资源的问题。[1]针对这两个问题，图书馆在导读的过程中要结合各专业课程的教学过程、教学环节、教学内容，对不同专业的学生组织辅导时应各有差异，以便深化第一课堂教学效果。对于图书馆员来说，可能在具体的某一学科的专业知识上并没有达到应有的水平，那么图书馆员在导读过程中可以利用资源优势，如上面提到的教学参考书系统，给学生推荐一些最新的以及最具权威的教学参考书。另外，图书馆员还可以充分利用图书馆的数字资源优势，给学生起一个学科导航的作用，向他们推荐与学科有关的数字资源，并介绍如何使用这些资源。

高校图书馆还可以充分发挥高校人才优势，请专家学者承担一部分导读工作，特别是组织他们为读者举办专题讲座，或在固定时间、地点开设"专家导读室"，由专家给他们推荐专业学习必需的参考书并推荐一些提高人文素质方面应阅读的书目，并由专家解答学生读书活动中碰到的诸多问题，以及帮助解决一些学习方法问题等。

（三）通过开设文献检索课等形式提高学生信息素质

信息素质是指个体成员在信息社会中所具有的各种信息品质的总称，高等学校不仅要向学生传授知识，更要注意培养学生不断获取新知识的能力，包括能熟练地运用各种检索工具、检索系统和检索手段获取信息，能根据需要筛选信息、剔除冗余信息，以有效的方式对信息进行加工、组织，能消化、吸收并创造新的信息和知识。美国著名图书馆学家杜威曾主张：除了学校的老师之外，还应有另外一个老师——图书馆员。因为在文献检索、信息利用等方面，学者和专家并不都是没有障碍的，尤其在网络发展日新月异的今天，很多使用互联网的用户都需要不同层次的培训。美国纽约州立大学联机图书馆中心出版的《因特网参与者》声称，网络环境下图书馆的使命就是"把从因特网上获得的信息，提供给那些没有因特网节点的人们，并帮助他们找到进行检索的方式"。[2]今后图书馆教育服务的重点之一就是用户培训，即加强用户信息意识与信息能力的培训，主要内容包括信息意愿、信息检索知识和信息获取能力、信息筛选能力、信息创造能力等。

高校图书馆应当积极发挥信息教育的职责，提高学生信息素质，这是图书馆教育功能的一项重要内容。美国威斯康星学院图书馆协会指出：在复杂而迅速变化的环境中，高等教育必须帮助学生成为一个具有信息

---

[1] 全国高等学校图书情报工作委员会秘书处. 高校图书馆履行教育职能经验交流会文集[M]. 北京：北京师范大学出版社，1990.

[2] 刘嘉. 走向消亡还是长足发展：论网络环境下的图书馆[J]. 图书情报工作，2000（5）.

素质的人。信息素质能够使学生认识到信息的价值，并能利用信息在个人生活、工作和学院学习中做出正确选择。只有这样终身学习才成为可能。美国大学和研究图书馆协会则更加明确地提出：高等教育机构的中心任务是培养终身学习者。信息素质是终身学习的关键，它使学习活动延伸到了课堂教学体系之外，学院的信息素质教育为学生进入社会和第一任职岗位后的就业自我引导提供了锻炼的机会，增强学生在各种生活情境下的责任感。另外，该协会在其起草的《高等教育信息素质标准》中将大学生信息素质的培养细化为88项指标，并指出哪些方面由教师负责，哪些方面由图书馆员负责，哪些方面由教师和图书馆员共同负责。

在我国，可以借鉴国外的做法，通过开设文献检索课等形式进行信息素质教育。早在1985年，国家教委即颁布了在高等学校开设文献检索课的通知，迄今文献检索课在大部分高校已作为一门正式课程。目前我们需要做的工作是完善课程教学，使其为信息素质教育发挥更大的作用。

（四）发挥学生在学习中的主体作用，培养学生自学能力

学习化社会这一大教育模式或未来教育形态，不仅使教育实现了时空上的大突破，更重要的是它强调了这样一种变化：在未来的教育中，教学活动正在让位于学习活动。尽管每个人在学习化社会中必须接受从胎教直至死亡教育的终身教育，但他（她）逐渐从教育活动中的客体变成学习活动中的主体；受教育者成为获取知识的主动者，而不是传统教育中那种消极的知识接受者。正如加拿大学者G·康纳德所指出的，学习化社会强调的是"学"而不是"教"。这一观念的转变所具有的深刻意义在于：它将改变我们对教育机构的认识与要求；改变受教育者的角色地位，使学习者真正成为包括教育资源在内的社会现实的积极认识者和创造者；改变教学内容和重心，使学习者出于自身需要自愿地学习知识、技能和行为规范，而培养自学基础和自学能力也就真正成为今后教育的重点。

在我国教育从应试教育向素质教育转变时期，要帮助学生改变历来以老师、课堂教材为中心，从传统地看教材、背笔记、应付考试的学习习惯，逐步养成自主学习钻研的习惯。我们可以把大学生在学校学习期间对知识的获取方式看成是螺旋上升式的循环，这种循环是在听课与自学间进行的。听课主要是通过课堂教育，通过教师对特定学科知识系统的讲解、介绍、提示和启发的方式，从而引起学生进一步学习和研究的动机。自学则可通过图书馆教育，通过馆员配合教师的课堂教育内容与教学环节，以提供馆藏的专业及相关学科的图书文献资料和设施，以学生利用馆藏的独立检索能力的方式，使学生在自学阅读过程中，对学科知识进行自我认知、内化，从而形成科学的知识体系，使知识变为能力。

上述两种教育形式在学生受教育的过程中是相辅相成、缺一不可的，从教育效果上看也不仅是弥补与被弥补的关系。由此可见，充分发挥图书馆教育功能是何等的重要。

第三节　高校图书馆教育功能的扩展

一、学习型社会的日益形成和终身学习理念对图书馆教育功能的新要求

（一）学习型社会的日益形成

学习型社会，是以终身教育体系的构筑为基本内容，以自由、便利、集约为基本特征，以人的全面、和谐、持续发展为基本目标，进而使整个社会全面、协调、可持续发展的一种新的社会形态。

1.学习型社会的内涵

首先，学习型社会是一种新的教育理念。学习型社会是一种大教育观，它强调把教育与人们的整个生活紧密地结合起来，强调开放的教育观念，在教育渠道上广开门路，不拘形式地吸收各种教育力量。学习者的基本权利能够获得保障，教育机会能够公平地提供，学习障碍能够合理地去除，终身教育体系能够适当地建立。

其次，学习型社会是一种新的提高生产力的方式。在学习型社会，对信息资源的开发与利用成为推动生产力的首要因素。人们能在任何时间、地点，通过各种媒体利用和相互传递所需要的信息，以提高各级政府的宏观调控和决策能力，提高各单位和个人的工作效率，促进社会生产力和现代化的发展。

再次，学习型社会是一种全新的娱乐生活方式，学习的需要主导着人们的生活，各种形式的不断学习成为人们日常生活的一个重要组成部分。学习成为社会普遍的行为方式，人人都要学会学习，不断确立和实现学习者的主体性学习地位。学习包括一个人的一生，而且也包括整个社会。

最后，学习型社会是一种崭新的社会发展观，它把人与自然统一起来，把社会发展看做是人、人类社会与自然的和谐发展，摒弃了那种仅仅把自然资源的开发看做是社会经济发展的关键的旧观念，更加注重人力资源的开发与利用。

2. 学习型社会的特点

学习进程的终身性。面对知识经济时代的到来，人要适应社会发展就需要保持与时俱进的思想观念，始终以学习促进创新。终身学习是个体在人生的每一个发展阶段，根据其社会角色、发展任务和生活需要不断进行的学习活动。学习型社会是以不断推进个人和社会发展为最终目标的社会，学习作为社会和个人发展的手段，将延续个体的一生，成为持续的终身的活动。

学习对象的全民性。学习型社会是一个全民学习的社会，任何人都有学习的权利和机会。这意味着学习机会不再为特定年龄阶段或特定阶层的人所独享，而是向全体民众开放。入学资格、教学时空、教学形式、学习内容、学习方法、考试评价等方面的限制将会消失，全社会是一个学习的自由王国。

学习者的主体性。学习型社会是一个以学习者为中心的社会。它体现在学习既是个人的一项权利，也是个人应负的一种责任。学习型社会充分尊重学习者的主观能动性，积极倡导自我导向的学习，鼓励人们可以根据各自的需求，主动地或自主地选择学习内容和学习方式，而不拘泥于传统的被动学习。

学习型组织的普遍性。在学习型社会中，学习型组织普遍存在，无论是家庭、企事业机构、政府机关、居民社区等，均可发展成为学习型组织。它们在发挥自己专业职能的同时，不仅为本组织的成员提供学习的机会和条件，保障本组织的可持续发展，同时也为社会民众提供广泛的学习机会和条件。

（二）终身学习——学习型社会的基石

1. 学习被整合为个人的生活方式

学习型社会的第一个特点即在于：学习将成为个人的核心生活方式，从而使个人的教育阶段与学习阶段被整合为一体，无法也不必再进行区分。学校只是学习的一种场所，人的一生无法也不必将其区分成"教育阶段"和"工作阶段"，而是强调"终身教育"。

学习之所以会成为学习型社会的核心生活方式，最为重要的原因在于社会发展对知识要求的提高。由于科技发展的飞速，每个人一辈子的生活中，必须随时接受最新教育，人人都必须不断增强学习的能力，只有这样才能取得成功，学习也就必然成为个人和团体生活的主导，学习也自然被整合为社会的生活方式。

2. 学习型社会拥有终身教育体系

学习型社会中学习是个人的需求，那么终身教育体系的建立则是对这一需求的满足。一方面,终身教育体系将提供众多的学习场所,从而为要学习的个人或者团体提供了不同的学习形式。一般而言,这不同的形式包括了六类:家庭教育、学校教育及回归教育、单位教育及更新教育、社区教育及业余教育、社会教育和自学教育。通过这些形式,在学习型社会中,学习的场所打破了原来"正统学校"的单一,从而实现多样性和多层次性,更加强调正规教育、非正规教育、非正式教育三者的协调统一,以大教育观在全社会开展教育。另一方面,学习型社会则强调"时时学习"的学习氛围。在学习型社会中,全年将有固定的"学习节"或"读书节",从而以节日为突破口,在全社会掀起热爱学习的好风尚。与此同时,社会将根据个人随时需要,提供多渠道、多时空、多媒体的学习机会和方式,如通过广播、电视、报纸、网络等传媒建立一条"学习"的渠道,提供一种时时学习的氛围。

(三)终身学习理念对图书馆教育功能提出新要求

联合国教科文组织在《学会生存》中指出:"终身教育是学习化社会的基础。"图书馆是人们的终身学习课堂,为各个年龄段公民的学习提供了全程服务和信息资源平台,而且没有任何年龄、文化背景、学历、身份等的限制。相对各种学校教育来说,它可以补充课堂教育的不足,扩大学生的学习领域或研究方向;对于政府和企事业单位来说,它可以补充工作中所需的信息资源,拓宽从业人员的知识视野;对于城市、社区、县城、乡镇来说,可为公众提供所需的文化科技知识和提高个人学习素质、生活休闲质量的各种图书资料。可以说图书馆在终身教育体系中是一个无处不在的机构,是社会公民接受再教育的重要场所,是大众实现终身学习、终身教育的课堂和一所没有围墙的学校,是建设学习型社会的重要组成部分。

1. 将图书馆打造成学习型社会最佳学习场所

幽静的图书馆历来是人们学习的好去处。面对知识的海洋,读者走进图书馆可以根据自己的愿望、兴趣进行自主选择,以满足自己的个性化需求。在建立全民教育、终身教育体系和推动学习型社会建设中,图书馆必须最大限度地满足读者继续学习和研究的需求。一是加大图书馆的开放程度。公共图书馆延长开放时间,高校图书馆逐步要向社会开放。公共图书馆应保证节假日开放,想方设法吸引读者,扩大流通,举办各种社会教育和文化交流活动,举办各种知识讲座,为提高全民科技文化素质发挥重要作用;高校图书馆在为本校师生做好服务的同时,应强化其大众性和开放性,把它办成全体公民的休闲、学习、获取信息的文化基础设施,是公民获得信息的最理想场所。二是普及信息素养教育。学习型社会的学习是自主性学习,读者对图书馆的利用程度以及学习效果,取决于他们所掌握的网络信息技术和信息获取、选择、判断、处理的能力。因此，在举办各种网络信息技术培训班、编写《读者指南》等告诉读者如何利用图书馆资料的同时，如何采用普及读者教育、增强读者利用图书馆意识、提高读者文献信息素养、培养读者利用图书馆的能力、引导读者利用图书馆进行学习等形式，扩大和普及图书馆的教育功能，将是图书馆的长期任务之一。

2. 整合数字图书馆教育资源，拓宽学习空间

数字图书馆是一个开放性的学习环境，全社会中不同文化基础、不同年龄阶段、不同职业类别的任何人，只要愿意学习，都可以在任何时间、场所，根据自己的需要在数字图书馆中学习。数字图书馆给予学习者更多的平等受教育的权利和机会，满足各层次受教育者的需要，为实现教育的终身化、大众化提供了条件。图书馆应当以数字图书馆为基础、以传统图书馆为依托，采用现代化的网络服务手段，利用现代远程教育技术，提供基本免费的多媒体远程网络教学服务，让学习成为随时随地、随心所欲的快乐享受。

3. 加快图书馆技术创新，最大限度地满足学习型社会的需求

图书馆服务创新要通过技术创新来实现，技术创新带动服务创新更是图书馆未来发展的一大趋势。图书馆需要把计算机技术、网络技术、多媒体技术、信息技术等现代科学技术移植到图书馆中来，同时要紧密跟踪图书馆服务，最大限度地满足学习型社会的公众需求。如Web 2.0技术在图书馆领域的应用就极大提高了"图书馆无所不在"这一服务理念的价值。总之，学习型社会中，图书馆教育对象是社会公众，只有"图书馆服务无所不在"，才能满足全民学习和大众文化的需求。

4. 加强复合型人才队伍建设

图书馆人才队伍的发展是学习型社会中图书馆发展的灵魂，馆员素质的高低是决定图书馆是否能够担负起学习型社会中文化教育功能的关键。只有不断地提高图书馆员的素质，才能造就一大批多学科、多技能的复合型人才，才能为学习型社会提供大量优质、高效的信息资源和教育指导。从现状来看，大多数图书馆员是图书馆学专业毕业的，从考察他们所学课程可知，要充当各类读者的"教师"是相当困难的。因此，图书馆应当通过在岗培训、脱产进修和自我学习等形式，全面提高馆员素质，真正体现图书馆作为一个社会文化教育机构的教育功能。

二、高校图书馆日益走向社区发挥社会教育功能

随着学习型社会的发展和教育理念的更新，高校图书馆将朝着具有多

种教育功能乃至成为社会终身教育的重要场所的方向发展，其教育功能从间接转变为间接与直接相结合；从寓教育于服务到直接实施教育于读者。

（一）高校图书馆日益走向社区

1. 高校图书馆向社区开放是历史发展的要求

要把中国建设成为"人人皆学之邦"，首先必须要有读书学习的场所，高校图书馆因有丰富的馆藏信息资源、先进的信息传播技术、良好的学习环境、浓厚的学习氛围，成为建设全民学习型社会最佳的学习场所与最重要的学习机构之一。目前，美国、日本、德国、英国等西方国家的大学图书馆除了为本校师生服务外，一般都对外开放，为社会服务。例如，英国大学图书馆里大约有5%的读者是普通市民。在中北欧的一些国家，一些大学图书馆本身就是面向社会公众的，具有大学图书馆和公共图书馆的双重身份。

国家教育部于2002年2月21日修订生效的《普通高等学校图书馆规程》（简称《规程》）明确规定："高等学校图书馆是学校信息化和社会信息化的重要基地"；在"读者服务"中明确规定："有条件的高等学校图书馆应尽可能向社会读者和社区读者开放"。这些规定把高校图书馆的信息化工作置于一个更广阔的层面，为高校图书馆拓展服务空间、深化服务内涵开辟了新的领域。2006年国家教育部、科技部颁发的教育（2006）3号文件，明确提出了地方高校在加快区域创新体系建设、推动地方经济社会发展中的角色、应当承担的责任与发挥的作用。《北京图书馆条例》第10条也规定："本市鼓励学校、科研机构以及社会团体、企业、事业单位的图书馆（室）对社会开放。"

2. 社区文化建设需要高校图书馆的支持

国际图联曾经规定，每1.5千米半径内，平均2万人左右就要拥有一所图书馆。国际图联还规定了居民人均拥有图书2册及增量0.25册的标准。在欧美，一些社区发达并且图书馆事业发达的国家要求，每1.5千米半径范围内设置一所图书馆，步行10~15分钟距离内，能找到一所图书馆。我国文化部《2000年中国文化发展战略》报告提出，20万人的居民区有一所公共图书馆。从上述情况看，发达国家对社区图书馆的要求是很高的，而我国的规定相对是较低的。[1]我国社区图书馆建设事业较为发达的地区主要集中在东部和东部沿海地区，如上海、北京、江苏、广东、天津、浙江、福建等经济发达的省市。但在中西部地区，特别是经济欠发达地区，社区图

---

[1] 夏晓玲. 地方高校图书馆参与社区文化建设研究[J]. 韶关学院学报，2011（1）.

书馆的数量还很少。社区图书馆普遍存在着缺少资金、规模小、馆藏资源少、实际应用少的情况。社区居民也需要有稳定的查阅文献资料和读书的场所，而高校图书馆有着丰富的资源优势、人才优势和技术优势，可以参与到社区文化建设中来。

3.高校图书馆向社区开放可以提升其教育功能

图书资料只有为读者利用，才会产生现实的教育性。图书馆应变"以藏为主"为"以用为主"，变"以借为主"为"以阅为主"，借阅结合，使图书馆的藏书"藏以致用"。如果大学图书馆与公共图书馆合作，有计划地、逐步地对社会开放，把学术研究的成果还原给社会，有利于国民终身受教育，有利于科技人员出成果，有利于国民自学成才；对图书馆来说，既能为社会、为地区做出贡献，又能提高大学图书馆的自身竞争力。因此，高校图书馆要跳出传统的地域性、行业性的观念约束，改变"重藏轻用"的办馆思路，围绕各高校的特色学科和专业，提供更多、更全面、更专业的文献、情报，为科研机构、企业及科研人员搭建产、学、研相结合的良性学术研究平台，进一步拓展与延伸其社会职能。

现代高校图书馆要密切与社会各方面的联系与协作，与社会教育、学校教育和家庭教育紧密结合，加强办学能力，积极参与直接教育，利用图书馆的信息资源、场地、设备和人才优势，开展多种形式的教育活动，提供多种形式的学习机会。例如，开办计算机操作技术和互联网上网技术等专业技术培训、就业上岗培训、外语学习辅导、青少年兴趣班、各层次的在职学历教育、各类型知识讲座等，为更多人提供学习、教育机会，充分发挥现代高校图书馆的教育功能，为社会进步多做贡献。

因此，高校图书馆应该敞开大门向社会读者开放，这样既解决了社会读者的阅读需求，又能提高高校图书馆馆藏文献的利用率，使高校图书馆的丰富的文献资源在一定程度上实现全社会的资源共享，把图书馆潜在的教育功能发挥出来，也丰富了高校图书馆教育功能的内涵和外延。高校图书馆的服务范围将从局部、有限拓展到全局与整体，从传统封闭性的校园教育转向现代的开放性教育、社会性教育，这是高校图书馆适应终身教育体系构建要求的一场社会教育功能变革的深刻革命。

（二）高校图书馆开展社会教育的途径

1.高校图书馆向社区成员提供学习资源保障，使其成为社区的学习资源中心

高校图书馆作为学校的文献信息中心，具有自身的特殊性，其馆藏资源相当丰富。与公共图书馆相比，高校图书馆收藏的文献信息资料学科门类齐全，专业性和学术性强，馆藏文献系统完整、实用，馆藏文献类型丰

富。高校图书馆无论在纸质资源还是电子资源的发展及存储方面，都远远优越于公共图书馆，其中电子资源尤为明显。电子资源通过一定方式面向社会开放，能够在很大程度上解决校外人员查询资料难的问题，能够让最新的知识及成果流通于民众。

（1）废除各种限制条件，简化办证手续，确保每一个有阅读能力的社会成员利用图书馆。

（2）广泛开展宣传，介绍图书馆的馆藏分布、藏书特性、借阅制度、借阅时间等信息，向每一位申请人发放宣传手册，使每一位校外的借阅者都能做到自觉遵守借阅制度，爱护图书馆设施和书籍。

（3）建立一定的便利措施，方便和吸引校外读者，如可以借鉴美国耶鲁大学图书馆的规则，校外读者每年有7天免费阅览权，如要享受更多的图书馆权利则要收取合理的费用。

（4）与社区一起以联合建立流动服务、建立俱乐部或连锁阅览室等方式开放借阅服务，将高校图书馆的教育功能在社区图书馆的建设中更加充分地发挥出来，并充分表现在日常社区生活形态之中。

2. 高校图书馆可以利用自身的人才优势，在社区举办各种讲座和培训

高校图书馆依托学校，在人才智力资源上具有得天独厚的优势。工作人员具有较高的文化素质、合理的知识结构和专业结构，他们拥有丰富的理论知识和实践经验，在文献信息收集、整理、开发，以及信息服务、计算机网络管理等方面，都已得心应手。另外，与其他图书馆相比，高校图书馆还拥有广大教师和科研人员作为强大后盾，可以为社会各类读者开展讲座和培训，提供文献信息查询、咨询服务和用户教育等活动。

（1）高校图书馆帮助社区建立图书室，承担对社区图书室管理人员的培训工作，并随时对社区图书室的采购、分编、著录、排架、流通等进行辅导。

（2）面向社会用户，开展信息素质教育。图书馆可以根据社会用户的需求，利用自身优势和条件，根据社区用户的不同情况，开展多种形式的用户教育和培训工作，帮助用户掌握获取信息的策略，提高用户的信息素养水平。

（3）可组织校内读者协会的会员到社区进行义务服务，如有效地开展家庭阅读活动，营造"学习型家庭"浓厚的文化氛围；帮助社区里的家长树立健康有效的儿童阅读能力培养理念，增强社区孩子趣味性的生活体验，以加速提高其阅读能力。

（4）高校图书馆组织聘请学校专家、学者作报告和举办主题讲座。

（5）在学校举办丰富多彩的读书日等读者活动时，也可邀请周边社区

居民参加，从而使图书馆真正发挥"城市教室"功能。

3. 高校图书馆利用资源优势和人才优势，开展信息服务，提升其教育功能

高校图书馆具有丰富的文献资源和人力资源，长期以来只为本校的学生和教师服务，文献资源封闭使用造成了资源浪费。将丰富的文献资源为全社会服务，是学习型社会的需要。此外，信息具有扩散性和增值的特点，用户在利用信息时并没有消耗掉信息，信息只有在利用过程中才能实现增值。如有的信息通过创造性开发后，转变为新的知识，新的知识又成为新的信息。这既是开发新的信息资源的一种途径，又是图书馆自身发展的需要。高校图书馆要抓住社会用户对信息广泛需求和对高校图书馆的信任度，面向社会更广泛的领域开放、服务社会的同时也提升了其教育功能。

（1）开发深层次的信息产品。编辑文摘、索引、综合性信息、评价性信息等，使之形成可供参考的"增值"信息，为社会用户提供知识产品。

（2）将馆藏特色文献转化为数字资源。各高校图书馆有着自己的馆藏特色文献，但因馆藏纸版文献检索方式落后，并存在地理障碍，不方便校外用户使用。因此，各高校图书馆应将馆藏特色资源数字化，通过网络连接起来，以满足各专业、各层次社会用户的需求。

（3）利用网络开展数字资源信息服务。利用网络构建图书馆与用户之间的互动式交流，进行信息反馈，对社会用户开展网上馆藏目录查询、续借、咨询服务、网络导航、文献传递等一系列的服务。

（4）开展深层次的信息服务。高校图书馆面向政府、科研机构、企事业单位提供深层次的信息服务，就是根据用户需求开展的有特色的专业信息服务，即为政府机构决策开展专题调研和咨询服务、承担资源的搜集、评价和数据库建设等任务，为企事业单位或个人自主创新提供科技查新、专题信息以及检索培训、情报调研、文献编译等服务，为校企合作提供专题信息服务等。例如，广州大学图书馆充分利用馆藏资源专业人员优势，在信息搜集和加工的基础上，有效地开发利用馆藏及网络虚拟信息资源，开放并建成了"媒体眼中的广州"新闻资料全文数据库，为政府机构和组织提供综合性媒体信息汇编，专题性媒体信息汇编和媒体舆情分析报告，为有关部门开发专题数据库。[1]

4. 高校图书馆服务现代远程教育，拓展其教育功能

现代远程教育是以现代通信技术和多媒体技术为基础，采用多种接

---

[1] 张白影. 高校图书馆信息服务社会化的理论与实践——以广州大学图书馆为例[J]. 大学图书馆学报, 2009（4）.

入方式，进行一对一、一对多，最终面向家庭用户，实现自由的个别化学习的一种新型教育方式。开展现代远程教育是今后教育发展的重要方向之一，其内涵已演变为贯通高等教育、中等教育、初等教育、职业技术教育、社会教育的终身教育大概念。现代高校图书馆利用现代服务手段和高校图书馆的信息资源保障，参与开展现代远程教育是其教育功能提升的重要表现。

（1）高校图书馆可以成为社区学习中心的主要站点之一。把高校图书馆作为远程教育实践基地参与开展现代远程教育，既丰富了学习内容、普及了学习对象、延伸了学习时空，充分拓展了现代高校图书馆的教育功能。

（2）高校图书馆也可以利用自身在网络建设中的成果，开发精品课程等多媒体信息载体，利用网络传输信息资源，为社区成员服务。

（3）高校图书馆与远程教育机构合作。远程教育推行资源型学习，除要有丰厚翔实的网络课件外，还应有完备的补充性学习资料供学习者选择，而图书馆丰富的文献资料正是学生学习的不二选择。另外图书馆也可以通过整合校内学术资源，同教师一道建设教学资料库，设计多媒体交互式课件等，从而更好地为远程教学服务。总之，远程教育机构与图书馆合作，可以将图书馆的文献资源作为不可缺少的节点，共建共享、互相整合各自的资源，尽可能提供全文型数据库，以更好地服务学习者。

第三章　高校图书馆人力资源管理

第一节　高校图书馆人力资源管理的内涵

一、高校图书馆人力资源管理的概念界定

高校图书馆人力资源管理，是指高校图书馆为了吸引和留住人才，不断获取高素质人力资源，使其参与到图书馆各项工作中去，并且运用现代管理方法，对高校图书馆人力资源进行整体规划，定期或不定期地对其进行合理的组织、培训和调配，建立合理的用人机制，使人和人、人与工作的相互关系达到最佳状态。同时，对馆员的思想、心理和行为作适当的诱导和控制，运用科学的手段和灵活的制度充分调动其主观能动性和工作积极性，营造和谐融洽的工作氛围，发挥馆员潜力，提升馆员素质，增强其事业心，提高其工作绩效，做到充分挖掘人才、培养人才及合理使用人才，充分发挥图书馆现有资源的价值，以最大限度地、优质高效地满足高校教学、科研工作对文献信息的多种需求，实现高校图书馆的服务宗旨。

以人为本的人力资源管理，是高校图书馆管理诸要素中最根本的管理。高校图书馆通过一系列组织行为及有效的运作机制开发全体馆员的智力，提高其工作绩效，增强其事业心，营造一个和谐融洽的友好氛围，在馆员的贡献与满足中使图书馆持续发展的同时，使馆员个人也获得成就感和满足感。在高校图书馆人力资源管理过程中，把图书馆员工视为图书馆最重要的资源和财富，视为可开发并能够带来收益的资源，重在以个人与图书馆的共同实现与发展为目标的人力资源开发。开发中以提高馆员素质与能力、提高工作绩效为目标，让图书馆的每个细胞都被激活起来，使图书馆充满活力，做到人尽其才，让他们能在图书馆服务中实现自身的价值，达到提升高校图书馆的服务层次、服务水平和服务能力，以达到提升高校图书馆凝聚力和核心竞争力的目的，使高校图书馆适应时代的发展需要，促进高校图书馆自身事业的发展。

在当今数字化信息时代，高校图书馆对文献信息资源的管理发生了深刻的转变，从传统的以手工为主的管理手段转变到以自动化、数字化、网

络化等现代技术为主,高素质、高层次的创新型知识技术人才和专家成为图书馆发展最重要的资源。因而,高校图书馆人力资源管理的模式不能够再是机械的、非人性化的以对"物"的管理的规章制度为主要内涵的管理模式,而是要转变为注重现代科技信息知识交流、发挥人的主动性和创造性,以培育和发展优秀人才队伍为宗旨的对"人"的管理模式。

二、高校图书馆人力资源管理的四个意义

(一) 调动馆员积极性,激发图书馆活力

高校图书馆是为高校教学、科研服务的学术性机构,是高校信息化与社会信息化的重要基地。高校图书馆的生存和发展主要依赖于三大资源:一是物力资源,它包括物理馆舍、技术设备、文献信息资源等;二是财力资源,即经费来源;三是人力资源。其中人力资源是首要的具有主观能动性的生产要素,物力和财力两大资源属于高校图书馆管理的对象和手段,其合理配置和有效运作必须依靠人,需要人去掌控和支配,它们处于完全被动的地位。对于图书馆第一要素的人力资源来说,他们是图书馆管理的主体,是一种活的资源,他们使用和支配着图书馆其他资源,对高校图书馆的发展起着积极的决定性的作用。正如印度著名图书馆学家阮冈纳赞所说:"不管图书馆坐落的位置,开馆时间多久和设备怎样,也不论管理图书馆的方法如何,一个图书馆成败的关键还是在于图书馆的工作者。"美国图书馆界曾有一项研究成果表明,图书馆服务所发挥的作用,其中5%来自图书馆的建筑设备,20%来自图书馆的文献信息资源,而占据绝对比例的75%来自图书馆馆员的能力素质。就是说,在图书馆的服务中,图书馆馆员是图书馆生存和发展的决定性因素。

现如今,一系列先进的高新技术,如计算机技术、网络技术、数字化信息技术等不断应用于图书馆,图书馆馆员的服务工作已由传统单一的、被动的服务,转向了开放式的、多方位的和主动的服务。这就意味着现代图书馆馆员必须具有较强的信息意识和较为广博的学科专业知识,要有敏锐的洞察力、创造力,要有强烈的敬业精神和责任心,要从"图书保管员"转变成"信息领航员"和"信息工程师"。而目前高校图书馆能够适应时代发展开展高质量的文献信息服务的复合型人才尚处于结构性短缺状况,现代化信息服务工作后劲不足。因此,在现代图书馆发展建设中,高校图书馆馆员的主观能动性、积极性、主动性和创造性发挥得如何,将直接影响高校图书馆发展战略目标的实现。

实行以人为中心的人力资源管理,采取各种措施,加强图书馆人力资

源的引进、开发、培养、配置、使用和管理，健全人力资源管理制度，强化图书馆人力资源管理的激励机制和约束机制，充分调动图书馆馆员的积极性和创造性，更好地挖掘馆员的潜能，激发图书馆的生机和活力，做到人尽其才，才尽其用，提升高校图书馆服务能力、服务水平和服务层次，促使高校图书馆焕发出勃勃生机。

（二）优化人力资源配置

增强图书馆凝聚力在高校图书馆，管理者与馆员之间，馆员与馆员之间，馆员与读者、用户之间，馆员与文献信息资源之间，其配置是否科学合理，直接影响到图书馆工作能否顺利开展。高校图书馆业务工作与其他工作一样，需要图书馆的管理者与馆员的密切协调配合，需要根据每一个具体的业务岗位情况，把最适当的人放在最适当的岗位上，追求岗位人员配置"人事相宜"，促使他们在合适的岗位上充分发挥自己的聪明才智，不断提高自己的适应能力和业务水平，提高对工作的兴趣，从而保持对图书馆业务工作高昂的热情与干劲。

高校图书馆进行人力资源管理，科学地组织和利用人力资源，不断协调人力资源之间及人力资源同其他资源之间的关系，促使人力资源同其他资源形成优化合理配置，就是为了营造一个选拔人才、激励人才、凝聚人才的良好环境。通过高校图书馆人力资源管理合理配置人力资源，让馆员之间相互尊重，以诚相待，友好相处；工作中互相学习，相互支持，勇挑重担；让每一个馆员都能从事他擅长的、爱做的工作；使每个馆员都能将个人的前途、命运与图书馆事业发展的兴衰成败紧密相连，立足于本岗位工作，自觉融入到图书馆群体之中，形成一种强烈的将本职工作做好、做活、做深、做透、做精、做强、做大的愿望。高校图书馆有了这样一种良好的发展环境，就能够有效保持图书馆内部的动态平衡，可以促使馆员对图书馆产生强烈的归属感和责任感，并能培养馆员的全局观念与大局意识，保证在工作中齐心协力，步调一致，分工不分家，密切配合，通力协作，使高校图书馆内部各项工作有条不紊地开展，图书馆的向心力、凝聚力不断提升，图书馆人力资源群体的力量得以充分有效地发挥。

（三）培养和开发人力资源，提升图书馆竞争力

在当今高校图书馆数字化、信息化和网络化时代，图书馆服务内容发生了重大变化，馆藏文献信息资料的数量已经不再是衡量一个图书馆的唯一标准，人们更加注重信息的传递。多层次和多样化的读者文献信息需求，决定了馆员知识结构的复合化、学科交叉化与服务方式的个性化。为了主动适应社会新形势对图书馆事业发展的新挑战与新要求，高校图书馆通过对人力资源的引进、开发、配置、培训、使用和考核等全过程的管理，有

规划、有计划地对图书馆的人力资源进行有效管理。这样，使高校图书馆馆员尽快掌握现代技术，具备比较全面的各类专业知识，熟悉网络上的诸多服务功能，增强信息化意识，拓展信息来源，善于科学处理信息，能追踪前沿信息、综合分析信息，具有从各种专业数据库中搜集、提取信息资源，并进行鉴别、选择、综合分析及加工的能力，具有制作电子文摘、数据文件及有关文献信息目录等资料的编辑水平，能提供更快捷、更省时、更符合读者需求的增值服务，能够针对不同的读者和用户，全方位、多角度、灵活性地选择各种信息资源，为读者和用户提供多重信息服务，帮助读者和用户得到所需的信息，确保文献信息服务的准确性和针对性。

高校图书馆通过培养和开发人力资源，及时发现人才、吸引人才、培养人才和用好人才，引入竞争机制、激励机制和优胜劣汰机制，重构图书馆馆员的核心能力，培养新型的高水平、复合型人才，提高图书馆馆员信息服务技能，使高校图书馆馆员跟上时代发展的步伐，真正有能力融入信息时代浪潮，从文献信息检索的中间人，变为关注研究人员和信息搜寻者，直接通过网络为这些用户服务，吸引更多的读者和用户使用图书馆，以彻底转变传统图书馆馆员被动服务的角色，发挥新时代图书馆馆员应有的能动作用，跟上人们日益加快的信息步伐，满足人们日益增长的对知识和信息的需求，增强高校图书馆的竞争力。

（四）促进馆员自我价值实现，达成图书馆和个人目标的双赢

如今的高校图书馆，各种先进的技术和设备不断被引进和应用，信息的组织和传递也日益科技化。科技是由人才在推动、助力的，高精尖科学技术必然是高层次人才的阵地，高校图书馆现代科学技术手段及设备的应用，同样也离不开人才的支撑。因而，人才在现代高校图书馆事业发展中越发变得重要。

现代社会，每个人都十分重视自身价值的实现。对于高校图书馆的馆员，不论在什么岗位上，他们都不同程度地期待有机会实现自我价值。尤其是那些具有一定才华的人，对"自我实现"这种人的最高级的人生需求更是强烈渴望，如果他们在图书馆岗位上大材小用不能充分发挥自己的才能，自我价值实现的需求得不到满足时，自然会考虑另谋高就，寻找能充分施展自己才华的地方。高校图书馆传统人事管理是以"事"为本，以"事"为中心开展工作，往往就是忽视了馆员自我价值实现的诉求，不重视馆员的切身利益，从而导致图书馆人才严重流失，图书馆要适应新时代创新发展也就成了无源之水。

因此，高校图书馆通过人力资源管理，改善图书馆的人力资源组织架构，调整人员配置状况，确保人事匹配，在图书馆内部努力营造一个适

应全体馆员发展的和谐的工作和学习环境，为馆员搭建一个良好的发展平台，为馆员自身的发展创造条件，使不同类型的人才在图书馆能引得进、留得住、用得上、发展好；搞好对馆员的选拔、任用、考核和奖惩，做到及时发现人才，合理使用人才，让人才的作用得以充分发挥；关心馆员的生活和物质利益，关心馆员的个人发展，采取多种方式加深了解和满足馆员的不同需求，调节馆员的心理与行为，调动和激发馆员的积极性、创造性，使馆员以饱满的热情、良好的心态投身到图书馆事业中去；加强对馆员的培训，通过不断培训，适时对图书馆的岗位或职位进行横向及纵向调整，实现人岗相适，人事相宜，量才而用，人尽其才，才尽其用，发挥个人特长，体现个人价值，培养馆员积极向上的工作作风。

为馆员设计职业生涯规划，并为他们的职业道路提供更多帮助，将馆员个人的岗位职责与图书馆事业的发展紧密地联系起来，将馆员个人的人生价值与图书馆的工作更加紧密地联系起来，培养馆员对本职工作的高度事业心、责任感和使命感，增强馆员的职业认同感，积极地以扎实的理论知识、娴熟的现代技术，在尽职尽责地为读者和用户提供一流的服务中实现自我价值，馆员个人才能的发挥和人生价值的实现依托于岗位及对图书馆事业的奉献中，促使馆员能力价值的最优化实现，同时又达成图书馆事业取得预期的良好社会效益目标的实现，这可谓是一个双赢的理想局面。

第二节 高校图书馆人力资源应具有的职业资格

一、高校图书馆人力资源应具有的服务意识

（一）高校图书馆人力资源具有强烈服务意识的必要性

高校图书馆人力资源的服务意识，是指高校图书馆馆员在服务读者的过程中所体现出的为读者提供热情、周到和主动服务的欲望和意识，是馆员自觉、主动地做好读者服务工作的一种观念和愿望。服务意识是高校图书馆工作的价值核心。

高校图书馆人力资源强烈的服务意识来源于对读者服务工作的认识程度，存在于每个馆员的思想认识中。高校图书馆馆员如果拥有强烈的在图书馆工作岗位上展示个人才华、实现个人人生价值的观念，有以图书馆为家、热爱图书馆工作、甘于为读者工作无私奉献的精神品格，那么就一定会有强烈的服务意识。

因此，只有广大馆员对高校图书馆的读者服务工作有了深刻的认识，才能增强服务意识，才能坚持把读者的事真正当作自己的事来办，不摆谱子、不看面子、不钻空子，以热情、周到的态度服务于读者。

当前高校图书馆服务意识还不够强，服务工作欠主动，服务面不广，服务深度也不够。由于高校图书馆传统的重藏轻用的馆藏观念根深蒂固，对书刊和对读者的管理也就成了高校图书馆日常管理工作的主要任务。在读者服务实践中，对馆藏信息资源的检索，通常由读者自己去摸索使用，严重缺乏以人为本的人性化服务，这样的读者服务工作已经远远滞后于时代发展的需要，根本不能满足读者对信息资源的需求。

如今的馆员需要成为信息导航员和信息专家，馆员的主导地位已确立，旧的服务模式逐步被打破，取而代之的是充分调动馆员积极性、主动性和创造性，充分发挥馆员的各种能动作用。这就要求高校图书馆人力资源要进一步强化服务意识，把读者服务工作做得更细、更准、更透。

（二）高校图书馆人力资源应具有的服务意识

1. 具有"以人为本"的服务意识

从根本上来说，"人"应当是高校图书馆一切活动的出发点和归宿。在高校图书馆工作中，只有把"人"的因素摆在首要位置，确立"以人为本"的服务意识，并且把这一意识切实融入到高校图书馆的实际工作中，贯穿于高校图书馆管理的全过程，以读者为本，为读者服务，从读者的根本利益出发，满足读者的一切合理需求，才能更有效地发挥高校图书馆的职能，否则高校图书馆就会失去其存在的价值。了解读者、尊重读者、关心读者、理解读者、方便读者，以服务为向导，以读者满意为目标，健全服务体系，大力弘扬优质服务的敬业精神，搭建优良的信息服务平台。努力做到及时、准确、方便、灵活地为读者提供热情周到的服务，以更好、更优质地服务读者。

2. 具有主动服务的意识

高校图书馆要更新服务观念，强化主动服务意识。第一，高校图书馆馆员要经常深入读者中间，主动征求读者意见，主动调查了解读者借阅的需求，了解读者的阅读倾向及兴趣、爱好，了解读者的心声，掌握读者的阅读心理，以便有针对性地向读者推荐图书文献，把读者服务从被动变为主动。第二，积极热情地接待每一位读者，以亲切和蔼的态度服务读者，百问不厌地为读者解答疑问。第三，开展主动服务，做好馆藏图书文献的宣传工作，让读者比较详细地了解馆藏，更好地利用馆藏。第四，随着科学技术的迅猛发展，文献信息呈几何倍数递增，读者希望能在海量的信息中获得浓缩的、信息含量高的文献。这是传统图书馆的借阅服务和现代图书馆的开架借阅服务都无法满足的。因为，这需要对馆藏的文献信息资源进行重新整理、开发和综合，是一种由传统的只为读者提供一次文献服务变为主动加工并提供二次文献的服务工作。只有做到了这样主动的读者服务，才有可能把高校图书馆的服务工作做得尽善尽美。

3. 具有深化服务的意识

当今社会已经进入数字化信息时代，读者服务工作已不单是书刊的流通，而是一个多重层次的服务工作。高校读者对文献信息的需求，已逐步从过去的那种仅仅对简单的原始文献的借阅，变为需求内容丰富、经过筛选加工、能直接利用的知识信息。在这种新的形势下，高校图书馆应当要树立深化服务的意识、深化服务的内涵，提高服务层次和水平，为广大读者充当信息导航员。因此，这就要求馆员必须开展馆藏文献信息资源的深加工服务，让读者能在尽可能短的时间内获得他们所需要的最有价值的信息。如在高校推广学科化服务模式，开展多种形式的参考咨询、资源导航，为读者提供课题查新、定题检索和个性化的信息推送，进行学科发展态势分析及科研竞争力评价等深化的信息服务工作。

4. 具有开放服务的意识

在当今信息化时代，社会大众对知识和信息的渴求越来越热切，这就要求高校图书馆要有面向社会的开放的服务意识，必须彻底改变甚至抛弃原有的小而全、自我满足、自我服务的闭门办馆的观念，树立起开放办馆的服务意识，从而为高校图书馆全面实现服务创新打下一个良好的思想观念基础。积极开展馆际互借和文献传递，进行联合信息咨询，不断拓展馆际协作和共享的服务项目，充分发挥文献信息资源优势和馆员的专业优势，拓宽服务领域，积极开展面向社会读者的开放服务。

5. 具有平等服务的意识

高校图书馆在服务行为上，对待每一位读者都要一概而论，不论性别、年龄、民族、地位以及受教育程度等的不同，都无人格上的高低贵贱之分，都应当平等接待，都要积极主动地为他们提供自由、平等、温馨的服务。尤其是残障人士等特殊读者，高校图书馆要为他们提供尽可能多的便利。

6. 具有全方位服务意识

随着时代的发展、社会的进步，高校图书馆已逐步摆脱了传统的藏书、借书的形象，图书馆的服务项目和服务功能已越来越多样化。因此，高校图书馆要强化全方位服务意识，利用先进的科学技术和手段，创建新的便利的服务渠道，开展多种层次、多种形式的读者服务工作，使高校图书馆成为高校为教学、科研服务的多功能的服务中心。

在全方位服务意识的指引下，一方面，高校图书馆不但可以继续开展传统的纸质文献借阅服务，还可以为读者提供数字化信息资源和其他载体信息资源，极大地提高图书馆的服务效益和读者满意度。另一方面，还能够拓展工作思路，积极参与高校校园文化建设，通过推介、书评、导读、讲座等方式，积极采用现代化的新媒体技术，开展阅读推广和各种文化活动，弘扬大学精神和文化。同时，还可以举办各种会议展览、音体娱乐、读者信息素质教育培训等服务工作，积极开展全方位的读者服务。

7. 具有为高校教学和科研服务的意识

高校图书馆是高校发展的"三大支柱"之一，高校图书馆的工作，在一定程度上能够起到促进或者制约高校教学、科研工作的作用。因此，高校图书馆必须强化为高校教学和科研服务的意识，加强高校图书馆建设，促进高校教学和科研的发展。

随着高校教学内容、教学方式和教学手段的不断更新，高校的教师和学生对高校图书馆的需求呈现出多层次、多渠道和多侧面的趋势，高校的教学和科研工作越来越离不开高校图书馆的文献信息服务。高校图书馆只有不断强化为教学、科研服务的意识，由衷地乐于为教学、科研提供优质服务，一切工作都始终围绕师生教学和科研这个中心来开展，才能为高校的教学和科研提供行之有效的文献信息保障，唯有这样才能在促进高校的教学和科研工作方面取得突破性的成绩。

总之，高校图书馆随着时代的发展，要转变传统、保守、消极的思想认识，克服高校图书馆工作仅仅是借借还还的落后观念，逐步形成与时俱进的具有强烈服务意识的新观念，积极发挥高校图书馆工作人员的积极性、主动性和创造性，变被动服务为主动服务，变封闭服务为开放服务，变单一服务为全方位服务，促进高校图书馆事业快速而健康地发展。

二、高校图书馆人力资源应具有合理的知识结构

（一）知识结构

知识结构（Knowledge Structure），就个体而言，它是指一个人经过专门培训、学习后所拥有的知识体系的构成情况与结合方式。在某一特定组织中，可以将知识结构分为个体知识结构与组织群体知识结构。

目前学术界公认的三大知识结构即：

一是宝塔型知识结构。这种知识结构形如宝塔，基础理论、基础知识为塔底；塔身是学科知识、专业知识；学科前沿知识为塔顶。这种宝塔型知识结构的特点是强调基础理论和基础知识的扎实雄厚、专业知识的精

深，易于把所具备的知识集中在主攻目标上，有利于直击学科发展前沿。

二是复合型知识结构。这种知识结构是指一个人不但熟练掌握所学的专业知识，同时还熟悉了解其他相关专业知识。这些知识相互连接，融会贯通，形成一个具有较大适应性的、能够在较大范围内自由驰骋的知识结构。这种知识结构的特点是：精通一门，兼知其他，即知识的深度与广度的统一。俗称拥有这样知识结构的人为一专多能的人才。这种人才，不仅在专业知识和技能方面表现突出，同时还具备较为高深的相关专业的知识和技能。这种知识结构的人才倍受用人单位的欢迎。

三是幕帘型知识结构。这种知识结构是指，一个具体的社会组织在知识结构上对其组织成员有一个总的要求，而作为该组织中的个体成员，将依照其在组织中所处的层次和位置，在知识结构上存在一定的差异，有着各不相同的知识结构。这种知识结构强调的是个体的知识结构与组织群体的知识结构之间的有机结合。

（二）高校图书馆人力资源具备合理知识结构的必要性

当今是科学技术飞速发展的时代，尤其是以计算机网络技术为代表的现代信息技术的发展，以惊人的速度对社会环境以及人们的生活方式带来了巨大的变革。如今的高校图书馆，现代化的科学技术已得到广泛应用，其传统的工作模式正经受着猛烈冲击，高校图书馆的工作已由传统的以人工服务为主全面转向信息化、网络化、智能化服务，同时高校图书馆的馆员也面临着新的挑战。并且，高校图书馆的读者群对高校图书馆的服务需求也越来越高，呈现出广泛性、个性化、多样化、特色化、精深化的特征。高校图书馆馆员要想适应新形势发展的需要，就必须要改变传统思想观念，在知识结构上要有意识地进行调整、重组，不断地扩充、更新，使之更加合理化、优质化和现代化，形成一个多元化的现代型知识结构。只有及时地更新完善知识结构，才能更好地满足读者日益增长的对知识信息多元化的需求。

知识结构是影响和制约人的创新能力的一个重要因素，一个人的头脑中接受知识的类型和程度不同，其创新思维能力的强度和方向也就不同。然而，合理的知识结构并不是简单地等同于高学历、高职称，高学历、高职称也并不等同于高能力、高素质，这些也绝非就是合理的知识构成。过去有人认为高校图书馆馆员合理的知识结构，就是每个馆员都该成为拥有多种知识和技能的复合型人才，在知识掌握方面，既要精通图书馆学情报学知识，又要懂得管理学知识；既要具备较高的一门甚至多门外语水平，又要熟练掌握计算机应用技术和网络技术；既要有从海量信息中筛选出有用信息、剔除垃圾信息的能力，还要能学习自己本专业以外的其他一至两门的专业知识。这种希望人人都是博学多能的人才的想法，实践已证明那是不切实际的妄想。因为由于人的智商不同，阅历不同，每个人掌握的知识总是会有多有少、有深有浅、有高有低之分的。因而，高校图书馆馆员的学科专业背景组成应是多元化的，图书馆馆员的队伍群体中应包含各学科各专业人才，除了图书馆学、情报学专业人才以外，高校图书馆可根据各自学校的学科专业设置及服务群体对象的实际需要，适当配置《中华人民共和国学位条例暂行实施办法》中第二条所列的哲学、经济学、法学、教育学、文学、历史学、理学、工学、农学、医学等系列学科人才，对与服务群体无关的学科人才应当压缩比例，增加与服务对象更相关的学科专业人才。

在高校图书馆，具有不同知识程度的人，在图书馆群体共同的工作中就能形成梯队化、层次化、立体化的最佳知识组合结构。倘若每个馆员的知识水平和能力在一个层次上，则只能构成图书馆平面的总体知识结构，将不能更有效地完成图书馆各种对知识有着不同程度要求的任务。再者，一个图书馆在现实中是不可能也不需要所有馆员都具有同等的知识水平。因此，根据高校图书馆的工作实际，高校图书馆应建立起幕帘型知识结构体系，即讲究图书馆整体知识结构和馆员个体知识结构的有机结合。

高校图书馆馆员具有合理的知识结构是从事图书馆工作的必要条件，也是图书馆发展的有力支撑。从宏观上来看，高校图书馆馆员群体知识结构必须要由不同学历、不同学科专业、不同专业技术职务的人才构成。即在学历上，应有本科及以上的高级人才，专科及以下人才可以控制在适当的比例内；学科专业上，既有图书馆学情报学专业人员，也有其他相关专业的人员；专业技术职务上，需要有管理员、助理馆员、馆员、副研究馆员以及研究馆员等构成，也就是由初级、中级和高级专业技术职务人员构成。图书馆馆员群体知识结构按照一定的比例构成一个相对完整的有机整体，并随着高校图书馆事业的发展，不断予以更新调整。只有这样，才能使拥有不同知识水平和能力的人，相互配合，各尽其能，构成一个不断变化发展的动态平衡的有机体；从微观上来看，由于当今社会知识发展的一个重要趋势是知识的一体化程度越来越高，因此，在高校图书馆馆员个体知识结构的要求上，每个馆员不应是固守于一门学科的狭隘专业人士，而应成为具有全面性知识的人才，知识结构应具有复合性和多样性，至少应能较好地掌握一门或一门以上相关学科的专业知识、基础理论知识和基本技能。但在不同岗位的馆员，其知识结构应各有侧重，并不能简单排斥统一性和方向性，以力争达到"一中有多，多中有一"的知识结构一体化状态，做到"一"与"多"的辩证统一。

高校图书馆工作是根据各部门工作性质的不同、服务对象和层次的不同而分工进行的。因此，图书馆各工作岗位的人员配置就要根据实际需要、岗位职责要求来安排，切忌用同一标准、同一个尺度去配置人才。对每个馆员个体知识结构的要求，也应从实际工作需要而作不同的要求。例如，高校图书馆面向读者服务的流通和阅览部门，其工作性质与从事图书采购编目部门的工作性质就迥然不同，与图书馆内专门从事学术研究的部门和人员的工作性质更是不同。就是同在图书馆面向读者的服务部门，如流通部、报纸期刊部、电子阅览室、信息咨询部、特藏部等，各岗位的工作性质也有所不同。所以，对馆员知识结构的要求，只有结合具体岗位的工作性质，与工作实践相挂钩，才能发挥图书馆人才应有的目标价值。不按实际需要，不实事求是，一味地拔高用人标准是极其不科学、不合理的做法，不但造成图书馆人才的浪费，不能有效地改善图书馆整体知识结构，反而会更加影响到馆员积极性的发挥和图书馆整体工作效率的提高。高校图书馆只有建立起合理的、多元化的、层次适宜的知识结构，各有所长，互融互补，整体配合，相得益彰，才能形成一支强有力的知识服务团队，去共同完成高校图书馆的目标任务。

（三）高校图书馆人力资源应具备的知识结构

1. 具有扎实的图书馆学情报学专业知识

图书馆学情报学专业知识是建立在图书馆学、情报学、信息学、文献学、目录学、分类学、图书史以及计算机科学等多学科的基本理论和基本知识基础之上的，具有较好的图书馆学情报学知识是高校图书馆馆员知识结构的核心，是高校图书馆馆员从事图书馆业务必须具备的知识基础，是高校图书馆馆员开展管理工作的重要前提，更是高校图书馆馆员完成工作任务的重要保证。

高校图书馆图书情报工作是一项业务性、学术性很强的工作。图书资料的采访、分类、编目（包括计算机编目）、储藏和流通、光盘检索、情报信息咨询等工作都有其特有的方法和规律，都离不开图书馆学情报学专业知识，国内、国际联机检索系统的书目数据库也都仍然是以编目基本知识和基本技能为基础。因此，高校图书馆馆员必须具备一定的图书情报学知识，通晓图书情报专业基础理论和基本工作方法与技能，了解该专业发展前沿的观点和理论，掌握图书管理工作的方法和技能，跟踪该专业的发展动向和脉络，转化吸收该专业领域各种新成果，熟悉本馆使用的分类法和分类体系，懂得各种工具书的使用方法，能熟练地使用各种检索工具，帮助读者快速高效地查找到所需文献，能熟练编制各种专题目录、索引、专题资料以及文摘等。只有这样才能实现以传统印刷型文献信息资料为加工检索对象向现代数字化的文献信息资料为综合加工、管理、检索对象的转移；实现从传统的线性结构顺序的文献信息组织管理模式向现代网状结构的直接的信息组织管理方式转移；实现从手工的分类标引向计算机的主题标引转移，并进一步学习、研究和掌握对网络信息资源进行分类检索的新标准和新技能，实现网络信息资源分类——主题标引一体化，从而为读者提供更加优质高效的文献信息服务。具体主要包括以下几个方面：

一是图书采访人员要熟练掌握图书采访工作的基本理论和方法。图书采访工作是高校图书馆藏书建设的第一步。一个图书馆的藏书结构是否合理，能否满足服务对象的实际需求，图书采访是关键。图书采访工作的基本理论和方法包括图书源的分析、研究；文献的采集、收集原则和标准；验收和登录的方法；预定记录和查重；图书入藏和剔除；基本统计和分析等。

二是图书分类编目人员要熟练掌握分类编目工作的基本理论和方法。高校图书馆图书分类编目人员，在图书分类方面，要熟练掌握本馆所选择使用的分类法的分类体系和分类原则、各种类各学科图书的归类方法和特点、各级类目划分的标准及其在上下级层次上的逻辑关系、各种图书分类辅助表的使用方法以及分类标记的使用方法等；在图书编目方面，要熟练掌握中西文目录的著录规则及著录方法，分类目录、书名目录、著者目录和主题目录等图书馆常见的四大类型目录的组织排检和管理的方法等。并且，图书分类编目人员还要结合本馆的特点，对所使用的分类表中某些与本馆历史分类编目不合适的类目要酌情加以调整和增减，编制本馆统一使用的分类细则。

三是负责图书典藏的人员要熟练掌握图书馆的典藏知识。高校图书馆藏书体系的形成、藏书的特色等方面的知识，负责图书典藏的馆员必须掌控在心中。在书刊文献资源急剧增长的今天，如何按照一定的科学规则，遵循一定的规律，保持图书馆图书收藏的动态平衡，同时要统计和计算各种不同学科图书文献的老化时间长短和半衰期，系统地、周期性地剔除一些过期的图书资料，这些都是图书馆馆员必须具备的知识。

四是图书馆开放部门的工作人员要熟练掌握读者工作方面的基本理论和方法。读者工作方面的基本理论和方法主要是指图书期刊借阅、导读、检索、咨询、文献复制等方面的具体要求、原则和方法。高校图书馆要高效率地开展这些工作，馆员就必须要全面、系统地掌握图书馆馆藏图书文献的现状、各类藏书的数量比例以及各种藏书的分布状况，同时要掌握各种有价值的专题资料的收集、整理以及编译、报道的方法，还有书目、题录、索引、文摘的编制原理和检索方法等这些知识也都是应当具备的。

2. 掌握计算机和网络应用技术知识

目前，高校图书馆已是四化（馆藏文献多元化、管理手段电子化、馆务内容信息化、资源共享网络化）的现代化图书馆。在高校图书馆现有工作中，计算机和网络发挥的作用越来越大，各项管理工作都已转变到以计算机管理为核心的现代化自动管理中。图书馆网上阅读、网络数据库、知识导航、在线咨询、文献资源计算机网络检索以及电子阅览室等计算机网络化的工作也已成为当今图书馆现有工作的重要内容。传统的图书馆馆员也终将会被具有广博的知识和能够熟练掌握计算机网络技术的图书馆馆员所替代。

因此，高校图书馆馆员必须强化计算机技术，能够熟练操作图书馆各种办公服务软件；能借助计算机、网络技术对电子信息资源进行收集、整理、加工、存储、传递及开发应用；掌握有关专题联机检索数据库、光盘数据库和网络数据库的检索语言和结构；能够将电子出版商配送的原始编目数据顺利导入图书馆的联机目录中提供给读者检索查询；能够运用计算机网络远程登录来检索远程图书馆目录，如香港岭南大学图书馆已把联机目录建立成了图书馆资源门户网站，能够链接到目录所指的全文本或网络图画音像；能够利用计算机网络建立图书馆网上的目录体系，和外部的虚拟图书馆进行链接，建设馆际合作平台，实现资源共享；尤其是图书馆专门负责计算机网络维护的人员，对计算机硬件的结构和计算机的操作方法、数据库的结构及网络化的技术知识都要精通，要有保证整个图书馆网络系统性能稳定运行的技能。所以说，掌握计算机和网络知识与应用技能已成为图书馆馆员的必备素质。

3. 具有一定水平的外语知识

随着世界经济的高速发展，科学技术的不断进步，国家间的经济、科技和文化的交流与协作日益频繁和密切，各种语言文字的文献及信息资源层出不穷，互联网上的外文资料也急剧增长。因此，当今社会的高校图书馆获取世界各地不同语言文字的信息资源已变得非常便捷。然而，虽然互联网为全球范围的文献信息资源共享提供了条件，让地球变成了"地球村"，交流变得更加方便快捷，但是，互联网上90%的信息是英语信息，法文信息占5%，中文信息仅占1%，客观上这对高校图书馆馆员提出了外语方面的素质要求，尤其是英语的知识水平。

外语是用来对外进行交流的工具，在信息全球化的环境下，外语水平的高低不但直接影响对外文文献资料的利用，而且在相当程度上可以反映出一个图书馆网络信息资源开发利用层次的高低。目前，高校图书馆馆藏文献信息资源中，外文资料所占的比重越来越大，要有效地开发利用这些馆藏外文文献资料，图书馆馆员就必须具备一定的外语水平。

现代图书情报的大量工作业务都对外语提出了很高的要求，高校图书馆馆员必须要有娴熟的阅读外文资料的能力水平。因为只有在一定外语知识水平的驾驭下，掌握了解外文文献信息的内容后，才能继而对该文献信息进行加工与输出，才能做到熟练查阅国外文献信息，及时了解各学科发展的最新动态，准确把握当今世界最新的科技前沿文献信息，收集整理与学校教学科研相关的国外情报信息资料，并能很好地表达和传递信息内容，做好外文文献资料的编译服务工作，为读者提供更高层次、更有成效的高质量的信息参考咨询服务。同时，高校图书馆馆员在一定的外语知识水平驾驭下，才有能力在国际互联网上自如地与世界各地交流和传达信息，传播中国优秀文化，提升中国文化软实力，让世界各国人民更好地了解中国。

因此，外语在当今高校图书馆馆员知识结构中有着不可缺少的重要地位。高校图书馆馆员如果没有一定的外语水平，就难以进行流畅地人机对话和网上交流，很难开展对外交流活动，也很难做到满足读者不同层次的信息需求和为读者提供全面、准确的信息，为读者提供高质量的各种语言的文献信息服务也就成了纸上谈兵。所以，高校图书馆馆员必须掌握一定的外语知识，特别是英语知识，这是时代发展对高校图书馆馆员的一项基本要求。

4. 掌握一定的相关学科知识

随着现代科学技术的高速发展，许多学科日益交叉渗透，错综复杂，不断产生与走向成熟的新兴学科和边缘学科使得纯粹单一的学科已不存在。高校图书馆馆员单一的知识结构已越来越难以胜任多样化信息服务的需求，高校图书馆的信息服务人员在分析、研究某一个学科领域知识信息的同时，还必须有能力分析借鉴其他学科的技术发展成果的信息，以便更全面、更准确地掌握信息。因此，为了更好地为读者提供优质服务，高校图书馆馆员要在精于所学专业知识技能的基础之上，还必须具有多学科的知识结构，即不仅要掌握图书情报学专业知识，还要有广博的相关学科的知识。

正如美国著名图书馆学家杰西·H·席拉（Jessd H. Shera）曾说过的："最精锐的或最有实力的馆员是那些拥有广博的知识或某一门专业知识背景进入图书馆行业的人"。在国外，图书馆员必须持证上岗，必须要有本科学历，必须是经过图书馆学研究生课程培训后并获得相应专业资格证书的人，才能进入图书馆的专业岗位上工作。例如，美国阿拉斯加州则要求图书管理员至少有本科学历，并完成图书馆媒介教育项目；新泽西州则要求图书馆管理员有美国图书馆协会颁发的专业证书。

高校图书馆是以其文献信息为读者服务的文化教育机构，而高校图书馆的文献信息资源都不同程度地涉及各种学科领域的知识内容。所以，高校图书馆馆员除了需要掌握图书学情报学专业知识外，还需要了解相关的学科知识和学科前沿知识，如历史、地理、政治、法律、经济以及各种新兴学科、交叉学科和边缘学科的知识等，以便能及时地对文献信息资源进行有选择的检索、采集、整理、加工、组织和利用。馆员对相关学科知识有了一定的了解，可以更好地满足馆员各自的兴趣、爱好，能促进馆员加深对图书馆专业知识的理解和运用。如一个馆员如果对文学、艺术方面的知识有较为深入的了解，他就自然会经常地留意相关的书目、文献和知识信息，对该知识领域的学术动态也会有更为敏锐的反应，并且能积极主动地对相关文献信息资料进行搜集、整理，甚至进一步研究，这就无形地促进了读者服务水平的提高。

在高校图书馆日常的服务工作中，图书馆馆员有了"精"而"博"的多元化的复合型的知识结构，才能在工作中适应新形势下的新要求，发挥和挖掘出自己的研究能力、创造能力，就能在原始文献信息的基础上，对文献信息资源进行深加工，开发出满足读者和用户需求的信息产品，实现文献信息资源的增值服务，从而读者的信息服务工作就能够做到高屋建瓴，得心应手，纵横驰骋，从容地面对读者和用户，满足读者对信息不同层次的需求。另外，高校图书馆馆员对于其他相关学科专业知识的了解程度，必须实事求是，客观地做出要求，不能一律规定一定要达到专业水准，并且对馆员只应要求其对一门或两门相关学科专业的知识有个概括的了解或掌握即可。因为作为高校图书馆的馆员，其日常的工作已很繁琐，要求馆员既精又深的同时掌握多门学科知识，让馆员都成为通才全才，那是全然不切实际的幻想。

三、高校图书馆人力资源应具有的五大综合能力

（一）具有较强的创新能力

创新能力是指运用知识和理论，在科学、技术、艺术和各种实践活动的领域中不断提出具有社会价值、经济价值、生态价值的新观念、新思想、新理论、新知识、新信息、新发明和新方法等方面的能力。创新能力是国家民族进步的灵魂、社会经济竞争的核心。

如果人类不具有创新能力，也许今天人们仍然在原始的蒙昧时代里挣扎生活。从钻木取火到火柴的大规模使用，从驾驭牲畜到驾驶汽车，从

农业经济时代到工业经济时代、服务经济时代直至创意经济时代,从知识信息短缺时代到信息爆炸时代,人类之所以能够一步步走到今天,主宰世界,超越万物,靠的就是创新。

创新能力离不开大量而具体的知识,它不仅表现在对知识的摄取、改造和灵活运用上,而且它还要求具有一种追求创新的意识,是一种发现问题、认真积极探究问题的心理取向,是一种善于把握有利时机的敏锐性,是一种积极改变自己、改造环境的应变能力。

随着现代科技信息技术的飞速发展,社会各行各业的创新一日千里,工作创新也将是高校图书馆改革和发展的基本动力。高校图书馆馆员只有在工作中积极运用所学的知识和技能,大胆实践,勇于创新,本着一切从读者的需求出发的原则,充分挖掘利用丰富的馆藏文献信息资源,才能为读者创造出最优质的服务。

创新是多维的,创新无所不在,无所不有,无所不能。它大到一项制度的创新,小到一种服务方式、服务手段的更新。创新主要包括观念创新、决策创新、技术创新、组织创新和管理创新等。观念创新是高校图书馆馆员创新能力实现的先导,思想决定行动,人的一切行为都是由思想观念来支配的;决策创新可以为高校图书馆的发展确立更新的目标;技术创新会有效地改进工作方式和服务手段;组织创新能根据当前社会的发展需要重新调整规划图书馆的内部结构和用人规章制度;管理创新是高校图书馆充满生机和活力的保证,是创新的关键之所在,它能够促使高校图书馆在激烈的社会竞争中赢得持续竞争的优势,以更有效的管理行为,实现高校图书馆读者服务的高效益。

当今网络化、数字化、社会化的信息服务,要求高校图书馆馆员在工作中应当要不断打破自己的思维定式,破除各种陋习,善于运用发散思维、想象思维等思维方式,不断提升想象力和创造力,积极开拓满足读者需求的创新的服务模式。同时,高校图书馆馆员还应当要善于从大量的信息中,把握读者需求热点,将最新、最有价值的信息高效、及时地传递给读者,以创新的服务内容为读者提供满意的信息服务。

高校图书馆馆员的创新能力不否定天生的潜质,但后天的通过学习和教育培养出来的能力占主导地位。培养馆员的创新能力,首先,要培养馆员创新意识和创新思维。思想是行动的先导,需要有正确的思想、观点和理论作指引。其次,馆员必须具有不畏劳苦、坚韧不拔、百折不挠、勇于探索、奋力拼搏和追求卓越的创新精神。再次,高校图书馆馆员还要敢于突破陈规旧习、破旧布新,运用求异思维,善于将不同学科的理论、思维、方法和技术等进行交叉组合,以创造出新的理论、方法和技术等。最后，作为高校图书馆馆员，应当学会尊重知识，热爱真理，能择善而从，但不迷信权威，不人云亦云，秉承"不唯书、不唯上、只唯实"的精神，具有敢为人先的先锋意识，有驾驭自如的丰富的想象力。

长期以来，由于受传统保守思想的影响，高校图书馆一些馆员对待事物缺乏发散性动态多变多维度的思维方式，思维方式单一，对待事物总是抱着一种定式思维想问题，固步自封。这种思维方式具体表现在工作的时候，呈现出被动服务的状态，服务方式方法单一，服务内容简单。比如在，图书馆日常读者服务中，虽然各高校图书馆应读者需要增设了阅览室，服务时间也作了相应延长，成效上比以往大有进步，但是与读者的实际需求还存在一定差距，特别是在高层次、高水平的服务方面。

所以，高校图书馆应树立从单一服务向全方位、多层次、优质高效的服务转化的新观念，要让丰富的馆藏文献信息资源通过馆员的深加工和深化服务满足读者的多重需求。实际上，对馆藏文献信息资源深加工的过程也就是高级情报信息产品的生产过程。高校图书馆馆员在其工作岗位上进行创造性的工作，自身潜在的创新能力便将充分地发挥出来，高校图书馆本身所具有的重要的信息枢纽中心的功能才能得到更为广阔的拓展。因此，创新能力建设是馆员能力建设的核心，是推动高校图书馆事业发展的内驱力。

（二）具有较强的学习能力

人的能力的充分发挥是基于一定知识基础的，人通过学习掌握知识乃是提高人的能力的基本途径。读书学习，是一个获取知识、积累知识的重要途径。在如今知识爆炸、知识创造价值的激烈竞争时代，每个人要拥有竞争力、应变力，首先得要拥有学习能力。

学习能力是馆员对自身的基本要求，是馆员适应社会发展的需要，也是高校图书馆事业发展对图书馆馆员职业角色提出的要求。现代高校图书馆馆员，主要从事着知识、信息的筛选、评价、加工、组织、开发、传递、应用等工作。在图书馆发展变革过程中，高校图书馆馆员的职业角色定位应当从提供被动的、简单的、支持性的文献借阅服务，转变为主动地提供与高校的核心科研学术项目紧密相连的知识性服务。馆员能否具备不断学习掌握更多新知识的能力，比已经掌握多少知识更加重要，学习能力已是馆员做好自己本职工作的先决条件。

实践证明，学习能帮助人增长才干。高校图书馆馆员的知识面越广，学习积累越深厚，分析问题、解决问题的能力就会越强，工作就越能得心应手，对图书馆工作岗位的适应力和胜任度也就越强。不倦的学习才会带来广博的知识，馆员在上岗之前获取的知识只是学习的一个方面，而更为重要的是需要在长期的工作实践中坚持不懈地学习，具有终身学习的意识和能力。

如今，科技发展日新月异，新科技新知识层出不穷，新旧知识更新换代速度越来越快，任何一名图书馆馆员在入职前接受学历教育期间所学习掌握的知识和技能，与不断发展的高校图书馆事业相比较都是有限的，阶段性的知识学习储备不可能满足终身工作所需。不管任何一位馆员原来的专业水平有多高，如果不能随着时代的发展变化而及时地加强学习，更新知识结构体系，就会落在时代后面。所以，高校图书馆每一名馆员都必须在职业生涯中持续地学习、进取、充电、加油，将以往短期被动的学习行为内化为贯穿生命全过程的主动自觉的学习行为，不断更新知识结构、提高能力水平，不停地学习各种新理论掌握新技能，并且还要不断地进行思考，将知识进行有效转化，将所学知识运用到工作实践中，努力做到"活到老，学到老"，以保证自己职业能力的适应性。这样，高校图书馆馆员才能够在社会竞争日益激烈的环境中立于不败之地，否则将无法适应当今图书馆事业迅猛发展的需要。正如管理大师彼得·德鲁克提醒世人所说："这个时代和前一个时代最大的不同之处在于，以前工作的开始已是学习的结束，当下社会则成为工作的开始就是学习的开始。"

在如今的信息社会里，各方面知识的更新换代，学习，不断地学习已然会伴随我们生活的方方面面，社会已转向"学习型社会"，学习将成为一种常态化的生活方式。可以说，我们已经步入一个终身学习的时代，我们每个人面对这个社会都要持有终身学习的态度。传统学校仅仅是人们学习的场所之一，人的一生大部分知识是走出学校后在社会中学习获得的。人的一生在现代社会已将无法区分成"教育阶段"和"工作阶段"，而是强调终身学习，强调工作学习化、学习工作化，学习和工作一体化。世界首富比尔·盖茨说："如果一个人离开学校后不再持续学习，那么，这个人一定会被淘汰。因为，未来的东西他全都不会。未来社会的竞争，必将会从今天社会的人才竞争转向学习能力的竞争"。所以，学习型社会对每一个社会成员而言，学习成了日常生活的重要组成部分，学会学习即拥有学习能力尤为重要。

学习能力对于今天的在职人员显得特别重要。学习能力强者，能及时而迅速地掌握知识，其创新能力和创造力就强。高校图书馆本身就有着得天独厚的学习条件，是馆员不断学习和终身学习的理想场所，是实现馆员知识更新的重要课堂。高校图书馆所有的馆员应当充分利用这一有利的条件，大力营造浓厚的集体学习氛围，共同培养自主学习的能力与习惯。唯有注重团队学习能力的提高，才能提升高校图书馆服务能力和水平。

高等院校图书馆运作理论与实践研究

对高校图书馆馆员学习能力的要求，并非指狭义上的传统的死啃书本式的读书学习方式，而是指广义上的学习。从学习形式上看，包括读书、考察、参观、游览、访问、调查、交往、座谈会、讲座、经验交流以及网上浏览、交流聊天乃至谈天说地等，形式多种多样。从学习内容上看，既包括自然科学技术知识，也包括人文社会科学知识，还包括日常工作和生活中的经验知识，以及如何获取、运用和创造知识的方法等，内容丰富多彩。

高校图书馆馆员的学习，要求的是馆员真正意义上的学习，而非装点门面、蜻蜓点水、浅尝辄止、作秀式的学习。真正意义上的学习，是指能够引起学习者的思想观念、行为、方法以及思维方式、行为习惯、技能技巧、知识结构等心理和行为要素，都朝着有利于社会进步、有利于高校图书馆的发展和馆员个人目标不断完善的方向发展变化的学习，更是一种具有明确的自主学习目标、契合高校图书馆发展目标的学习需求导向、有着显著的实际成效的学习。如此这般的学习，有着正确而先进的图书馆战略目标、丰富而实际的学习内容、理论联系实际的学习方法，才会获得促进高校图书馆和馆员共同发展的良好的预期效果。

（三）具有较强的计算机操作能力

随着现代科学技术的发展及信息时代的到来，高校图书馆的自动化已成为必然。当前，计算机技术在高校图书馆的广泛应用，使高校图书馆的工作发生了前所未有的变化。通过利用计算机技术及计算机网络技术等现代化信息技术手段，对馆藏文献信息资源进行更深层次的加工和快速的传播利用，如从对文献信息的收集、整理、加工、检索直至传播、流通和利用，无不与计算机的操作使用发生着密切的关系。

计算机技术的广泛应用，不仅加快了高校图书馆对文献信息资源的加工和整理的过程，也极大方便了读者的利用。如今，高校图书馆已由传统图书馆向数字化图书馆转变，数字文献资源在高校图书馆馆藏文献信息资源中的占有量不断增大，同时网络也使各图书馆的文献信息资源得以共享，缩短了文献信息查找的时间。这方便、快捷的文献信息的传递都是通过现代计算机技术的应用才得以实现的。

高校图书馆网页的制作、网络的布置、数据库的建设以及虚拟图书馆、网络信息资源导航库的组建等，这一系列的工作无一不需要通过利用计算机操作技术。另外，查找网络资料、使用图书馆的数字图书资源，已是时下人们最为常用的获取信息方式。

因此，为适应信息时代高校图书馆发展需要，最大限度地满足广大读者文献信息需求，计算机操作能力必然要作为每一个从事高校图书馆工作的馆员的最基本的能力要求。现代高校图书馆馆员必须要及时学习和掌握

第三章 高校图书馆人力资源管理

最新的现代化信息技术,除计算机操作技术外,还包括与计算机操作技术相关的计算机网络技术、通迅技术、光盘技术、数据库技术、多媒体技术等计算机自动化系统的高新技能。

高校图书馆馆员只有熟练地掌握了计算机操作的技能,才可以得心应手地为读者搜集、加工和快速传递馆藏文献信息资源和网络信息资源,为读者提供最为优质的服务。

(四)具有较强的信息能力

"信息能力",目前国内外学术界对此还没有一个统一的定义,根据日本情报学专家户田光昭和根岸正光在2000年对信息能力所做的阐释:信息能力是一个内涵广泛而综合的概念,其基本含义是指一个人在一定的时空界限里,能够通过各种信息源获取必要的信息,并能对所获得的信息进行正确的分析、评价、有效利用及科学传递的能力。

当今,人类社会伴随着信息技术的快速的发展已经进入了信息时代。高校图书馆馆员只有具备一定的信息能力,才能对海量繁杂的信息进行取舍、组织、加工、整理,才能把握好信息的质量,才能针对读者不同的需求,做出敏锐迅捷的信息反应并及时准确地为读者提供有价值的信息。信息能力一般包括以下几个方面:

1. 信息收集能力

信息收集能力,是指根据既定信息需求目标,能选择适当的方式手段,自主地、不遗漏地从各种信息源中广泛搜集并获取有关信息的能力。

信息收集应有明确的方向目标。信息收集应是在给定的目标基础上,选择一定的信息源,有效地进行信息收集。对于收集到的信息,要进行有效的评价。不仅要对收集到的信息进行评价,还应对信息收集的方法、效果进行评价,然后基于这些评价的结果再去完善信息收集。评价是实现信息有效收集的重要步骤。

信息收集是高校图书馆馆员的基础性工作。高校图书馆馆员应不断更新完善自身知识结构体系,熟悉各种检索语言、检索方法等基本的信息检索知识,自觉、自主地关注本专业领域的学术、科技发展动态及最新研究成果,熟练掌握和运用现代化技术手段,及时精确地获取本学科领域的最新发展信息。

为了实现全面地收集信息,高校图书馆馆员还必须充分了解和掌握各种信息源,对馆藏资源除了要做到了然于心并能够信手拈来之外,同时还要能够利用网络广泛搜集有价值的知识信息,并能从熟悉情况、掌握知识的人那里了解并获取信息,以及还能够在其他类型的大量的信息源中敏锐地分辨和抓住有价值的信息,要成为一个能及时分辨信息、筛选信息和收集信息的行家。

2. 信息判断能力

所谓信息判断能力，是指在众多的信息中，选择那些必要的信息，对其内容进行判断，并从中提取出适当信息的能力。

在如今信息网络传播的"快时代"，信息就如同货架上的商品一样琳琅满目。由于信息技术的广泛应用，信息的发布、修改和传递变得越来越容易，这也就使得在传递给人们的信息中，特别是在互联网这样的虚拟世界里，夹杂着许多片面的信息、不真实的信息、无用的垃圾信息甚至是虚假有害的信息，诸如各种似是而非的论断、经不起仔细推敲的观点、不露声色的公关植入、恶意的攻击、刻意的误导、夸张的言语、煽情的表达、指鹿为马式的混淆、狡猾的诡辩、未经查实的传言，还有那些赤裸裸、遮遮掩掩的谎言等。当下的媒介也愈发多样、日渐发达，不同的媒介、各种信息渠道让各种信息涌进人们的生活，人们每天都会遭遇海量资讯。

因此，在一个利益多元化、"人人都有麦克风"、人人都应拥有正当话语权的社会，越来越多的社会民众从信息接受者变为信息传播者的新媒体时代，信息数量巨大，信息来源纷繁芜杂，信息质量参差不齐，优质信息中间混入的各种伪劣不实信息无时不在，如何判断、甄别、收集、利用媒介传播的信息，已成为现代高校图书馆馆员不可缺少的素养。高校图书馆馆员在信息收集时，具有理性的判断、识别的能力变得尤为重要。

3. 信息处理能力

信息处理能力，是指对于收集到的信息，能通过适当的方式进行处理，读取其中隐含的、有利用价值的信息的能力。

现在的社会信息太多太广，在人们阅读大量信息过程中，会遇到有很多有意义、有价值的内容并不是显性的，有的很难被发现。只有通过对这些有意义、有价值的信息进行不同程度的适当的处理后，才能从中读取到更为重要、更深层次的内容。因此，要从众多信息中分辨出或者挖掘出有用的和真有价值的信息，就要求人们对信息有较高的敏感度和处理信息的速度。因为信息都是有时效性的，信息是否过期，有多大利用率，遇到有效、有利用价值的信息，要能够快速处理简化。对信息进行处理的能力，在人们对信息进行理解和分析的时候，是十分重要的。

随着高校图书馆信息化程度的不断提高，读者的口味也越来越高，高校图书馆馆员向读者提供的信息服务不能再是简单的信息罗列，而是要通过利用现代化的信息服务手段，对图书馆所占有的大量信息资源进行必要选择、判断、甄别、分析和研究，将其中有价值的信息转化成信息产品，以有效的方式和最快的速度传递给读者，为读者提供高质量的信息服务。

4. 信息利用能力

信息利用能力，是指为了某种需要或特定目的，将已获取并经过处理的信息运用于实践，以实现预定目标，使信息的价值真正得以体现的能力。

在信息被利用的过程中信息价值也就被承认了。现代高校图书馆业务的重点，应由从传统的对馆藏文献信息资源的保存转移到对信息资源的开发利用上，突出以用为主，强调馆藏文献信息资源是为了用，以实现高校图书馆馆藏文献信息资源应有的价值。

因此，高校图书馆馆员需要用合适的方式方法和手段密切关注相关信息，及时地进行选择、判断、加工和应用。并且要利用创新思维，把看似无关紧要的信息有效地应用于实际工作，创造性地为读者提供服务，如帮助读者搜索、获取和利用信息，经常性地为读者开展信息教育，提高读者的信息意识和利用信息的能力。

5. 信息传递能力

信息传递能力，是指能基于信息接受者，即信息受众的立场，在信息经过处理的基础上，将有关信息及时有效地传递给信息接受者（包括个人和其他社会组织机构）的能力。

信息只有通过有效传递才能被社会公众所利用，才能产生相应的价值，实现信息资源的效益。信息社会的发展为人们提供了丰富的发布信息、传递信息的手段。通常，信息传递的形式有口头的、文字资料的、视听资料的以及网络发布的等。例如，利用电视播放系统，特别是利用因特网，人们可以十分便利地发布、传递信息。发布、传递信息时，应根据受众的情况、特点，选择发布、传递信息的手段和形式。

口头形式的信息传递，如讲话、报告、对话、会议交流、信息发布等。文字资料形式的信息传递，如报告撰写、论文写作、书籍编写、文摘、参考文献制作等。视听资料形式，它一般可分为三种类型：一是视觉资料，也称为无声录像资料，包括摄影胶卷、图片、投影片、幻灯片、无声机读件、无声录像带、无声影片等；二是听觉资料，也称录音资料，包括唱片及录音带等；三是声像资料，也称音形资料或音像资料，包括录音录像片、电影片、电视片、声像光盘等。网络传递途径，主要表现在利用计算机网络上的数据库构建、网页制作、网络教育、网络广告宣传、网络专题论坛及电子邮件收发等。

不同形式的信息传递方式和手段的使用，能够帮助读者更快捷、更准确、更快速地获取信息，让信息为读者服务，让读者满意。特别注意的是，高校图书馆馆员在传递信息时，应对信息进行适当的处理，要为读者负责任地予以传递。

（五）具有较强的人际交往能力

人际交往能力，是指能够妥善地处理组织内外人与人之间关系的能力。包括能够与周围环境建立起广泛而和谐的联系，对外界人际信息的转化、吸收能力，以及正确处理上下左右人际关系的能力。

随着社会的持续发展，人际交往的功能已越来越被人们所关注。据美国卡内基工业大学通过对1万人的个案进行调查分析研究发现：15%的成功者是由于他们聪明、技术熟练和工作能力强，而85%的成功者则主要是由于他们具有良好的人际交往能力。所以，良好的人际交往能力是建立良好的人际关系的基础和前提，也是事业成功的基础。

高校图书馆在开展读者服务工作时，总是离不开人与人之间的交流，高校图书馆馆员工作中必定需要接触到各种不同类型的读者。因而，高校图书馆读者服务工作的性质决定了高校图书馆馆员必须要具备良好的人际交往能力。高校图书馆馆员在为读者提供文献信息服务时，不仅仅是传递文献信息的过程，同时也是与读者进行信息交流、思想交流的过程。只有通过与读者建立起良好的关系，才可以充分了解读者对馆藏文献信息资源的需求度，以增强改进为读者服务的效果。

高校图书馆是精神文明的窗口，在对读者服务中的各种宣传、辅导以及对不同文献信息的推荐、介绍等，无不需要图书馆馆员耐心、细致的工作，以及语言的文明、和蔼、富有亲和力。这样，高校图书馆馆员良好的知识文化素养和道德修养就可以得到充分展现。

因此，高校图书馆馆员在工作中要不断培养和提高自身的适应力和应变力，努力克服传统的思维定式，更好地理解他人在理想、信念和价值观上与自己的差异，使自身具有一定的宣传、组织、协调、判断和应变的能力，以赢得更多更好的人际关系。

高校图书馆馆员不仅要妥善处理好与服务对象读者之间的关系，而且在平时的工作中，还要协调处理好同事、领导之间的关系，要善于友好和谐地与同事相处，善于有效地与同事沟通，善于与周围同事团结协作，优势互补，互谦互让；对待下级要以诚恳、平等的态度待人接物，尽力与他们建立起各种正常友好的关系；应尊重上司，服从领导，上级布置的工作任务要认真完成，遇有不同意见时，应该用恰当的方式提出。这样，就能营造出一个和谐愉快的工作氛围和良好的读者服务环境，有利于高校图书馆事业健康向上发展。

第三节　高校图书馆人力资源的四步管理途径

　　人力资源管理的根本目的在于培养人、造就人，是建立一支高素质、高层次和高凝聚力的人才队伍，并创造一种能够促进优秀人才脱颖而出的机制。高校图书馆的人力资源管理是一项复杂的系统工程，其内容包括人力资源规划、知识结构、教育培训机制、激励机制、绩效考核评价机制等诸多方面。

　　为了适应新时代高校图书馆事业发展的需要，高校图书馆人力资源管理必须要树立以人为本的发展理念，改善人力资源发展机制；建立合理的人力资源规划，满足高校图书馆持续发展对优秀人才的需求；在公开、公平和公正的基础上，了解、尊重每一位馆员，合理地配置人力资源，改善人力资源结构，并为每一个部门和岗位找到最合适的人选，让每一位馆员在合适的位置上充分发挥他们的特长，实现图书馆人力资源结构最优化；通过有计划地培训及实行馆员聘任制，可以使高校图书馆培养或引进高层次的人才，改善高校图书馆馆员的知识、专业、职称结构以及年龄和性别结构，淘汰一些不符合要求的人员，提高图书馆人员的整体素质；通过建立良好的多维的系统化的激励机制和科学的考核机制，对人力资源的激励采用传统的物质刺激手段的同时，在满足所有馆员基本需要的基础之上，重点对那些高学历、高技能的高素质人才，提供满足他们自我实现需求的必要的制度性保障，最大限度地调动全体馆员的积极性，使他们在工作中能够获得满足感和成就感，安心在图书馆工作，释放潜能，从而使高校图书馆能留住人才，加快发展。

　　高校图书馆通过对人力资源有效管理，可以使高校图书馆建立一支结构合理、素质较高、人员稳定、士气高昂的图书馆人力资源的队伍。这样的队伍能提高高校图书馆工作效率和效能，能够适应现阶段高校图书馆馆藏、技术和服务的变化，有利于高校图书馆发展目标的实现。

一、创新人力资源管理理念

（一）树立人本管理新理念

　　人本管理，是指把员工作为组织中最重要的资源，综合员工的能力、兴趣、特长、心理状况等各方面的情况来科学地安排最合适的岗位，并充分地考虑到员工在工作中的成长和价值，通过整体性的人力资源开发计划，极大地调动和发挥员工的工作主动性、积极性和创造性，从而提高其工作效率、增加其工作业绩，为组织发展目标的达成做出最大的贡献。

这种人本管理思想是人类管理理念从传统的把人当作管理对象，将人视为物质资本的附属物、简单的工具和客体，通过硬性的管理制度严格约束与控制来达成管理目标的物本管理阶段，向前推进发展成为一个"以人为中心"的全新人力资源管理阶段。

在高校图书馆人力资源管理中，强调支撑点与立足点。支撑点是"以人为中心"，把馆员作为高校图书馆管理的主体，把人力资源作为高校图书馆制定发展战略规划的依据。其立足点是充分调动馆员的工作积极性，挖掘馆员的潜能，发挥馆员的创新精神；强调对人的尊重、关怀和信任；增强馆员的责任感、使命感和归属感，以确保高校图书馆事业发展目标的实现。

在信息技术飞速发展的今天，高校图书馆作为文献信息服务中心，大力发掘馆员的潜能、培养馆员的实践创新能力已成为时代发展的需要。因此，高校图书馆应当树立强调以人为中心的人力资源管理这种新的管理理念和管理思路。以人为中心的人力资源管理不同于以往传统的人事管理，其核心是要转变管理理念，把人作为图书馆的第一资源来开发和管理，吸引人才、培养人才、用好人才和留住人才是人力资源管理的主要内容。通过建立科学、合理、系统的人力资源管理机制，以全新的人力资源管理理念来规划和发展高校图书馆事业。

面对当前激烈的社会竞争环境，对高校图书馆而言，既是挑战也是机遇。要在社会竞争中谋求更大的发展空间，高校图书馆的人力资源管理必须把对馆员的开发、管理作为核心，突破传统狭隘低级的"人事"管理范畴，以"人"为本，将具有能动性的馆员个人视为可开发并能带来收益的一种最为宝贵的资源进行开发和利用，以馆员个人与图书馆组织的共同实现与发展为目标，这应当是当前高校图书馆人力资源管理工作的重点。

高校图书馆的管理者在人力资源管理中，要用人性化的科学方式尊重馆员的人格和选择，关心馆员的需求，主动建立相互信任的图书馆组织关系，让馆员积极主动参与合作，帮助馆员自我提高和完善，实现他们自身的价值和目标。例如，高校图书馆在全新的人力资源管理理念指导下，通过人力资源管理的规划、人员聘任制以及良好的馆员培训机制的实行，就会有效地改善高校图书馆人力资源的知识结构、专业结构、职称结构、年龄结构以及性别结构等，可以提高高校图书馆馆员的整体素质，满足馆员自我实现和个人成长的需要；通过公平、公正的考核评价和激励，可以充分调动所有馆员的工作积极性，能够激励馆员将个人目标与图书馆的发展目标紧密地结合起来，从而实现高校图书馆和馆员的"双赢"。

高校图书馆只有树立"以人为本"的管理理念，用人本管理的理念创新高校图书馆的服务与管理，加大对人力资源投资，善于开发人力资源，吸收和聚集优秀人才，优化图书馆人力资源结构，才能够促进高校图书馆事业快速、持久地发展。

（二）树立能本管理新理念

能本管理本着"以人为中心"，是一种以人的能力为核心的管理，是人本管理发展的新阶段，它源于"人本管理"，同时又高于"人本管理"，是更高层次和更新意义上的"以人为本"的管理。能本管理中的"能"，其内在构成是知识、智力、技能以及实践创新能力等四个方面。即由知识到智力再到技能，最后提升到实践创新能力，这实际上呈现的是一种由低层次发展到高层次、由认识世界发展到改造世界的过程。其目标和要求是，通过采取多种行之有效的方法，最大限度地发挥组织中每个成员的能力，以实现组织成员能力价值的最大化。同时通过把能力这种最为重要的资源优化配置，产生推动组织全面向前发展进步的巨大力量。

知识、智力和创新能力是现代知识经济时代和信息经济时代发展的基础，以人的创新能力为核心本质的人力资本在经济社会发展中的主导作用将日益凸显。知识只有变成能力才能发挥效用，人们只有在依靠能力的基础上才能去实现自身价值。所以，能力将成为新时代决定和支配各种组织和人的发展的主导力量。

高校图书馆的"能本管理"，核心就是正确运用人事相宜的人力资源管理原则，量才使用，将馆员放到相应适当的岗位上，才能发挥和创造出最佳的管理效能。高校图书馆应根据每个馆员的能力，结合高校图书馆长远发展的需要和馆员提高自身能力的需要，将能力各不相同的馆员配置到适应其能力的不同的部门和岗位上，达到馆员能力与岗位相匹配，能力与职位相匹配，能力与责任相匹配，实现高校图书馆馆员能力最优化组合。高校图书馆应当有重点、有计划地对馆员的能力进行开发培训，把馆员能力的开发视为馆员福利待遇的一个重要组成部分，并且作为鼓励馆员努力工作的激励手段，促使馆员不断提升自身能力。

（三）树立激励管理新理念

美国心理学家马斯洛（Maslow）在其1943年出版的《人类动机的理论》一书中提出了著名的人的需求层次理论。马斯洛认为，人的需求呈现一种从低级到高级发展的层次，从下向上分别是生理需求、安全需求、社交需求、尊重需求和自我实现需求这五类。在特定的时间内，人可能受到不同层次需求的激励。人的需求层次都会受到人的个性差异的影响，并且会随时间的推移而不断发生变化。但是，马斯洛同时也明确指出，人类最基本的需求和欲望是生理需求，人们总是优先满足生理需求，继而就会追求心理满足和社会认同，然后就想被爱，被尊重，希望自己的人格和自身价值被认可，这是人类心理共同的特质。而追求自我实现的需求是人的最高动机，在五种需求层次中是最难以满足的一种。

与马斯洛理论相似的有美国著名的行为科学家弗雷德里克-赫茨伯格（Fredrick Herzberg）1959年提出来的双因素理论（Two Factor Theory），又叫激励保健理论（Motivator-Hygiene Theory）。赫兹伯格的理论指出，影响人行为状态的因素有两种，一种是保健因素，另一种是激励因素。保健因素是指满足人的低层次需要的因素，包括人的生理、安全和社交的需要；激励因素是指满足人的高层次需求的因素，也就是满足人的尊重和自我实现的需要。

保健因素亦即人的低层次的需求是激发不了人的积极性和创造性的，只有激励因素即人的高层次的需求才能激发人的潜能。根据马斯洛的需求层次理论和赫兹伯格的双因素理论，现代高校图书馆管理必须树立正确地运用多种激励手段的管理理念，有效激发馆员的潜能，调动馆员的工作积极性。高校图书馆要更好地开发馆藏文献信息资源服务于社会，依靠的是文献信息资源的开发者。如果高校图书馆馆员的积极性、创造性不能得到发挥，即使有了最先进的现代化的技术装备，人对文献信息资源的开发利用能力也都不可能最大限度地释放出来。

高校图书馆在对馆员的激励问题上，物质激励应是最基本的激励方式。因为生理需求是人们最基础的需求，而物质也最能满足人们的生理需求，所以，物质激励还是首选的。随着社会经济的发展，人们的需求逐步提高，会更多地注重精神方面的需求，求得社会认同和尊重的愿望会更加强烈。所以，高校图书馆馆员不仅需要物质方面的激励，更渴望受到来自社会的尊重和自我价值实现的精神激励。

就激励而言，有正、负激励之分。"正激励"就是增加工资等物质奖励，表扬、赏识等精神激励；而扣发或少发工资、批评、惩罚、降级等处分常常是一种"负激励"。所以，激励也是一把双刃剑，用得好，用得恰当，就会使馆员身心愉悦，工作的热情将成倍高涨，积极性会充分得到调动；用不好，实施得不恰当，就会伤害到馆员的自尊心，甚至起到适得其反的作用。因此，激励与否，或者激励是否得当，对馆员潜能的发挥以及工作效率的提高都有着重大的影响。在高校图书馆实际管理工作中必须将正激励和负激励两种激励手段有效结合，实行"奖罚分明""奖惩结合""批评与教育结合",从而造就高校图书馆良性的竞争环境,促使馆员充分发挥其才能和智慧,留住人才,促进高校图书馆事业快速发展。

二、制定人力资源规划

人力资源规划(Human Resource Planning,简称HRP),它是指以组织的发展战略为指导,科学地分析、预测组织在内部和外部环境变化中的人力资源需求和供给状况,对人力资源的获取、配置、培养、使用、保护等各个相关环节进行职能性策划,制定必要的、强有力的政策和措施,以确保组织各工作岗位能获得需要的、合适的人才,实现人力资源与组织中其他资源的合理配置,并有效地激励和开发员工的规划。

人力资源规划是一项系统性的战略工程,是一项实现发展战略目标的重要工作。其内容主要包括人力资源战略发展规划、管理制度、职务编制、人员配置、管理费用预算、培训开发、岗位调整和人员晋升等计划的制定,也就是基本涵盖人力资源管理的各项工作。在制定方面必须要考虑到以下四个方面因素:一是制定人力资源规划必须依据组织的发展战略和目标;二是制定的人力资源规划要能适应组织内部和外部环境发生的变化;三是制定必要且有力的人力资源政策和措施是做好人力资源规划的主要工作;四是制定人力资源规划的目的是使组织能够保持人力资源供求平衡,保证组织长期可持续发展目标和员工个人利益的双赢的实现。人力资源规划的制定,在考虑实现组织目标的同时,也必须要考虑到满足员工个人的需要(其中包括物质需求和精神需求)。只有在组织的人力资源管理有了明确规划的情况下,员工才可预知组织发展对自己可满足的东西和满足的水平,从而才能为实现组织目标而努力工作。所以,人力资源规划是组织战略目标实现的重要保证。

现代信息技术及互联网技术在高校图书馆的应用,使高校图书馆的管理理念正发生着深刻的变革。信息化的发展必须靠人才,高校图书馆只有更加重视人力资源的开发与管理,加大工作力度,发现人才、培养人才、留住人才和用好人才,才能跟上新时代发展的步伐,才能真正保持图书馆文献情报信息中心的地位,才能满足人们日益增长的对图书馆知识、信息的需求。

目前,为实现高校图书馆的发展目标,根据高校图书馆的内外环境发展状况,高校图书馆馆员必须要成为文献信息资源的组织者、提供者、传播者和导航者。但是,高校图书馆馆员的现有素质严重偏低,学历、知识、专业、职称、年龄、性别等结构不合理,缺乏计算机和外语等方面的知识，不具备担当和胜任新时代高校图书馆馆员角色的知识和能力。由于在客观上高校图书馆的社会地位和待遇都比较低，馆员个人的物质利益和精神需求难以得到满足。所以，高校图书馆很难从外部引进人才，高校图书馆内部的人才也因为各种需求难以得到满足等原因不能安心在图书馆工作，难以调动他们的工作积极性，工作效率低下。

因此，高校图书馆管理者应当结合高校图书馆发展的战略目标，针对高校图书馆人力资源结构的现状，认真细致地分析测评高校图书馆各部门、各岗位工作的性质和工作量，制定高校图书馆人力资源发展规划，明确制度和各项具体政策措施，保障规划中馆员招聘、培训、任用、激励和考核等工作的贯彻实施，发现人才、培养人才。人力资源发展规划的制定，既能满足高校图书馆持续、稳定、健康的发展对优秀人才的需求，实现高校图书馆对人力资源供需关系的平衡，又有利于确保馆员的个人需求和利益得到满足。

三、优化人力资源配置

高校图书馆优化人才资源配置就是要根据馆员知识结构、馆员的专长特点等，制订良好的人才配置方案，对图书馆的岗位人员进行合理的分工安排，做到人岗匹配，人事相宜，能够适时、适才、适量、适质地配置和使用人才，达到合理利用和增进效益的目的。

当前高校图书馆人力资源队伍在知识结构、学历水平和业务能力等方面都与时代发展的需求不相适应，高校图书馆人力资源配置的不合理已成为高校图书馆可持续发展的瓶颈。因此，建立起一支结构合理、层次分明、业务过硬、人员稳定的高素质的人力资源团队，才能更好地适应现阶段高校图书馆的发展变化与读者的服务需求，不断提高服务品质和效率。

（一）人力资源优化配置原则

高校图书馆人力资源管理要做到人尽其才、才尽其用以及人事相宜，最大限度地发挥人力资源的作用，必须要优化人力资源的配置，实现人力资源科学合理的配置。优化高校图书馆的人力资源的配置，必须遵循如下的原则：

1. 能级对应原则

优化配置高校图书馆的人力资源，应使馆员的能力与岗位要求相对应，强化高校图书馆人力资源的整体功能，发挥高校图书馆人力资源的整体效率，达到整体之和大于部分的效果。高校图书馆的岗位有高低层次和不同种类之分，位置各不相同，处于不同的能级水平。而高校图书馆每个人的能力也都处于不同层次和不同水平之上，在纵向上居于不同的能级位置。岗位人员的优化配置，就需要做到能级对应，就是说每一个馆员所具有的能级水平、所处的岗位的层次应当与岗位的能级要求相对应。

高校图书馆在用人中，若"拔苗助长"，馆员会因能力有限，胜任不了岗位职责，承载着超负荷的压力，工作的乐趣难以找到；若"高能低用"，则会使得高校图书馆的人才"身在曹营，心在汉"，不得已另辟蹊径，另谋高就，导致人才的流失；而"舍长用短"，就是人为地浪费人才、浪费资源。把人才放错岗位，就等于对人才的糟蹋。

2. 优势定位原则

高校图书馆人力资源优化配置的优势定位原则，其内容包含两个方面的要点：一方面，高校图书馆每个馆员应根据自身的能力优势，对照图书馆不同岗位的要求，去选择最有利于发挥其自身优势的岗位；另一方面，高校图书馆的管理者也应在了解馆员不同能力能级的基础上，将每个馆员都安置到最有利于他们发挥自身优势的岗位上。

在著名的管理学家彼得·德鲁克的人力资源管理思想中，"组织人力完成工作任务也就意味着必须要把人放在最适合他的职位上"，这也就是在人力资源管理中通常所说的"用人所长"。管理者针对岗位的要求条件，在用人时必须要考虑某个人的条件，了解他能做什么。因为人的先天能力条件和后天的发展都是不平衡的，每个人的个性也是多种多样的。每个人都有自己的长处和自己的短处，有自己的专业特长和工作爱好，有着自己的总体的能级水准。因此，高校图书馆人力资源配置，只有真正做到知人善任，发挥馆员之所长，找到馆员之所在，安排每个馆员去做他们所擅长的事务，促使馆员在工作中发挥优势，找到工作的满足感和成就感，创造更高的价值，为实现图书馆的发展目标做出更大贡献。

3. 动态调节原则

动态调节原则，是指当高校图书馆的岗位或人员的要求发生变化的时候，需要适时地对岗位人员的配备进行调整，以便能始终保证让合适的人工作在合适的岗位之上。

随着时代的发展，高校图书馆岗位以及岗位职责要求在不断更新变化，馆员也在不断新老更替，馆员的知识和能力也是在不断更新变化。如此种种变化发展的情况，就会产生高校图书馆人员与岗位能级的不适应、用非所长等情形。因此，如果高校图书馆的人员和岗位搞一次性的定位，一职定终身，既会影响图书馆工作的有效开展，又不利于馆员的成长。只有在不断地动态调整中去实现资源的合理利用。

（二）人力资源优化配置形式

1. 人岗关系型

它是根据馆员与高校图书馆岗位的对应关系进行人力资源配置的一种形式。这种配置类型主要是通过高校图书馆人力资源管理过程中的各个环节来保证高校图书馆内各部门和各岗位的人力资源质量。

目前高校图书馆这种人岗关系型的员工配置方式大体有以下几种：人才招聘、试用、轮换、竞争上岗、双向选择等。

2. 移动配置型

移动配置型是通过对馆员相对其上下左右岗位的调整移动进行人力资源的配置，从而来保证高校图书馆内的每个岗位人力资源的质量。这种配置类型的具体形式有三种：晋升、降职和调动。

3. 流动配置型

这是一种从馆员相对于高校图书馆岗位的流动进行配置的类型。高校图书馆流动配置型，通过馆员相对图书馆的内外流动来保证高校图书馆内每个部门和岗位人力资源的质量。这种配置类型的形式主要有三种：安置、调整和辞退。

（三）优化人力资源配置机制

1. 实行资格准入制度

高校图书馆从业人员实行资格认证制度，是强化高校图书馆专业队伍、提升馆员整体素质的有效手段。图书馆馆员的职业资格认证制度在国外早已产生，许多国家的图书馆法都规定了图书馆从业人员必须先要经过相关培训，获得相应的资质后才能从事图书馆的相关工作。

高校图书馆是一个集多学科为一体的知识集合体，不仅需要图书馆学情报学专业人才，还需要有其他相关学科背景和专业的人员，这样才能更好地为学校的学科和专业建设以及教学科研服务。然而，由于目前我国高校图书馆对其从业人员的要求低，根本不需要什么资质，导致高校图书馆员的学历层次普遍偏低、知识结构不合理等不理想的人力资源配置情况，严重影响高校图书馆事业的发展。因此，高校图书馆应当尽早实行资格准入制度，制定合理的选人、用人和招聘制度，合理配置其所需要的各种学科和专业人才，逐渐加大公开招聘选拔和引进人员的比重，逐步摆脱闲散人员"安置所"的称号，提升馆员整体素质，优化高校图书馆的人力资源配置。

2. 实行岗位分类管理

高校图书馆岗位分类管理，就是将高校图书馆的岗位分为专业性馆员岗位和辅助性馆员岗位。专业馆员从事高校图书馆的管理岗位或专业技术岗位，担负着管理、研究、开发和建设职责；辅助性馆员从事高校图书馆的日常服务性的业务工作。

高校图书馆实行岗位分类管理，明确每种岗位的工作职责、工作任务、任职条件等，可以使高校图书馆的每个馆员，尤其是业务能力较强的馆员能够找到适合自己的工作岗位，充分发挥每个馆员的潜能和专业特长，做到人尽其才、才尽其用，让他们安心于高校图书馆工作，有利于高校图书馆培养一批高水平的专业人才队伍，促进高校图书馆事业的发展。

实行岗位分类管理，其岗位人员的配置，根据岗位职责、岗位级别及岗位量化指标要求，每个馆员结合自己的特长和能力选择自己喜爱并能胜任的岗位，公开、公平、公正地让每个馆员凭借自己的能力竞争上岗，真正做到能者上、庸者下；并对馆员实施工作绩效考核，让每个上岗的馆员既有动力，又有压力，促进馆员能力的充分发挥。

3. 合理使用组配

馆员的有效使用组配，主要是指对高校图书馆新进馆员的安置、老馆员的升降、余缺馆员的调配等。如何有效分配馆员的工作，以及如何安排馆员的岗位，决定着馆员能否积极为高校图书馆做出积极贡献，更决定着馆员能否从工作中获得满足感和实现自我价值，这在很大程度上取决于能否合理地安排馆员。

因此，为有效使用组配馆员，在安排馆员的岗位时应遵循因岗配人、用人所长、避人所短、优化组合、适当流动的原则，根据实际情况调整现有人才队伍的年龄结构、学历结构、专业结构，对馆内各种类型、不同层次的人才进行优化组合，促进高校图书馆内人员形成专业互补、知识互补、技能互补的状态，通过互补增值效应，提高图书馆的整体功能。同时也要按照馆员的性别、年龄和性格等的特征进行合理组配。这样既有利于高校图书馆内部形成和谐的人员组配，又能调动和提高馆员的积极性，提高馆员的工作绩效。

4. 适时调整流动

高校图书馆馆员的岗位调整流动也是高校图书馆人力资源配置机制的一个重要部分。目前很多高校图书馆，馆员的岗位分工大多是岗位终身制。这种固定化的岗位分工，虽然有利于高校图书馆工作的稳定和馆员对工作业务的熟悉，但是也不同程度地挫伤了馆员尤其是年轻馆员的积极性。所以，馆员合理适时的流动，有利于高校图书馆复合型人才的培养，使馆员的工作经验丰富化，为人才的成长营造了良好的体制环境，能把每个人都调整到最适合的岗位上，使他们的才能得以充分发挥，促进高校图书馆发展目标的达成。

四、建立良好的激励机制

（一）激励是高校图书馆人力资源管理的重要措施

激励机制，它是通过各种手段激发人的需求、动机和欲望，形成某一特定的目标，使人在追求实现这一目标的过程中保持高昂的、积极的和持续的情绪状态，努力发挥出潜力，直至预期目标的达成。

人力资源管理的目标就是实现组织绩效最优。为此，必须要提高为组织目标实现做贡献的人的工作绩效。根据美国哈佛大学教授威廉·詹姆士的研究探索发现，人的工作绩效=F（能力×激励），就是说人的工作绩效是人的能力与激励的积的函数。这意味着，人的工作绩效取决于人的能力和激励水平，即与人的积极性的高低关系密切。人的能力是取得工作业绩的基础，但不管人的能力有多强，如果激励水平低，就难以取得良好的工作业绩。

因此，应根据员工的各种不同需要，建立起多维交叉的员工激励机制，适当采用物质激励和精神激励相结合的种种措施手段来改善员工的工作状况和生活质量，以提高员工的满意度，从而激发员工创造性地完成工作。

高校图书馆人力资源管理中，激励已成为有效管理的重要措施。根据美国著名的心理学家马斯洛的人的需求层次理论和赫兹伯格的双因素激励理论，高校图书馆管理者应当了解馆员的需求和欲望，积极采取行之有效的激励措施，建立良好的激励机制，将满足馆员需要与高校图书馆目标的实现有机地结合起来。如在馆员职称评定、奖金分配、业务培训、进修学习等诸多方面，高校图书馆都可以结合实际建立和完善激励机制，努力满足馆员的需要，最大限度地调动馆员工作的积极性、主动性和创造性，激发馆员潜能的释放，更好地实现高校图书馆的发展目标。

（二）高校图书馆要建立"以人为本"的激励机制

高校图书馆要建立"以人为本"的激励机制，应该要做到以下几点：第一，尊重馆员的民主权利，把馆员视为高校图书馆的主人翁；第二，采取有效措施实行民主管理，让馆员能够实际参与高校图书馆建设发展的谋划与决策；第三，切实关心馆员的切身利益和需求；第四，将高校图书馆的发展目标与馆员个人发展目标相结合。

高校图书馆建立"以人为本"的激励机制，创造各种激励条件，促使馆员的全面发展。高校图书馆应当通过对不同类型馆员的分析，将他们不同层次、不同阶段的需求归类整理，全面地了解掌握馆员的需求状况。在此基础之上，广泛地征求馆员意见，集思广益，实行民主管理，充分实现馆员的民主参与，建立起大多数馆员都认可的、公平合理、科学、透明、切实可行的激励机制。这样，就能让馆员感觉得到高校图书馆的兴衰成败和自己的前途命运息息相关，在这种开放平等的环境下馆员也会自觉自愿地展现自己的才能，释放自己的才华，提升竞争意识，充分发挥个人的最大潜能。

（三）高校图书馆应当要实行差别激励

激励的目的是为了进一步提高馆员工作的积极性。由于具有不同需求的人需要的激励方式也不同。所以，在建立激励机制时一定要考虑到馆员的个体差异，了解馆员的需求与动机，这样会有利于建立的激励机制更具合理性，使激励更具针对性。

每个馆员的性格、思想、心理、学识、教养和道德水准等都各不相同，千差万别，馆员激励机制的建立也要重视馆员的个性差异，因人而异，区别对待，大致分为以下几类：年轻馆员自主意识比较强，对工作环境和条件等各方面的要求会比较高，而中老年馆员一般都比较安于现状，比较注重情感、荣誉等方面的激励；学历较高的馆员一般更加注重自我价值的实现，他们更加追求精神层次的满足，如工作兴趣、工作条件、工作环境等，而学历相对较低的人更加注重的是基本的、低层次的需求的满足；女性馆员相对而言对报酬等物质需求更为看重，而男性馆员则更注重高校图书馆及其自身的发展；高校图书馆的管理人员和一般馆员之间的需求也是有所不同的。

因此，高校图书馆在制订激励机制时，一定要考虑到馆员之间的个体差异，针对馆员的不同需求，采取多样化、差异化的激励措施，这样才能收到最佳的激励效果。

1. 荣誉激励

根据马斯洛的需求层次理论，自我实现的需求是人类最高层次的需求，荣誉激励乃是一种终极的激励措施，它主要是把员工的业绩与晋级、提升、评先进、选模范等联系起来，以一定的名义或者形式标定下来，主要的方法有表扬、奖励、经验介绍等，如进行会议表彰、发给荣誉证书、上光荣榜、评选标兵、在组织内外相关媒体上宣传报道、家访式慰问、旅游观光、疗养、访学培训等。荣誉可以让荣誉获得者继续保持和发扬成绩的鞭策力量，还可以对其他人产生影响力和感召力，激发他人迸发出比、学、赶、超的动力，从而能产生较好的激励效果。

荣誉激励心理学研究表明，如果一个人获得了荣誉，他的心情会是愉快的，这个时候他的工作效率会更高。也就是说，当一个人平时的良好表现和在工作中取得的突出成绩，能够得到管理者的欣赏和肯定时，他就会深深地感受到自我价值实现的愉悦和幸福，从而在精神上获得最大的满足，无尽的前进动力随之会被激发出来。

因此，高校图书馆可以采取一系列荣誉激励的措施，满足馆员自我实现的需要，激发馆员的工作热情。例如，通过开展评选服务标兵、优秀馆员以及各种创新奖、贡献奖等，并及时公开嘉奖和表彰。高校图书馆对在平常工作中做出突出贡献的馆员给予的荣誉激励，其作用表现在两个方面：一是可以鞭策荣誉获得者继续不断地保持和发扬成绩；二是好的榜样也是值得其他馆员学习的楷模，会产生较好的激励效果。

另外，对于一些工作上不求进步的馆员，管理者也要善于去发现他们的长处和优点，要随时注意捕捉他们身上存在的闪光点，哪怕有点滴的起色和进步，都应当及时给予肯定和鼓励，促使他们能从自身微小的进步中体验到成功带来的尊重与喜悦，这样会更有助于高校图书馆的管理者与馆员彼此之间情感上的沟通和工作中的协调。

2. 成就激励

成就激励理论由美国哈佛大学教授戴维·麦克利兰（David. McClelland）提出。麦克利兰教授认为，人除了有生存需要之外，另外还有三种重要的需要，这三种需要分别是成就需要、权力需要以及友谊需要，同时他还提出了成就需要理论。成就需要（Need for Achievement），即争取获得成功并希望做得最好的需要。

麦克利兰认为，具有强烈的成就需要的人，往往具有高度的、内在的工作动机，总是想方设法提高工作效率，渴望把事情做得更加完美，获得更大的成功。这些人追求的是在争取获得成功的过程中去克服困难、解决难题和努力奋斗中的乐趣，以及取得成功之后的个人的成就感，他们并不是很看重成功所带来的物质奖励，那些外在的激励对他们所起的作用相对较小，只要组织能够为他们提供相对应的工作条件，能充分发挥自己的才能，他们就能感到莫大的满足和幸福。

因此，成就激励不是指员工成就需求已经获得满足的程度，而是来自于人们对实现自己成就需求的期望。这些高成就需求的人能够为解决问题而担当起个人的责任，如果解决问题不是依赖于他本人的努力，而是由于客观情况的变化，那就会影响他的成就感。

并且，高成就感的人善于在工作过程中调整目标，使自己在切实可以达到既定目标的工作中，能够不断地获取成就动机的满足。也就是说，他们都期望工作成果中凝结自己较多的贡献而得到更大的满足；他们都期望自己比其他人取得更好的业绩而获得更大的满足。对于那些具有高成就感的人来说，他们希望能及时了解自己的工作情况和业绩，希望得到管理者的肯定性评价。正是因为存在着这些期望，使得员工总是想着取得更好的工作成就。期望越是强烈，员工受到的激励作用也就越大。因此，作为组织的管理者，应该做到利用反馈来的工作结果，及时地给予必要的褒奖。

高校图书馆应使每个馆员都明确自己工作的具体要求、应承担的责任，进而让每一个馆员都能认识到自己是该岗位不可缺少的一员，高校图书馆所取得的每一项工作成就中都有着自己的一份贡献。这样，就能够让馆员产生一种自我价值得到实现的成就感，促使馆员为早日实现自己所期待的成就而积极地努力工作。

由于高校图书馆业务面广，各部门和岗位繁忙程度不一，承受的压力也不尽相同。所以，高校图书馆首先要构建一个公平、公正、透明的业绩比较平台，能够让馆员有正确的概率估计和预测，使馆员对业绩优势体验产生一个比较明确的期望，以激发馆员的成就感。最后按劳动量、按业绩、按创造性来进行合理的分配，奖勤罚懒，打破平均主义分配传统，使优秀馆员产生优势成功体验，从而为馆员提供成就需要的满足。

3. 目标激励

目标激励，就是通过确定适当的目标，诱发人的动机、引导人的行为，并使组织成员的个人目标与组织目标紧密结合在一起，以有效激励组织成员的积极性、主动性和创造性。

目标是希望通过努力而达到的预期结果，是一种刺激和满足人的需要的外在物，心理学上把目标称为诱因。目标本身是行为的一个诱因，具有诱发、引导和激励行为的功能。由诱因诱发人的动机，再由动机到达成目标的过程称为激励过程。目标合适能够更好地诱发人的动机，规定着行为的方向。目标作为诱因对人们的积极性、主动性和创造性都起着强烈的激励作用。

目标要有可实现性、激励性和吸引力，这样才能保证目标的达成和激励效果的实现。因此，设置适当的目标，能够更加激发人的动机，调动人的行为的积极性。目标设立的形式有多种多样，既可以是外在的、物质的实体对象（如工作量、工作报酬、奖金等），也可以是理想中的或精神的对象（如学历、学位、学术水平、先进工作者荣誉等）。

高校图书馆要根据各部门、各岗位的具体情况，结合高校图书馆的发展战略，设置一定的工作目标，并且要促使馆员把个人的发展目标与工作动机与图书馆发展的总体目标有机地结合起来，以充分调动馆员工作的积极性，努力为实现高校图书馆的事业发展做贡献。

4. 参与激励

高校图书馆管理与公司、企业不同，高校图书馆隶属于由国家财政拨款的高校事业单位，更偏重于社会效益，对馆员来说缺少经济利益方面的有效驱动，这使得高校图书馆馆员缺少强烈的生存危机感。

所以，面对当今激烈的社会竞争，高校图书馆只有通过民主管理，鼓励馆员参与高校图书馆的决策和管理，激发馆员的参与意识，调动馆员的工作激情，积极为高校图书馆的发展献计献策。馆员参与高校图书馆的管理形式有多种，可通过建立馆员代表大会制度、干群对话制度、民主议事制度等形式，让广大馆员参与高校图书馆的民主决策和管理。平等、尊重和信任是民主管理的基石。高校图书馆通过馆员的民主参与，认真倾听馆员的心声，充分地信任和尊重馆员代表及全体馆员，让馆员能共享高校图书馆的发展信息，使馆员充分了解高校图书馆的发展方向和目标，以便更好地确立馆员个人的奋斗目标。

通过馆员的广泛参与，会在高校图书馆管理者与馆员之间以及馆员与馆员之间形成一种理解、尊重、信任、和谐融洽的气氛，让馆员对高校图书馆产生认同感、归属感和主人翁的责任感，能够进一步满足馆员受尊重及自我实现的需要，激发出馆员的活力，逐渐强化高校图书馆的团队精神和力量，从而使高校图书馆走上良性发展的轨道。

5. 工作激励

工作激励是指通过对员工分配恰当的工作，满足员工受尊重和自我实现的需要，从而激发员工内在的工作热情的方法。

根据美国社会心理学家、管理学家麦格雷戈的人性理论研究的Y理论，在适当的情况下，一般的人不但愿意承担工作，而且还愿意迎接工作的挑战。因此，高校图书馆管理者在分配工作任务时，应当要使工作的要求和目标任务富有一定的挑战性，让工作岗位能力的要求可以略高于馆员的实际能力，这样能够有效激发馆员拼搏进取的精神。

高校图书馆安排馆员的工作岗位，应当按照人事相宜的原则来进行。如果馆员实际工作能力远低于工作岗位对能力的要求，小材大用，一方面，会造成赋予的工作任务无法完成，给高校图书馆带来损失；另一方面，由于馆员工作能力差，不论其怎么努力也都无法完成工作任务，这样，他就会灰心丧气，对自己失去信心，不愿再做新的尝试，甚至会从此一蹶不振。这样的工作安排，不但对馆员起不到激励的作用，反而会起相反的作用，不利于高校图书馆目标的实现。而如果高校图书馆安排的工作岗位对能力的要求低于馆员的实际工作能力，即馆员的工作能力高于工作的要求，存在着大材小用，虽然岗位工作任务能保证完成，但馆员的潜能没有得到发挥。随着时间的推移，他就有可能会对工作逐渐失去兴趣，失去了工作积极性，对高校图书馆也会越来越不满意，最终就会导致工作效率的低下。

每个馆员的能力有大有小，每个馆员都会有自己的爱好和特长，每个馆员也都会希望在高校图书馆能最大限度地发挥自己的聪明才智。而高校图书馆各项任务的完成往往也需要具有不同能力、不同专业特长的人来承担。高校图书馆管理者安排工作时，应根据工作性质的要求和馆员的个人能力和特长，把工作与馆员的能力有机地结合起来。这样的工作安排，在相同情况下高校图书馆的任务完成，同时还可以满足馆员自我实现的需要，极大地激发和调动馆员工作的积极性，实现人尽其才。

6. 薪酬激励

薪酬激励，是指通过合理的薪酬制度设计与薪酬结构分配，激发组织成员的工作积极性、主动性、创造性，使他们为组织创造更多的效益。这是收入分配机制中的一项重要功能。

从对馆员的激励角度上讲，根据赫兹伯格的双因素激励理论，我们可以将薪酬分为两大类：一类是保健性因素，如岗位工资、固定津贴以及养老、医疗保险类社会强制性福利项目等；另一类是激励性因素，如物质奖励、奖金、进修培训等。在保健性因素薪酬方面，如果馆员的期望值实现不了，馆员会产生不安全感，导致出现士气下降、人才流失，甚至招聘不到或留不住高素质的人才等现象。但是，即使保健性因素薪酬高得足以能够吸引人才加入并且也能留住人才，但也往往被馆员视为应得的待遇，以致很难起到激励作用。而真正能起到激励作用、能调动馆员工作积极性的，主要还是激励性因素薪酬。

著名的马斯洛五层次需求理论充分表明人的需求的层次性，只有当低层次的需求得到满足之后，才会考虑高层次的需求。员工的工资属于物质性因素薪酬，是满足人的低层次需求的重要保障条件，对绝大多数的人来说，仍是个硬道理。而那些高层次人才，他们追求更多的往往是精神上的满足，他们通常都具有较强的自我发展、自我实现的愿望，有了较高的工资待遇，但如果缺少进修培训和晋升发展方面的机会等激励性因素薪酬，再高的工资也会对他们缺乏吸引力。

所以，高校图书馆在制定薪酬激励战略时，必须首先考虑高校图书馆外部的社会竞争性，即必须以相同行业、相同职位的工资水平为基准，对于社会紧缺型高端专业人才，只有以高于市场的工资价位才能将他们吸引招聘进来，并最终留住这些人才。与此同时，薪酬激励还必须考虑到高校图书馆内部的一致性，即必须要有科学的工作性质与工作量的分析，以及相对合理的职位价值评价。对高校图书馆内部的各个岗位所要求的知识、技能与职责等因素的价值进行评估。然后根据评估报告，将所有岗位划归不同的薪酬等级，每一个薪酬等级都包含若干综合价值相似或相近的一组岗位。然后根据市场上同类型岗位的薪酬水平来确定每个薪酬等级的工资率，并同时在此基础上为每个薪酬等级设置一定的薪酬范围，使馆员在选择岗位之初就了解所选岗位对应的岗位薪酬，这是多劳多得原则以及责任大小同薪酬高低挂钩原则的充分体现。

在实施薪酬激励的时候，有时薪酬总额相同，而发放方式不同，也会收到不同的激励效果。例如，将现金性薪酬与非现金性薪酬相结合，前者包括工资、津贴、奖金及"红包"等，后者可以包括高校图书馆向馆员提供的各种福利项目、实物、文体娱乐、旅游等，这些往往都能让馆员感到很有"面子"，有着很强的激励效果。另外，常规奖励的时间间隔应当适当缩短，保持激励的及时性，这更会有助于取得最佳的激励效果。频繁的小规模的奖励通常要比大规模的奖励更为有效。另外，减少一些常规定期的奖励项目，增加一些不定期的奖励类型，让馆员感到有额外的收入，从而达到增强激励效果。

（四）重视沟通的激励效果，建立全方位的沟通机制

沟通（Communication），是指两个或两个以上的人或群体之间传递、交流感情和信息，加强理解的过程，以求达成思想一致或情感的通畅。沟通是组织的生命线管理的过程，实际也就是沟通的过程，即我们通常所说的交流思想。

沟通需要借助的媒体手段有口头、书面、电话、传真、电子邮件、网络聊天工具、录像、会议和记者招待会等。沟通的目的是把某种思想、观念传达给别人，希望能让别人了解这一思想或观念。沟通的前提必须是建立在真诚的基础之上，以确保传达的信息的真诚度和可信度。

在传统的人事管理中，沟通长期呈现的是单向性的特点，突出强调的是管理者的领导权威和指挥控制的作用，很少考虑到被管理者的感受和体验对组织管理会产生什么样的影响。绝大多数情况下，沟通是由上而下的，上级发号施令，下级只有无条件地去执行。在这种沟通交流的过程中，员工无须也不敢轻易向上级反映自己对工作的态度以及对工作回报的满意程度，只能唯唯诺诺，唯命是从，员工合理的需求得不到满足。并且在工作任务执行的过程中，上级通常会很官僚，不会主动地去了解员工的实际需求以及工作任务的完成状况。因此，消极怠工、管理松散的问题非常严重。

而在现代人力资源管理中，沟通机制强调的则是双向性的，而不是单向的，而是交互式的交流。这种沟通为每一个员工提供了"说话"和"参与"的机会，极大地增强了员工的主人翁意识，提高了现代组织管理的效益。

高校图书馆管理者对馆员的相关要求要让馆员知晓、理解并执行，可以采取自上而下的沟通，通过指令的下达，对馆员的思想和行为进行引导和控制。同时，馆员对执行指令的感受和需求以及指令的执行情况等也可以通过一定的反馈渠道向管理者反映汇报。管理者对馆员汇报的情况适时做出反应，从而实现对高校图书馆有效的管理。

在人力资源的管理过程中，沟通的本身就具有一项显著的激励功能。高校图书馆建立起有效的沟通机制，会有助于馆员情感的交流，了解馆员的需求，辅助决策，达成共识，挖掘潜能，留住人才，完成目标，满足愿望，促进和谐，使图书馆不断向前发展。

沟通激励，可以说是现代人力资源管理中一种重要的非薪酬的交流的方式。如在高校图书馆的日常管理工作中，管理者与馆员之间发生一些矛盾和冲突是在所难免的，馆员顶撞管理者的情况也会时有发生。遇到这些情况，管理者应当以豁达大度的态度坦然处之，积极主动地去与下属进行交流沟通，与馆员真心交谈、坦诚地交换意见，以期圆满解决矛盾，而不能耿耿于怀，更不能处心积虑地蓄意报复。即使馆员态度比较恶劣，素质较低，也要本着"大事讲原则，个人小事不计较"的精神去消除和化解。这样处理不仅不会有损管理者的形象，还会因此而提高管理者的形象，促进上下级之间良好沟通，利于高校图书馆事业和谐稳定地发展。

所以，高校图书馆要重视沟通的激励作用，在图书馆内部建立起全方位的沟通机制，形成管理层与部门领导、部门领导与普通馆员、管理层与普通馆员以及普通馆员与馆员之间的多层次交流对话沟通机制。这样就会让馆员产生一种自己被信任和被尊重的感觉，看到管理层愿意倾听他们的意见，他们所作所为的一切都在被关注、被重视，从而可以增强管理者与馆员之间的相互的人才流失的现象，也严重阻碍了高校图书馆事业的发展。

第四章　高校数字图书馆管理

第一节　高校数字图书馆概述

关于数字图书馆的定义的很多，[1]人们可以从不同的角度来理解它。美国国家科学基金会最早在其倡导对数字图书馆进行研究的"国家级挑战"报告中定义数字图书馆为："数字图书馆是一系列的信息资源以及相关的、将这些资源组织起来的技术手段，如创建、检索、利用信息的技术。涵盖了现有分布式网络中所有数字媒体类型（文本、图像、声音、动态图像等）的存储和检索系统。"美国"数字图书馆先导研究计划（DLI）"将数字图书馆的研究范围限定为"分布式知识工作环境（Distributed Knowledge Work Environ-ments）"，在1997年对第一期项目进行总结并对第二期项目进行规划时，进一步认为"数字图书馆不仅仅是数字馆藏及管理工具的集合，而应包括信息、数据和知识在整个创建、发布、利用、存储等生命周期内的所有活动"。图书情报在线词典[ODLIS]给的数字图书馆定义："相当比例资源是以机读格式（相对印刷或缩微形式）存在，可以通过计算机访问的图书馆。数字内容可能是本地拥有或者能够通过计算机网络远程存取。"刘炜等[2]认为："应该说凡是应用计算机和网络技术，解决数字资源的采集、存储、管理、发布和服务的图书馆，都可以称为数字图书馆。"

关于"数字图书馆"的定义有上百种之多。不论怎么定义但其核心都要围绕着理念共享、合作与服务。数字图书馆是一个发展的概念，其本质特征是数字化资源，网络化存取，以及分布式管理。数字图书馆是利用计算机、网络与通信技术，将数字化的信息资源，快速、方便、有效地提供给用户的图书馆形态。其核心理念是共享、合作与服务。

---

〔1〕刘炜.基于本体的数字图书馆语义互操作（博士学位论文）[J].复旦大学，2006.
〔2〕刘炜，楼向英，张春景.数字图书馆评估研究[J].图书情报工作，2007（5）.

第四章 高校数字图书馆管理

一、高校数字图书馆建设

（一）高校图书馆发展情况

高校图书馆发展示意图[1]见图4-1和图4-2。

图4-1中，描绘高校图书馆经历手工、自动化、数字化、数字服务这样一个发展过程，并揭示此过程对提升服务能力和拓展服务内容所产生的影响。

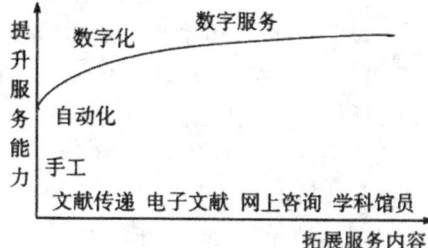

图4-1 高校图书馆发展示意图

图4-2 高校图书馆发展示意图

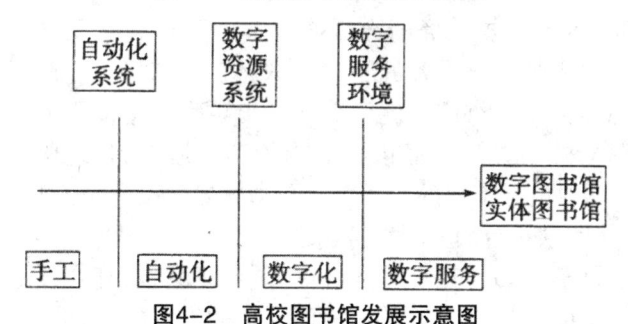

图4-2中，描绘高校图书馆经历手工、自动化、数字化、数字服务这样一个发展过程，此过程中，自动化系统是手工与自动化的分界点；数字资源系统是自动化与数字化的分界点；数字服务环境是数字化与数字服务的分界点。高校图书馆当前处于数字图书馆与实体图书馆并存的"复合型图书馆"阶段。

自动化阶段特征是：以自动化集成管理系统为核心开展服务。工作重点：回溯编目、业务规范；提高服务能力与效益；拓展服务项目；大学图

---

〔1〕陈凌.高校图书馆与数字图书馆建设http：//202.194.11.30/tgw/tugongweiHY/2005.11.29.2.ppt.
〔2〕张晓林.重新定位研究图书馆的形态、功能和职责[J].图书情报工作，2006（12）.

书馆系统（University Library System）。

数字化阶段特征是：稳步增长的数字资源，用户培训；本馆资源的数字化。工作重点：有步骤地建立核心数字资源馆藏；建立数字资源分级保障机制；馆际互借与文献传递；用户培训。难点：买什么？加工什么？谁来加工整理？数据加工标准？资源如何整合？存储体系的建立？

数字服务阶段特征是：大量的、较完善的数字资源体系；众多的服务系统；虚拟参考咨询、学科馆员成为发展重点之一。工作重点：数字资源的整合、评估、调整与管理；数字图书馆系统的选型与构造；图书馆管理方式的调整。难点：数字图书馆标准规范；专业人才：尤其是业务与技术双修的人才；巨大的资金缺口：建设与维护。新的动向：[2] 从p-first图书馆到e-first和e-only图书馆。随着数字信息成为学术信息的主流形态、网络成为用户信息利用的主要环境，我们曾经习惯的p-first（印刷文献为主）或者p+e（复合或hybrid）图书馆正迅速走向e-first和e-only图书馆，同时带来了图书馆空间结构和图书馆员工结构的巨大变化。

江苏省高等教育数字图书馆（JALIS）管理中心沈鸣主任认为，当前高校图书馆所面临的挑战主要有以下三个方面：

（1）第三方资源提供商的大量涌现。由于新的电子资源市场已经形成，海量的一次文献的电子资源实际上掌握在数据库供应商手中，有了海量的电子资源，数据库供应商就可以开发出更大的增值服务市场。相比之下，图书馆明显处于劣势，而电子资源的广泛使用对传统服务的影响是显而易见的。在商业电子资源的市场上，图书馆界并没有太大的话语权。

（2）公共信息平台的发展服务渗透。公共数据服务商对数字图书馆业务的渗透也在逐渐开始，这种趋势势不可挡，而且不存在技术上的障碍，一旦扫清法律上的障碍，其发展是难以预料的，这些公共信息服务商也很清楚，他们的服务竞争的方向就在于专业化，如果没有具有自己特色的专业化服务，他们的生存都会发生问题，从这点上说，公共数据服务商对于专业化的服务市场的开拓，比图书馆界更为敏感、更为投入。由于这些服务商掌握有资源的优势，对市场的反应和服务的推广的速度相比图书馆都要更快。

（3）图书馆核心业务的更大范围整合。图书馆核心业务的全面整合，由商业公司参与的、以商业化运作方式的整合，如地区性的书目共享、全国性的书目共享、商业化的文献传递服务。例如，"读秀"的参考咨询服务等，都将对传统的图书馆核心业务和内部管理产生冲击，分散原来图书馆的读者群。

以上三方面的挑战，是高校图书馆所面临的挑战，也是所有其他类型图书馆所面临的挑战。这些挑战是我们不能够回避的，只有勇敢地面对挑战，专注于应对，专注于服务创新，我们的事业才有希望，充分地利用我们的长处和掌握的资源，坚持服务创新，在我们所擅长的业务领域中，寻求新的服务空间和增长点。唯有顺应时代趋势，才会稳步去发展。

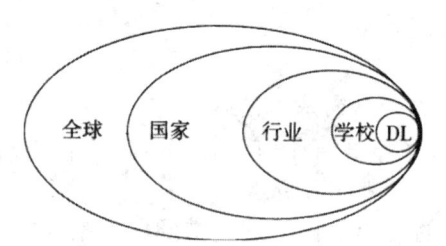

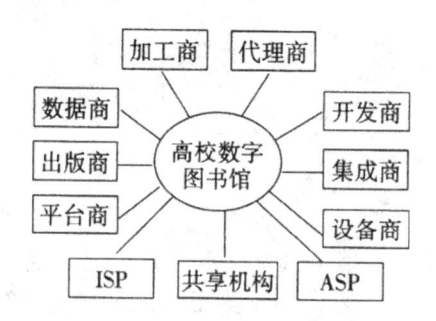

（二）高校数字图书馆的环境

高校数字图书馆的环境[1]如图4-3、图4-4所示。

图4-3　高校数字图书馆的环境

图4-4　高校数字图书馆的环境

图4-3、图4-4表明高校数字图书馆建设的以下特点：是一个漫长的过程，需要长期持续的投入；非自身可以独立完成，依赖于大环境的形成与发展；要与大环境的形成（发展）同步进行；理论、技术与环境的发展，导致数字图书馆应用环境较快的更新速度；自然涨价率和维护升级成本都较高；"快"往往导致"偏"；需要建立一套行之有效的可持续建设思路。

（三）高校数字图书馆建设内容

高校图书馆，尤其是那些已有数年或十几年的数字化建设经验、较为丰富的数字资源积累、人员储备和经费投入的高校图书馆，应将服务型和用户型数字图书馆作为数字图书馆的建设与发展目标，由以数字信息资

---

[1]陈凌.高校图书馆与数字图书馆建设[J], http: //202.194.11.30/tgw/tugongweiHY/2005.11.29.2.ppt.

源建设为核心内容的数字图书馆建设迅速向以集成信息服务和用户信息活动为主导的新一代数字图书馆过渡和发展。以集成服务和用户活动为主导的高校数字图书馆是由多种要素构成的，其建设内容主要包括以下四个方面：[1]数字信息资源系统建设；数字图书馆服务网络建设；数字信息服务体系建设；高素质专业化人才队伍建设。

二、数字图书馆评估

（一）数字图书馆评估的基本问题

Saracevic在《数字图书馆评估：关于概念的发展》中认为，关于评估包括以下最基本的相关选择和决策[2]：

（1）评估体系的构建。评估的基本问题包括评估是什么?数字图书馆的实际含义是什么?它包含的内容是什么?评估内容包含什么元素（成分、部分、程序）?

（2）评估标准的选择。即评估的目标、框架、观点和标准的选择。评估的标准是什么?选择评估标准的关键是什么?最后，选择某个标准有什么目的?

（3）相应的选择目标所反映的性能标准。即性能参数集中在哪一点?评估有什么尺度或特征?

（4）测度反映记录性能的选择标准。即使用假定专门测度什么?

（5）实际评估的方法。即用于测度的工具是什么?样本是什么?数据的收集使用什么程序?怎样分析数据?

国外学者根据评估的性质和涉及的范围，一般将数字图书馆评估分为正式评估（Formal Evaluation）和非正式评估（Informal Evaluation）。正式评估复杂、可靠，但却耗费太多人力、财力，让人望而生畏。非正式评估简单、有效但却容易使评估迷失方向，使人们产生数字图书馆认识的某些错误感觉和期望。为了数字图书馆的更好发展，必须根据数字图书馆建设的各个时期，选择其中一种或两者结合起来使用。

根据评估采用的方法不同，数字图书馆评估主要有系统评估（System Evaluation）和用户评估（User Evaluation）。数字图书馆的评估研究中还广泛采用其他一些方法，如社会学方法（Sociological Approach）、经济学方

---

[1] 罗春荣.论高校数字图书馆建设的原则与策略[J].大学图书馆学报，2003（3）.
[2] 任皓，刘廷元.数字图书馆的评估研究[J].图书馆杂志，2003（6）.

法（Economic Approach）、政治学方法（Political Approach）、民族地理方法，但这些方法都不是主要方法。

（二）数字图书馆评估的主要内容

技术性能与水平评估。主要内容有：数字图书馆系统的功能结构及其完善程度；数据安全、共享的实现形式；分布式异构数据库的互操作性；海量多媒体数字信息的生成、存储技术及其网络传播、检索的无障碍性；人—机交互式学习、研究技术及其实时、同步控制程度。

数字资源量评估。主要内容有：本馆数字资源总量；外购数字化资源总量；数字资源的完整性、系统性、及时性和连续性；数字资源的加工质量（分辨率、压缩比等）。数字图书馆的数字资源量目前按TB（1012万亿）计算。

易用性评估。主要内容有：分类、标引、索引和检索手段的完备性；多种资源格式的转换、统一与知识挖掘性能；跨网、跨库、跨系统、跨平台、跨语言的操作与检索应用；界面的友好程度；检索、浏览、下载数字信息资源的效率与时间。

数字化服务评估。主要内容有：在线数字信息资源服务；网上实时搜集、传递、推送、发布服务；专门、个性化服务；数字图书馆员素质；用户反馈意见（时间、错误率、用户个人满意度、用户组综合意见）。

数字化管理评估。主要内容有：数字化管理的观念、方法、制度；数字化图书馆设计、实施、执行、发展的过程管理与日志管理；数字化图书馆的要素、结构、功能的全面管理；管理的规范化与国际、国家标准化程度。

数字图书馆的评估内容不是一成不变的，它允许评估者有自己的选择。这些内容的评估本身需要一套完备的标准，而这些内容与标准的确立会因人、因地、因时的不同而不同。

（三）数字图书馆评估的数据收集方式

用户问卷表；数字图书馆日志；用户评估组。此外有电话访问、个人访问、电子公告板、专题讨论、学术会议等方式收集评估数据。

（四）数字图书馆评估的前景

数字图书馆的评估是数字图书馆的一个重要组成部分。数字图书馆是一个系统，而它的评估核心是看这个系统的效益与效果。数字图书馆的评估是实现和不断完善数字图书馆功能的一项必然步骤，必须有计划地定期执行。数字图书馆的评估应该涉及数字图书馆的方方面面，这些方面包括收藏政策和选择原则、收藏的管理、元数据工具、资源处理步骤、服务范围、检索功能、多语言功能、资源更新适时性、界面设计、系统的兼容性和互操作、安全性和合法性、管理和维护。[1]

数字图书馆的评估研究在对数字图书馆的发展中起着很重要的作用。人们对评估重要性的认识也在逐步提高，特别是随着各国评估实践的日益增加，评估研究在数字图书馆建设与发展中的重要作用将更加凸显出来。通过开展各种有效的数字图书馆评估研究，进一步完善数字图书馆评估方法、内容体系，制定更符合时代发展需要的科学评估标准，对于促进各国数字图书馆技术和管理水平的提高，推动数字时代图书馆学理论与实践的发展，有着十分重要的意义。未来数字图书馆评估研究，将会朝着跨系统、跨馆、跨国大型综合性评估、符合国际和国家标准的规范性工具评估、核心技术专门评估、馆藏资源评估、系统功能评估、用户多因素综合评估、评估标准的科学化和质量指标的精确化评估等方面进一步探讨和完善。

第二节 高校数字图书馆建设

一、高校数字图书馆建设架构

（一）中国数字图书馆有限责任公司数字图书馆整体解决方案

资源加工、资源管理、应用服务为整体方案的三层技术架构。[2]资源加工层将各种类型的资料转化为有序的数字资源；经过加工的数字资源进入资源管理层；直接面向用户和读者的是应用服务层。该解决方案完整诠释数字资源生命周期，完成数字资源从内容策划到创建、组织描述、保存管理、获取和整合，再到维护和提供服务的完整流程。如图4-5所示。

（二）中数创新数字图书馆整体解决方案

中数创新数字图书馆解决方案是以图书馆及互联上的各类资源或非数字资源为中心，以为用户提供方便、快捷的知识服务为目的，围绕海量数字资源的加工建设、数字资源的存储管理、数字资源的访问服务提供的一整套先进、实用、高效的解决方案。数字图书馆软件平台整体架构划分为三层：资源建设层、应用系统层以及数图门户层。资源建设层负责对资源

---

[1] 储荷婷, 张茵. 图书馆信息学[M]. 北京：中国人民大学出版社, 2007.
[2] 中国数字图书馆有限责任公司数字图书馆整体解决方案, http://www.D-library.com.Cn/tsg/index.html.

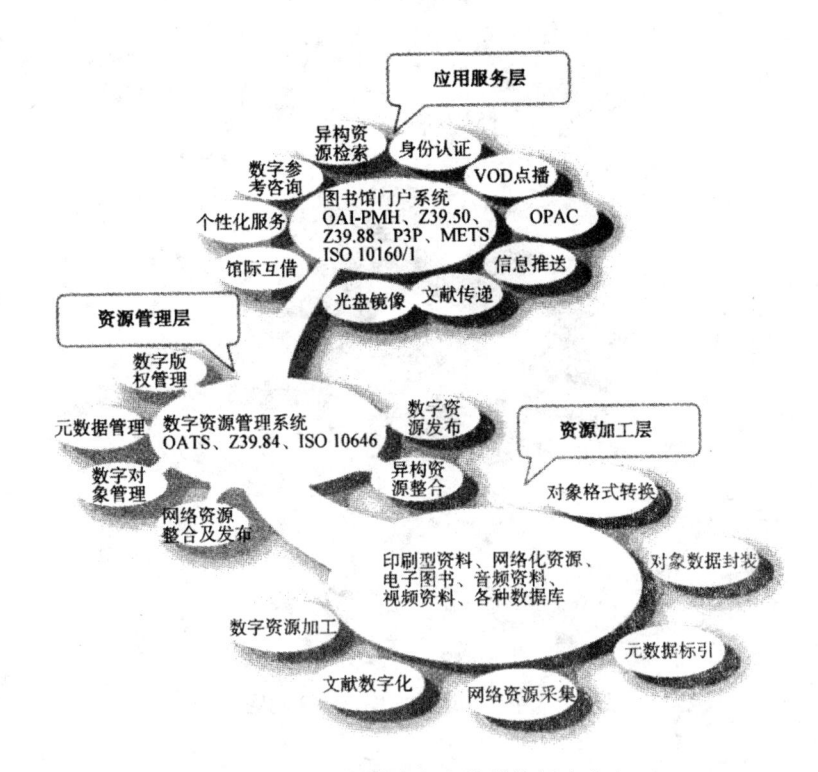

图4-5 CDL数字图书馆整体解决方案

的采集和加工处理，比如文献数字化加工、网络资源抓取、资源导入和转换、元数据采集等；应用系统层根据数字图书馆的业务逻辑，为整个系统提供基础的应用服务，比如内容管理、全文检索、原文传递、参考咨询、图书馆自定义、开放链接、数字版权管理、单点登录等；数图门户层是直接面向用户、为用户提供服务的通道，用户通过门户来使用数字图书馆的所有资源和服务，如图4-6所示。

（三）北京国图数字技术有限公司高校数字图书馆建设整体方案

北京国图数字技术有限公司累数年数字图书馆建设的经验，依托国家图书馆的环境及在数字图书馆建设方面的领悟与实践。紧跟国际数字图书馆建设的主流技术，专注于数字图书馆的应用规划和运行平台开发，帮助客户了解在信息网络化环境下,图书馆如何更好地为读者、为社会提供服务，这些服务功能如何通过应用软件系统实现，实现这些需要如何匹配软硬件环境，进而协助客户制定出切合实际的数字图书馆建设目标。这一建设思路可使数字图书馆建设项目的预算更趋合理，帮助建设者思路清晰地把握项目的整体大局，进而最大限度地降低项目的投资风险，如图4-7所示。

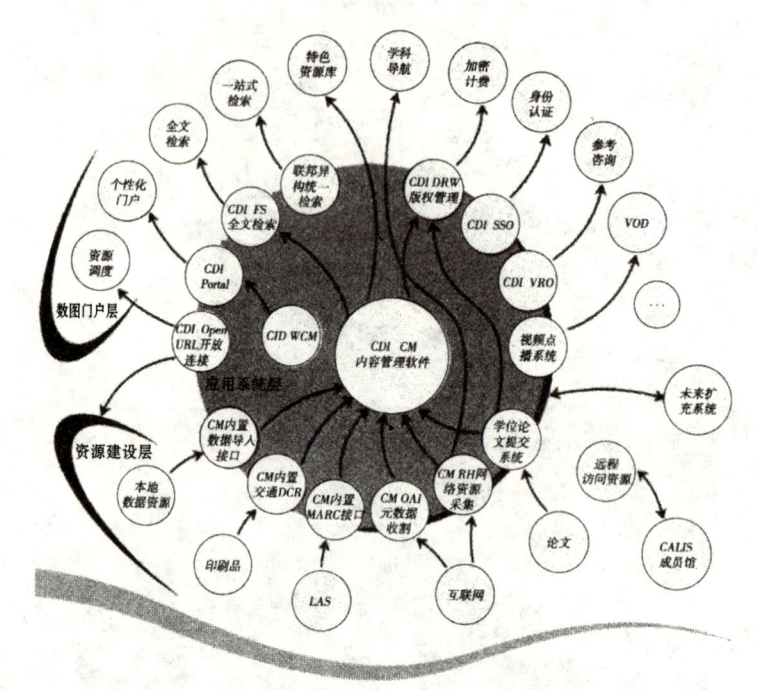

图4-6 中数创新数字图书馆架构图

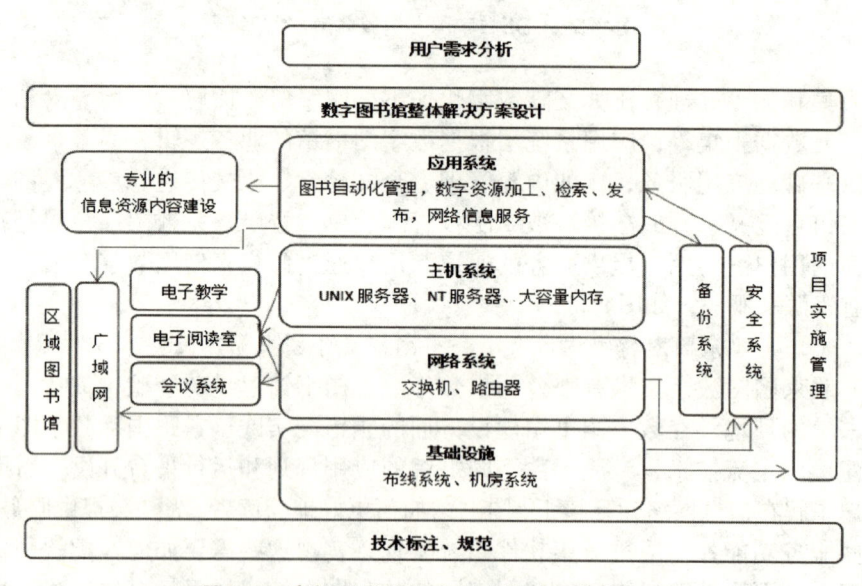

图4-7 高校图书馆数字图书馆建设整体方案

（四）中国高等教育数字图书馆高校图书馆参考系统架构

中国高等教育数字图书馆（CADLIS）将高校数字图书馆参考系统架构

分门户层、服务层、资源层三个层次。[1]如图4-8所示。

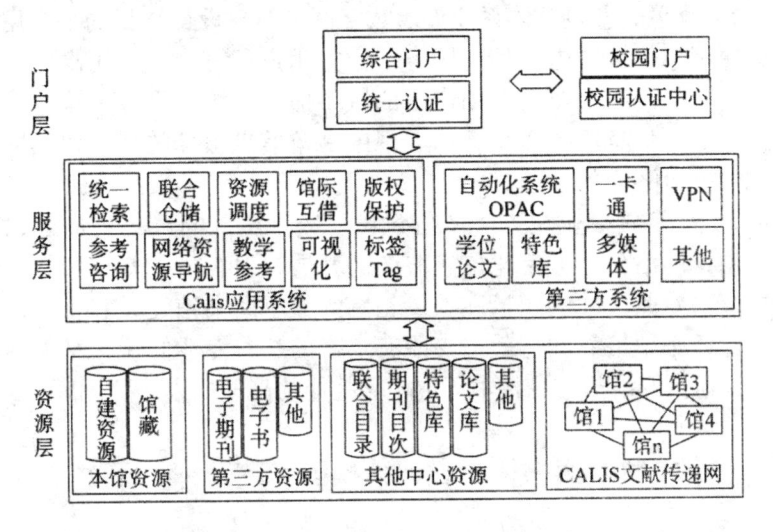

图4-8 高校数字图书馆参考系统架构

以上四种高校数字图书馆建设架构，它们是近10年来我国数字图书馆建设领域领悟与实践的结晶，为我国高校数字图书馆建设与研究做出了巨大贡献。

真正意义的数字图书馆，是以建立在技术型与资源型数字图书馆基础之上的服务主导型和用户主导型数字图书馆，是以集成服务和用户活动为主导的高校数字图书馆。数字图书馆建设内容主要包括以下几方面：[2]

（1）数字信息资源系统建设。即系统化、规模化的数字信息资源体系建设，数字信息资源系统是数字图书馆构成的第一要素，是数字图书馆开展信息服务的基础与前提。在数字图书馆建设与发展过程中，应围绕数字图书馆建设的总体目标，逐步建立起一个结构科学、内容全面、层次分明、布局合理、可持续支持数字图书馆信息服务，初具规模的数字资源系统。

（2）数字图书馆服务网络建设。数字图书馆服务网络是数字图书馆正常运作并开展服务的基本保障。数字化服务网络建设包括网络信息平台建设，以及网络化图书馆服务系统建设两方面。利用计算机、通信网络与信息技术，构筑高速、稳定而又安全的网络平台，将全校各个图书馆建成一个网络化的图书馆系统，以支撑数字图书馆的正常运作及数字化信息服务

---

〔1〕王文清．CADLIS互操作机制：数字图书馆前沿问题高级研讨班．桂林，http：//www．Library．gxnu.edu.Cn/DL/index.html．

〔2〕罗春荣．论高校数字图书馆建设的原则与策略[J]．大学图书馆学报，2003（3）．

体系的构建与提供。

（3）数字信息服务体系建设。数字图书馆建设最终目的是为用户提供高效、便利、快捷的电子信息服务。根据用户的需求，利用高速、稳定、安全、便利的网络，以及全面丰富的数字信息资源，设计、构建分布式、多样化的数字信息服务体系，以实现图书馆信息服务的自动化、网络化、主动化、智能化与个性化。

（4）高素质专业化人才队伍建设。数字资源的采集、加工、整理与开发利用，网络化、数字化信息服务的开展，对馆员的知识和技能提出了新的要求。专业人才的质量和数量是制约数字图书馆建设和发展的关键因素。为此，必须培养和造就一支既有丰富的学科专业知识，又能熟练应用计算机、通信网络与信息技术等现代化技能的高素质人才队伍。

二、高校数字图书馆建设评估模型

（一）数字图书馆建设评估理论概述

数字图书馆评估由于"数字图书馆"这个概念的多样性、数字性而变得复杂，因此对其认识便很难达成共识。[1]从文献调研情况来看，国外对于"数字图书馆评估"还基本处在"学术探讨"或"科建设"阶段，但对于评估的基本理论问题已经有了一些框架模型；国外对数字图书馆的评估大致可分为纯技术性指标的评估（针对数字图书馆软件或应用系统）、数字图书馆项目的评估（项目成果评估）和对于提供数字资源服务的实体的评估（即"复合型图书馆"）三种类型。从评估指标体系（评估模型）的特点来看又可分为业务主导型和服务主导型，前者以评估数字图书馆相关业务流程的各个环节为主，重点在输入评估（资源配置的程度及合理性），后者以用户的感知和收获（系统绩效）为考察点，重点在输出评估（考察数字图书馆对服务受众人群的贡献）。评估的三角关系由评估主体、评估客体和评估模型构成。如图4-9所示。

---

[1]刘炜，楼向英，张春景. 数字图书馆评估研究[J]. 图书情报工作，2007（5）.

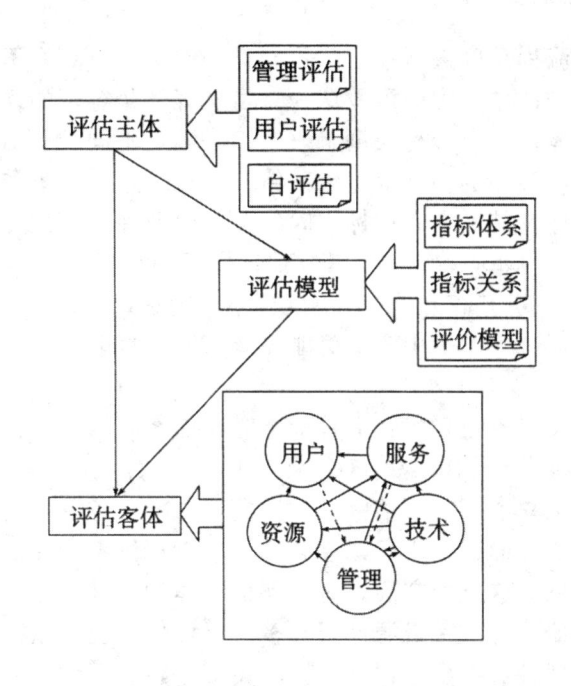

图4-9 评估主体、评估客体和评估模型三角关系图

评估主体是基于一定目的主动实施评估行为的实体，根据图书馆评估的主体一般来自于行业或上级主管部门、中介机构或用户以及自身，可以分为管理评估、用户评估、自我评估三类，当然有时评估主体是一个以一方为主包含各方的综合体。

评估客体即是实施评估（被评估）的对象。纯技术性指标的评估、数字图书馆项目的评估和对于提供数字资源服务的实体的评估三种类型主要是根据评估客体的不同所做的区分。评估复合型图书馆的数字资源建设与服务，与系统软件和技术的评估以及数字图书馆项目的评估，具有截然不同的评估目的，实际上评估的是不同的对象，因而首先需要进行界定。对同一类评估客体也可以根据不同的评估目的，从不同的角度，针对不同的侧重点，建立不同的评估模型进行评估。因而从评估客体的角度又可以将评估分为综合评估、单项评估、宏观评估、微观评估和输入评估、输出评估等几类。

评估客体是一个客观的实体，但是既然是评估就必然包含对评估主体的价值判断，评估的价值就在于测度客体之于主体的满足程度，这个满足程度是以主体对于客体的属性和功能的认识为前提的，这种认识就构成了评估模型。评估模型是评估主体对评估客体的一种抽象。

图书馆的评估模型一般都略去了体制机制方面的问题，从共性的事业发展和业务流程角度进行抽象，不同类型的图书馆具有不同共性，可以进行不同程度的抽象。因而可以认为，虽然客体是客观的，而模型是主观的。同一个客体可以由多种模型来表达，来满足不同的评估需求。因而评估模型又是评估客体的一种价值承载体和虚拟表达。这里需注意，评估模型包含评估指标及其测度、指标之间的关系以及评价模型（评价标准），评价可以有具体的环境和语境。其中评估指标的测度（Measurement）与评价模型（Evaluation）是分开的，测度并不一定是评价，同样的值在不同的条件和语境（评价模型）中含义可能完全不同，这取决于评价主体的目的和要求。

因此评估模型的建立实际上是基于对评估客体的认识，附加一套测度方法和价值判断体系。图4-9中对"评估客体"的描述就采用了一种综合的观点，认为数字图书馆的评估是针对"资源""服务""技术""管理"和"用户"五个方面，应用所建立起的相应指标体系和评价模型而进行的测度过程。实际上这五个方面是对于评估客体的一种综合性认识，也可以选取其中的单项（如数字资源或服务）进行评估，也可以以另外的视角、建立不同的模型进行考察。评估过程的关键是建立评估模型，好的评估模型能够应用科学方法，体现出评估活动的最终目的。

指标关系是评估模型中比较容易受到忽视的部分。一般在建立评估指标体系时首先是通过一定的方法确立一系列的指标，然后再采用专家调查等方法对不同的指标赋予不同的权重，如果指标较多可能还需要进行分类和分层（分级）。将上述内容形成规范的文档，规定好如何统计分析，至此，基本上初步建立了评估指标体系。然而好的评估指标体系还需要建立指标之间存在的两类关系：①形式上的关系。除了分类和分层之外，为了适应不同的评估目的，指标体系应该能够根据评估的目的和规模确定不同的繁简程度，根据不同的侧重确定不同的"指标组"，根据不同应用的评价模型确立不同的取值（例如，相对值还是绝对值，以及取值单位的一致性规定等）。因此每个指标还需要确定其应用范围、取值和"配伍"。②内容上的联系。指标之间经常有相互依存、相互约束的关系，不同的指标有时是对同一类特征或性能的说明，可以互相取代而使指标体系获得简化；同一个指标在不同的环境中可能具有不同的可获得性，可以采用不同的级别和度量，从而引起相关指标的取舍和不同度量。

（二）高校数字图书馆建设评估模型

基于高校数字图书馆建设架构以及前述对数字图书馆评估的基本认识，构建基于高校图书馆数字资源服务体系的评估的高校数字图书馆建设评估模型，如图4-10所示。

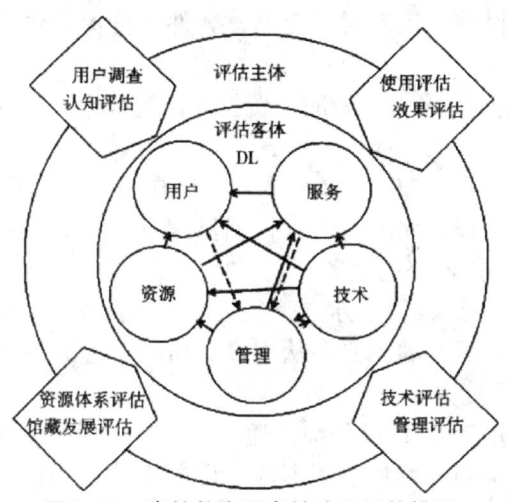

图4-10 高校数字图书馆建设评估模型

三、高校数字图书馆建设评估目标

从目前来看，高校数字图书馆建设核心按其发展水平大体上可以分为两类，一类是常规系统，如自动化管理系统、OPAC及联合目录系统、馆际互借系统、网络资源导航、跨库检索、自建特色数据库开发平台等；一类是目前尚在开发建设中的系统，如门户网站系统、认证系统、综合计费系统、数字图书馆远程访问系统、虚拟参考咨询系统、电子资源管理、SFX等系统。前者在图书馆建设初期一般都会部署，而后者近年来也开始在各类数字图书馆项目中出现了，将来会成为数字图书馆核心体系建设的主流。如果上述两类系统都能配置到位，那么这个系统就具备数字图书馆的基本功能。[1]我们希望依据高校数字图书馆建设评估模型而提出的高校数字图书馆建设综合评估指标体系，围绕数字图书馆核心理念共享、合作与服务，在高校数字图书馆建设方面能够完成以下八个目标：

（1）资源方面。确保为用户提供足够的数字资源，"足够"意味着对符合范围的服务对象具有相当的资源保障率。可以从资源的收藏和可以获得性两个角度得到数字资源的保障率。

---

[1] 李哲汇. 数字化进程中的图书馆 [M]. 北京：北京图书馆出版社，2007.

（2）技术方面。确保技术设备与人才满足高校数字图书馆建设需要，进一步加强网络设施、服务器、存储、软件、技术人才等建设，这是服务用户的基础和关键。

（3）管理方面。确保必要的经费投入，规范管理制度，采取科学合理的管理机制。

（4）用户方面。确保需求为导向，用户至上。用户能方便地使用相关系统和设施，并提供无障碍访问；提供满意的图书借阅与后续服务的辅助，包括远程的利用网络的服务等。

（5）服务方面。鼓励全方位、多途径开展服务。加强对用户的培训和宣传；加强与用户的互动；要多从用户的角度来考虑易用性、可用性，提升服务水平和服务能力。

（6）各图书馆在评估过程中，通过对评估指标的不断学习、理解和交流经验，进一步明确高校数字图书馆建设的指导思想和建设思路，尤其是对本馆数字图书馆建设的定位，对如何建设软硬件系统、网络、数据库等问题有更深刻的认识，不光为完成本次评估做准备工作，更对今后的发展做出规划。

（7）通过评估增进高校数字图书馆之间共知共建，推动高校数字图书馆建设整体发展，同时促进相关领域数字图书馆建设。

（8）高校数字图书馆建设得到进一步重视。通过高校数字图书馆建设评估进一步宣传《普通高等学校图书馆规程》，使各学校的领导进一步明确了高等学校图书馆是学校文献信息中心，是学校信息化和社会信息化的重要基地，提高对高校数字图书馆建设在学校整体建设和发展中的重要性的认识，促进图书馆事业的整体发展。

第三节　高校数字图书馆建设评估实例分析

一、评估运作流程和操作方法

（一）评估运作流程

高校数字图书馆建设评估是由行政领导、图书馆界专家和读者代表组成领导小组，以高校数字图书馆建设的有关规程和条例为依据，应用科学、严格、客观的分析评估体系，系统评估各高校数字图书馆的办馆条件、办馆水平和办馆成果。它的意义在于：有利于高校数字图书馆建设规范化和标准化；有利于图书馆之间的了解与相互学习；有利于图书馆事业整体发展；有利于图书馆社会地位提升。[1]

一般来说，高校数字图书馆建设评估工作应按以下流程开展：[2]

（1）评估工作应由如高校图书馆、省图书情报工作指导委员会、教育部高校图书情报工作指导委员会等各级行政领导部门主持实施。为此，应成立由各级行政领导、图书馆专家组成的评估工作委员会，负责这项工作的规划、部署、检查、指导和总结。

（2）评估工作委员会先根据评估的具体目的，再结合被评估对象的实际情况，制定相应的评估指标体系大纲和具体评估标准。

（3）提出具体评估办法。为有效地提高评估率，评估办法应该以文件的形式由主管部门签发到各被评图书馆。这个文件应该包括评估工作的目的、指导思想、组织领导、方法步骤、指标体系及评定标准等。

（4）被评定的图书馆，要根据相关要求，成立由馆长、部主任、业务骨干和读者代表组成的评估工作领导小组。它的职责是：宣传图书馆评估工作的意义、目的；组织本馆的自评工作；起草自评报告，向上一级评估委员会报告工作等。

（5）各个图书馆在评估工作领导小组的组织下，组织相关人员认真学习有关评估工作的文件，在提高认识，统一思想，明确方法和步骤的基础上，开展自上而下的自评工作，在各岗位、各部门自评的基础上，评估工作领导小组写出本馆的自评报告。

（6）专家组实测。评估工作委员会审查被评图书馆的自评报告，并派出评估工作实测专家组到各地进行实地测评。评估实测工作，实际就是评估验收工作。这项工作很重要，它将直接影响整个评估工作的成效。评估实测专家组应由责任心强、办事公正、懂图书馆业务的专家、领导和读者代表组成。实测之前应制定详细的实测计划和实测原则。最后在实测的基础上，形成专家组的评估实测报告。

（7）评估工作委员会审议，通过专家组的实测报告，并对本次评估工作进行全面总结，在肯定成绩的同时，要指出不足，公布评估结果，分别对各被评估馆做出评语，提出改进意见。最后形成评估工作委员会的报告，并将报告呈上级领导部门。

（二）评估操作方法

---

[1] 李松妹. 现代图书馆管理概论 [M]. 北京：北京图书馆出版社，2007.
[2] 张会田. 数字图书馆评估指标体系研究 [J]. 情报科学，2005（10）.

高校数字图书馆建设评估操作方法包括以下几点：
（1）听取汇报。听取学校领导、图书馆领导及有关人员的工作汇报。
（2）查阅资料。主要查阅有关材料和数据，包括工作计划、规划、规章、制度、文件、工作总结、会议记录、文献档案、图书馆系统日志等。
（3）现场考查。主要考查图书馆与高校数字图书馆建设相关的设施、设备、数据库、网络功能、服务功能等。
（4）召开座谈会。召开部分教师、职工、学生及其他读者座谈会，了解建设、管理和服务情况。
（5）通过问卷调查获取数据。

（三）本课题所采用的评估方法

高校数字图书馆建设评估是有系统地有步骤地测量、描述高校数字图书馆建设的工作过程与结果，以此来判定图书馆是否达到了所期望的标准。评估工作是一个过程，是一个包含有一系列步骤和方法的连续性活动；这一过程是一种有系统的、正式的过程，是以科学的理论和方法为指导的；这一过程的中心永远是对评估对象的价值判定。这一过程只是简单进行模拟评估，以期形成比较完整的研究体系。数据来源主要为以下三种方法：①教育部本科教学水平评估自评报告图书馆状况部分；②高校图书馆网站；③实地考察及个别访谈结果。

二、评估对象的选择

评估对象的选择方向要有一定代表性；能够尽可能多的获取评估所需"事实"数据；比较熟悉的图书馆。下面选择的6所2007年参加教育部本科教学水平评估的高校图书馆，根据参评学校提交给教育部的本科教学工作水平评估自评报告，可以通过图书馆状况部分获取部分较新、较权威的高校数字图书馆建设相关数据。它们是：

（1）清华大学图书馆（G1）。教育部直属高校；"985工程"高校、"211"工程高校；位于北京市。

（2）上海交通大学图书馆（G2）。教育部直属、教育部与上海市共建；"985工程"高校、"211"工程高校；位于上海市。

（3）电子科技大学图书馆（G3）。教育部直属；"985工程"高校、"211"工程高校；位于四川省成都市。

（4）苏州大学图书馆（G4）。江苏省省属重点综合性大学；"211"工程高校；位于江苏省苏州市。

（5）南京农业大学图书馆（G5）。教育部直属；"211"工程高校；

位于江苏省南京市。

（6）淮海工学院图书馆（G6）。江苏省省属；地方普通本科院校；位于江苏省连云港市。

以上6所高校与数字图书馆建设相关人员进行了交流，搜集了一些相关资料，就一些问题进行了分析和讨论。它们分布在4个省市6个城市，学校办学层次不一。相关部门认为它们能够在一定程度上体现我国高校数字图书馆建设状况。

三、模拟评估

（一）评分依据

要根据相关评估材料和数据根据评估对象所在高校提交给教育部的本科教学工作水平评估自评报告图书馆状况部分及所在高校图书馆网站相关信息分析整理，主要提取高校数字图书馆建设相关数据。

1. 清华大学（G1）

清华大学图书馆[1]1996年引进INNOPAC集成管理系统，2006年成功升级到Millennium系统。1999年起，图书馆开始实现资源建设的结构性变革，依托良好的网络环境和先进的数字化平台，大力发展电子资源。目前，图书馆所购入的二次文献数据库已涵盖了全校所有的学科。拥有110台服务器的数字资源镜像基地不仅为本校师生，也为全国400多所高等学校提供电子资源访问服务。

音像资料/多媒体光盘资料2.3万种。投入大量经费购置电子资源，电子资源利用率与哈佛大学、麻省理工学院、康奈尔大学等水平相当。电子图书达91.9万册。存储电子资源数量总量接近30TB。

电子资源24小时不间断服务。电子资源年下载量近700万篇。2004年建立了虚拟参考咨询系统，提供包括当面咨询、电话咨询、电子邮件咨询和实时在线咨询的全方位参考咨询服务；2006年开通了"图书馆学术信息资源门户"，实现了数字化信息资源的有效整合。图书馆2.0悄然推进中。2007年，图书馆先后推出了个性化图书馆主页、手机图书馆网站及通过手机短信接收图书流通信息的服务。

该馆自2003年4月开始，采用美国Question Point（简称QP）系统提供实时咨询服务，该项服务由信息参考部学科服务组承担，四年多来处理了大

---

[1]《清华大学图书馆》，http://www.lib.tsinghua.edu.cn/.

量的实时咨询问题。由于经费和成本原因，图书馆从2008年起停止订购QP系统，改用CALIS的CVRS实时咨询模块，2007年底实现了两个系统切换。

清华大学图书馆主办《图书馆与读者》（2001年至今），设有数字图书馆研究室、系统部、信息参考部等部门。

2. 上海交通大学（G2）

上海交通大学图书馆[1]自2003年以来，学校先后投入7000多万元用于数字图书馆基础设施和图书馆信息资源建设。图书馆是中国高等教育文献保障体系（CALIS）华东南地区文献信息中心，是国际图联成员馆和美国联机编目中心成员，是上海教育网络图书馆管理中心及国家科委和上海市指定的学科文献、科技成果查新机构。电子文献305万册。2007年，折合在校生人数38 972，电子文献3 050 000，生均电子图书馆量78.3册。

学校在保证纸质图书资源逐步增加的同时，重点加强了数字化图书馆建设，将"985工程"和"211工程"建设资金中的56％用于购买电子期刊和建设数字图书馆。目前，已建成电子数据库200多个，包括：自建数据库15个（含面向本科教学的教师指定参考书系统），电子期刊（含全文）3万余种，其中外文电子期刊2万余种，电子图书125万余册，学位论文70万余篇。支持通过网络24×7的馆藏目录、电子文献、馆际互借、参考咨询、文献征订、新书刊报道等信息的查阅和检索服务。引进的国外数据库数量在全国高校中位列第三。

电子文献下载量逐年递增，近三年电子资源全文下载量分别为572万篇、607万篇和919万篇。图书馆现有三个电子文献阅览室，共计500余台PC机，可以快捷接入CERNET、Internet进行文献查询、国内外联机数据库和光盘数据库检索等。学校图书馆还推出了网上实时参考咨询服务系统、重点学科门户网站，开发建设了电子文献整合平台、跨库检索平台等。

上海交通大学图书馆于1997年建立了上海市研究生电子文献检索中心，1999年和2000年分别设立了中国高等教育文献保障体系华东南地区文献信息中心和上海教育网络图书馆管理中心。2001年上海中心图书馆交通大学分馆成立，与上海市共建共享文献信息资源。

设有技术服务部、参考咨询部等部门。

3. 电子科技大学（G3）

电子科技大学图书馆[2]是CALIS"中国高等学校数字图书馆联盟"22

---

[1]《上海交通大学图书馆》，http://www.lib.sjtu.edu.cn/.

[2]《电子科技大学图书馆》，http://202.115.24.8/.

所发起馆之一，始终站在中国数字图书馆建设的前沿。依托CERNET，建成主干1G光纤的全交换式快速以太网，百兆到桌面；办公网络双网接入；2G光纤SAN网络存储架构，保障TB级的资源增长；完善的信息安全系统，保证7×24小时网络信息服务；采用了VPN技术提供读者远程访问；门户网站集成各种数字资源和服务；开通电子邮件和flip文件传递系统；使用基于Compaq AlphaServer小型机和SY-BASE数据库的图书馆自动化集成管理系统MELINETS，业务工作全面自动化。

数字文献178.6万册，拥有36种数字资源系统，含140个数据，包括INSPEC、El、IEL、SPIE、Elsevier、EBSCO、IOP、ACM、ABI、APS、AIP、PQDD—B、CNKI中国知识资源总库、维普全文期刊、超星数字图书等。同时，自己建大量特色数据库，如本校学位论文全文数据库、重点学科导航系统、西文电子期刊会议录导航系统、教学参考信息服务系统、成电人著作收藏库、馆藏光盘网上发布系统、"芝麻开门"机构知识库学术资源系统等。图书馆数字资源网络提供全天候的信息服务，提供网络预约和续借、在线参考咨询、资源统一检索等新型网络服务。数字资源访问量逐年大幅增长，2006年达998.1万人次，日均27345人次，浏览/下载量达443.5万篇/年，日均12152篇次。

多功能电子阅览室，面积300平方米，拥有73个机位，为广大师生创造了良好的数字化学习条件，可以进行光盘阅览、数据库检索、网上信息查询及开展文献检索课实习等。

设有系统与技术部、信息咨询部、数字资源部等部门。

4. 苏州大学（G4）

苏州大学图书馆[1]是中国高等教育文献保障系统（CALIS）中文图书编目C级成员馆，是江苏省高校文献保障系统（JALIS）苏南地区文献中心。图书馆建成了功能完备的硬、软件支撑体系，校园网主干采用千兆传输，馆内局域网百兆交换到桌面，构建了SAN结构存储访问与自动备份系统，电子文献信息存储容量达14.5TB，网上资源提供在线24小时服务。图书馆应用汇文图书馆管理集成系统处理日常业务，图书期刊采访、流通、编目、典藏、公共检索、馆际互借、连续出版物管理等业务均实现自动化处理；构建了由网络数据库、本地数据库和自建数据库组成的、功能完善的网上信息资源服务体系，为读者提供中外文期刊全文、题录文摘和电子图书的查询、浏览和下载服务。

---

[1]《苏州大学图书馆》，http://library.suda.edu.cn/.

图书馆拥有数据库53个，电子图书77万种，电子期刊约3万种。镜像电子图书32万种，配置中外文数据库50个（含电子刊2万余种），集成服务器38台，存储容量逾40TB。文献资源的整合利用与特色数据库等数字化项目富有成效，先进的文献信息保障系统推动了苏南地区文献中心的建设和发展。自建了JALIS学位论文数据库、历代人物图像数据库、学科导航库。其中，国家清史工程子项目《图录·清代图像人物数据库》被列为JALIS二期特色数据库子项目的"一类项目"。

电子阅览室4个，计算机602台，实现无线上网。图书馆信息检索系统全天候服务。2006年主页访问量312.30万人次。

设有技术服务部、数字化部、信息咨询部等部门。

5. 南京农业大学（G5）

南京农业大学图书馆[1]是学校的文献信息中心、现代教育技术中心、网络管理中心，是华东地区农林院校信息中心、江苏高校农学文献中心。图书流通采用汇文文献信息服务系统，并与校园一卡通系统接轨。读者可使用校园卡在馆内通过门禁、接受服务、自助缴费、自助充值等。图书馆局域网采用主干千兆与CERNET连接，普通阅览座位及休闲区可携机上网。

在图书馆与学院资料室的规划与建设中，学校坚持"传统资源与数字资源互补，教育职能与信息服务结合"的原则，不断改善办馆条件，持续充实馆藏文献，积极采用现代技术，努力提供优质服务。图书馆是CALIS和JALIS成员馆、江苏省农学文献中心、江苏省工程技术文献信息中心、江苏省农村党员干部现代远程教育教学资源建设基地，并先后成为农业部（1995年）、江苏省（1997年）和教育部（2006年）的科技查新单位。截至2006年年底，现有各类数据库28个，其中电子图书631361种，西文电子期刊11600种，中文电子期刊13600种，电子学位论文450904篇；现馆藏生均电子文献45.59种。

图书馆总馆大楼现有固定网络信息点4200个，并全面实现无线网络覆盖。图书馆设有电子阅览座位500席。2000年开始使用汇文文献信息服务系统，在江苏高校中率先实现与校园一卡通系统的无缝对接；目前图书馆信息系统可以提供图书信息查询、电子文献阅读、农业信息资源导航、校内研究生论文阅读、自助复印打印、自助上网、自助缴费、常用软件下载等服务，实现了24小时全天候服务。配备了先进的摄录编系统，为学校教学视频资源建设与管理、电视教学片摄制、多媒体课件制作等提供服务。

---

[1]《南京农业大学图书馆》，http://libwww.njau.edu.cn/.

学校与国内外400多家文献单位建立了资源交流共享关系，2005年与南京理工大学、南京航空航天大学联合建立了"南京城东高校文献资源共享联合体"，使三校师生可利用资源达到国内一流大学水平。

2006年主页点击152.7万人次，公共查询系统查询534.4万人次。2006年4月，江苏省图工委和图书馆组织随机问卷调查，读者满意率95.3%。

图书馆设有数字及系统部、参考咨询部、多媒体服务部、校园网管理中心、多媒体教育中心等部门。

6. 淮海工学院（G6）

淮海工学院图书馆[1]网络设施基本完善，配套硬件适应需求。图书馆一直把自动化、网络化、数字化建设作为图书馆工作的重中之重，在新馆建设和老馆改造中，首先考虑的是网络综合布线问题，因此，图书馆的基础网络设施能够满足目前的需要，并兼顾了今后发展的需求。在Web服务器和网络存储等现代化设备的购置上，我们本着实用而不落后、一切从需求出发的原则，在资金安排上优先予以考虑。目前，图书馆拥有服务器12台，存储空间6.83TB。办公自动化基本得以实现。管理系统不断改进，本部与分馆实现互通。在使用"汇文系统"的基础上，图书馆根据自己的特点和学院统一使用"一卡通"系统的需要，克服技术难关，在有关部门配合下，实现了"汇文系统"和"一卡通"系统的顺利对接。在学院与通灌校区的电缆开通后，又实现了与通灌分馆"汇文系统"的统一。图书馆网站功能全面，内容丰富。除图书馆拥有的电子资源外，图书馆网站还设有学科导航栏目，对网上的有关学科知识进行分类链接，便于读者查找，广受读者好评。另外，书目查询推荐、读者信息查询、图书馆介绍、读者园地等栏目也做到了贴近读者，简洁实用。该馆自主研制的架位式检索系统，更是为读者提供了直观、方便、快捷的文献查询方式。网站界面清晰、风格活泼、特色鲜明、更新及时，屡次受到业内外人士的好评，网站在国内外多个搜索引擎上有链接。电子阅览室设施不断完备，规模不断扩大，管理逐步完善。电子阅览室拥有390个机位，采用金盘管理系统。除为读者提供上网浏览、查询文献等服务外，还为有关院系承担文献检索课教学的实践任务，充分发挥了现代化资源的优势。

近三年主页访问人次为89.3万人次、90.5万人次、93.3万人次。超星数字图书47.8万册。此外，还引进了中国期刊网、维普数据库、万方数据资源系统及博硕士论文等大型中文数据库和Elsevier、EBSCO等外文数据库。电

---

[1]《淮海工学院图书馆》，http://lib.hhit.edu.cn/.

子阅览室座位390个。采用汇文集成管理系统，图书管理和服务完全实现了办公自动化。生均电子文献59.9册。建有海洋专题数据库。海洋与核能文献中心已经拥有全文文献7万余篇。

设有技术部、参考咨询部、电子文献部等部门。

（二）评分结果

高校数字图书馆建设评估得分如表4-1所示。

表4-1 高校数字图书馆建设评估得分表

评价准则	评价指标	G1	G2	G3	G4	G5	G6
B_1 技术 (0.29)	B_{11} 网络设施（0.27）	A	A	A	A	A	B
	B_{12} 服务器（0.15）	A	A	A	A	A	B
	B_{13} 存储（0.06）	A	A	A	A	B	B
	B_{14} 软件（0.42）	A	A	A	A	A	B
	B_{15} 人员配置（0.10）	A	A	B	A	A	C
B_2 资源 (0.40)	B_{21} 电子书（0.06）	A	A	A	A	A	A
	B_{22} 电子期刊（0.42）	A	A	A	A	A	A
	B_{23} 学位论文（0.31）	A	A	A	A	A	B
	B_{24} 自建（0.15）	A	A	A	A	A	C
	B_{25} 其他资源（0.05）	A	A	A	A	B	B
B_3 管理 (0.16)	B_{31} 经费投入（0.64）	A	A	A	A	A	C
	B_{32} 管理制度（0.26）	A	A	B	B	A	C
	B_{33} 办公自动化（0.10）	A	A	B	A	A	C
B_4 服务 (0.06)	B_{41} 网站服务（0.53）	A	B	B	A	A	B
	B_{42} 电子阅览室服务（0.25）	A	A	D	B	A	C
	B_{43} 网络用户教育（0.06）	A	A	A	A	A	C
	B_{44} 数字参考咨询（0.16）	A	B	B	B	B	C
B_5 用户 (0.09)	B_{51} 教师感知（0.67）	A	A	A	A	A	B
	B_{52} 学生感知（0.33）	A	A	A	A	A	A
	总分	10	9.9172	9.654	9.8356	9.466	7.697

6所高校数字图书馆建设评估结论如下：

（1）清华大学图书馆（G1）：得分10，评估结论为优。

（2）上海交通大学图书馆（G2）：得分9.9172，评估结论为优。

（3）电子科技大学图书馆（G3）：得分9.654，评估结论为优。

（4）苏州大学图书馆（G4）：得分9.8356，评估结论为优。

（5）南京农业大学图书馆（G5）：得分9.466，评估结论为优。

（6）淮海工学院图书馆（G6）：得分7.697，评估结论为中。

四、发现与建议

通过对我国6所高校数字图书馆建设的模拟评估，得出以下发现与建议。高校数字图书馆建设相对于数字图书馆从整体来说，有自己独有的特点，也有自己明显的劣势和不足，高校数字图书馆建设还得根据自身服务对象、服务目标来确定。[1]曾蕾认为，真正的数字图书馆绝不是简单的数字馆藏，也不等于将图书馆流程乃至其部分或全部藏书数字化，亦非网上资源的一个简单目录或一个工具书的电子版，数字图书馆更不是以展示某一先进技术为目的的一个产品。国内这些误解在一些领导决策人和有影响的研究人员和教授头脑中也根深蒂固，图书馆界文献流、会议发言流都在顺着这种"数字化资源／馆藏=数字图书馆"，"图书馆数字化=数字图书馆"的支流在延伸，与世界上数字图书馆的现状、宗旨、发展方向背道而驰，这是一个严重的问题。资源数字化、图书馆自动化都是我们自始至终极力支持和追求的事，过去是这样，将来也是这样，不应该停止也不必受"是不是数字图书馆"的问题干扰，但是这些不等于数字图书馆。张晓林先生亦指出，当前数字图书馆模式的内在局限：数字图书馆等同数字化的图书馆；数字图书馆等同数字信息资源体系；数字图书馆等同图书馆的数字图书馆。我们可以不断跟踪、引进新的技术，继续在现有模式上发展数字图书馆，但是如果数字图书馆仅仅依赖资源规模来证明有用性，仅仅依赖文献检索传递来体现贡献，仅仅通过改善图书馆的资源服务能力来维持生存，那么它们在新的数字环境下仍将是危机重重。

数字图书馆突破了时空的限制，带来用户的根本解放；数字图书馆的知识交流是以获取而非拥有为基础的交流；数字图书馆支持一体化的文献

---

[1]姜火明.回首已是十年身——"2007数字图书馆建设与应用研讨会暨成果展示会"综述[J].新华书目报图书馆专刊，2007（12）.

检索、文献获取、文献利用过程；数字图书馆改变了图书馆的活动内容与方法。数字图书馆的发展带来的职业问题：双重馆藏问题；数字化资源的计价模型；图书馆的空间设计；数字图书馆的公平存取问题；数字图书馆的用户服务和职称；数字图书馆的版权问题；文献资料的长期保存问题。数字图书馆是一个复杂的社会现象，必然引发一系列社会、经济、法律，甚至文化问题，这就要求人们对数字图书馆进行多视角的综合研究，在研制数字图书馆系统时，不仅需要考虑技术因素，而且要充分考虑到社会和人文因素。[1]正如程焕文教授所说：在数字图书馆的建设与发展中，技术始终是手段，信息资源是核心，而人文理念则是根本，因为没有正确的人文理念引导信息资源，技术与设备的空转没有意义，数字图书馆的建设和发展就会偏离或者迷失方向。

高校数字图书馆建设缺乏整体规划、分工协作不足。目前我国数字图书馆标准研究相对滞后，各数字图书馆系统之间存在一定的利益冲突，缺乏有效地开放建设机制，导致我国尚未建立起共同遵循的数字图书馆标准规范体系，这些标准规范之间存在的差异，将导致各数字图书馆系统在资源共享、互操作等方面遇到障碍，从而大大提高了我国数字图书馆的建设成本，降低了资源使用效率。

高校数字图书馆建设需要创立可持续的模式，这种模式必须考虑改进和改变技术、度量、评估和利用等问题。目前数字图书馆的趋势是要在服务及管理不断深化和预算紧缩条件下满足建设及发展数字图书馆的需求。资金、标准化和人才是影响数字图书馆建设发展的重要因素，而开源软件为低预算的数字图书馆发展提供了契机。[2]

总之，高校数字图书馆建设的核心理念是共享、合作与服务，以用户需求为导向，持续改进服务。我们的高校数字图书馆建设需要全面解析数字图书馆的规划设计、项目实施、系统管理、技术方法、服务规范与评价、法律问题、可持续运行模式等问题；需要系统了解数字图书馆系统的规划、设计、实施和管理；需要掌握国际数字图书馆先进建设理念的规划者、组织者、分析者和管理者。

〔1〕于良芝. 图书馆学导论[M]. 北京：科学出版社，2003.
〔2〕刘燕权，谷秀洁. 美国科学数字图书馆（NSDL）2005-2006年资助项目述评[J]. 数字图书馆论坛，2007（11）.

第五章 科学发展中的高校图书馆学科化信息服务

第一节 构建科学发展中的图书馆和谐服务平台

一、图书馆和谐发展的内涵

什么是和谐图书馆?从社会学角度看,和谐直接表现为各方面的利益关系得到妥善协调,使社会共同体处于融洽状态。就图书馆情报系统来说,和谐体现为一种图书馆生态平衡,它至少涉及图书馆内外两大系统要素。就内部环境来说,体现为图书馆内的管理主体与服务对象之间的和谐相处。就外部环境来说,图书馆应与社会、社区和谐相处。就图书馆本质来看,为每一个读者自由、公平利用文献创造适宜的环境。图书馆和谐发展的基本内涵如下:

(一)坚持以人为本

图书馆以人为本,归结为"两个为本",即"馆员为本"和"读者为本"。具体讲就是图书馆服务以读者为本,办馆以人才为本。首先,坚持"以人为本"有三个方面的基本要求,一是要求将人才资源作为图书馆发展的第一资源、第一资本;二是要求将图书馆发展与人才的发展协调统一起来;三是要求以职业发展为核心,大力提升人才的综合素质和专业技能。以此为基础,科学规划图书馆员的职业生涯和专业发展蓝图,积极创造有利于馆员全面发展的文化生态,这是构建和谐图书馆的基础。其次,营造"我爱读者,读者爱我"的氛围,搭建"以读者为中心"的服务管理平台。"以馆育人"是图书馆工作的最高境界,为读者释难解困是现代图书馆义不容辞的职责。无论是哪个群体,每个人都希望得到别人的尊重和理解,但要想得到别人的尊重和理解就首先要尊重和理解别人,这是双赢的。图书馆是公民终身读书和继续教育的学校,在履行政府公共服务职能,保证公民自由、平等获取各种文化信息,提高国民科学文化素质方面发挥了重要的作用,是实现面向大众的人文关怀、文化享有、文化提高、文化创新的重要方式。每个人都有平等享受公共图书馆服务的权利，而不受年龄、种族、性别、宗教信仰、语言或社会地位的限制。因此，图书馆一切工作的出发点和归宿是为读者服务，想读者所想，急读者所急，与读者建立良好的各种沟通渠道，建立读者平等、自由地利用文献信息的保障机制，在各方面、各层次达到和谐状态。

（二）坚持科学发展

坚定不移地坚持和谐发展，是图书馆科学发展观的一个重要方面。以下为图书馆宏观局面的和谐、图书馆中观局面的和谐、图书馆微观局面的和谐三个层次来体现图书馆的和谐状态。

图书馆与社会的和谐。这是从图书馆整体角度考虑和谐发展问题，可视为图书馆宏观局面的和谐。为达到宏观和谐，必须提高图书馆与国家、图书馆与区域、图书馆与社区三个不同范围的和谐度；图书馆内部组织结构运行的和谐。这是从内部结构角度考虑和谐问题，可视为图书馆中观和谐。为做到中观和谐必须保证图书馆内部各组织之间协调发展，结构合理，以及各组织内部的和谐度的提高；人与人之间的和谐。这是从个体的角度考虑和谐发展问题，可视为图书馆微观和谐。为实现微观和谐，必须提高馆员和读者之间的和谐感，最大限度地调动馆员与读者这两方面的积极性、主动性和创造性。

（三）坚持统筹兼顾

相对图书馆而言，当前的问题就是要正确认识和处理影响全局的一些重大关系，按照科学发展观的要求，对每一对关系的不同方面统筹兼顾，协调处理。具体关系体现在以下几方面：

战略目标与过程的关系。确立图书馆的战略目标，形成图书馆发展的愿景非常重要，因为其中蕴含的共同的价值观念和奋斗目标能将馆员凝聚在一起。前提是，这一战略目标必须是科学的，并被广大馆员和读者高度认同。如今是一个不断变化的时代，即便是当今世界公认的一流图书馆，也都是在动态的、变化的历史过程中发展形成的。

全面提高与重点突破的关系。图书馆的几乎每一项工作，都会体现出全面提高与重点突破的关系。知识服务是各项工作的龙头，在服务与管理制度方面处理好这一关系尤为重要。从保障读者的基本信息资源需求这个意义上说，图书馆需要克制特色化资源建设的冲动，全面提高文献资源的综合化利用氛围。这里的关键是要统筹、协调好并着力强化各学科文献间的关联和协同发展，在突出发展重点的同时兼顾全面提高，从而保持特色优势学科文献信息资源的持久品牌优势。

规模与质量的关系。关于这一关系，要明确三点：一是规模与质量是辩证的关系，而非对立的关系；二是两者总是螺旋式上升的。在发展的不同阶段，可能重点不一样，在某一个阶段可能以规模或外延发展为主，而在另一个阶段，以质量或内涵发展为主，但无论在什么阶段与什么情况下，质量都应该得到重视，质量永远是图书馆的生命线；三是，图书馆始终要为规模与质量同步提高而努力。当前，我国图书情报事业发展的重点已从规模扩大逐步转向质量提高，因此，图书馆要克服以往的重外延扩展轻内涵发展、重硬件建设轻软件开发的倾向，走内涵发展道路。利用多种手段和途径，并寻求各种可能的办法来提高办馆质量。

管理与服务关系。在图书馆发展的不同时期，管理与服务的关系具有不同的内涵，在古代，比较一致的看法至少包括两点：一是无论管理还是服务，对图书馆的发展都非常重要，两者缺一不可；二是管理与服务具有协同性，两者具有相互促进的效果。目前的问题是，在图书馆中仍存在重管理轻服务或重服务轻管理的现象，原因也许是多方面的，但究其根本，再加上客观上图书馆服务与研究本身性质和社会影响的不同，这样就必然导致各方面的问题，也很难有能力同时兼顾两方，顾此失彼的现象、孰重孰轻的竞争由此产生。所以，当前在处理学术与服务的关系问题上，重点应该是通过相应的制度安排努力促进两者的结合，尽可能发挥两者的协调作用和促进效果。

硬件建设与软件建设的关系。硬件建设与软件建设的关系也是在各个层面、各个领域工作所经常面对的关系。在图书馆层面，硬件建设主要表现为馆舍扩建改造、设备用品的配置与更新等。软件建设主要表现为馆员队伍的建设、管理能力和服务水平的建设以及图书馆文化建设等。前者能够为广大读者提供良好的文献利用和阅读学习环境，无疑是重要的、必需的，而后者则可能在更大程度上增强图书馆的竞争优势和发展潜力，事关图书馆的核心能力和可持续发展，因此需要给予更多的关注，投入更大的精力。

二、构建图书馆和谐服务平台

高校图书馆作为公益性的知识服务机构，其存在的价值就应为实现构建和谐社会的宏伟目标提供人性化的知识服务，为促进和谐社会建设做贡献。什么是知识服务，如何构建平等正义、诚信友爱、充满活力的和谐服务则是当前图书情报学界需要考虑的重点问题。作为知识服务业的高校图书馆，面对新形势和新任务的要求，应该积极采取哪些措施并落到实处才能在竞争中占优势，并取得突破性的成绩。

（一）知识服务的特点

知识服务的特点主要体现在以下几个方面：

（1）知识服务非常重视用户需求分析，并根据问题和问题环境确定用户需求，通过对知识的分析和知识重组来形成符合需要的知识产品，并能对知识产品的质量进行评估。

（2）知识服务关心并致力于帮助用户找到和形成解决方案，并将围绕解决方案的形成和完善而开展。知识的作用最主要地体现在对解决方案的贡献，而解决方案的形成过程又是一个对知识不断查询、分析、组织的过程。

（3）知识服务贯穿于用户进行知识的继承、发展、创新、利用扩大的再生产过程。可根据不同用户的需求来动态地连续地组织服务，而不是一成不变的传统服务。

（4）知识服务关注和强调利用馆员的隐性知识和技术能力，对现有馆藏资源（包括网络资源）进行深加工形成新的具有独特价值的知识产品，用来解决用户所需要解决的问题。

和谐知识服务适应了用户在新形势下的信息需求。在构建和谐社会这个新的环境下，用户对知识需求发生了很大变化，其主要表现在：一是知识需求的全方位与综合化，即读者对文献资源的利用已不再限于单一的书目信息，而是希望能够提供全程性的、全方位的信息保障。二是知识需求的开放化和社会化。随着全球经济的发展，用户对知识的需求不再是依据某一个图书馆的馆藏，而是需要利用多家图书情报机构的服务才能满足需求。三是知识需求的数字化和网络化。由于信息技术的发展，目前网络已成为读者获取新信息的主流方式，需要提供机上阅读的数字化知识产品。四是知识需求的集成化和高效化。由于信息资源分布广，具有分散性，给用户带来不便，要求通过文献信息的深层次整合，将分散的知识加以集中利用。总之，在新的信息环境发生变化的今天，用户对知识的需求无论是在广度上还是在深度上都发生了实质性的变化。

究其根本，知识服务是以用户需求为驱动力，将更科学、高效、友善、和谐地满足用户的信息需求，通过对信息的分析和重组提供符合用户需要的高附加值的知识产品，其服务目的是通过这种服务解决用户的问题。因此，知识服务是一种人性化的和谐服务，是在知识、信息共享与交流融合的基础上提供的知识增值服务。知识服务系统不仅适应了用户对知识的需求，同样满足了用户在知识创新过程中的心理需求，它将直接参与到用户的社会活动之中。

（二）构建用户和谐的网络化知识服务平台

要构建和谐的网络化知识服务平台，图书馆的知识服务对象范围更

第五章 科学发展中的高校图书馆学科化信息服务

广,用户需求更为复杂,图书馆要真正做好和谐服务工作,应以数字网络为依托,根据研究和掌握用户信息需求的变化特征和知识服务的特点,制定相应的措施。

1. 重塑图书馆形象

提高图书馆的社会知名度,重塑图书馆的形象是当务之急。所谓图书馆形象是指图书馆及其职能发挥在社会上和人们心目中留下的印象和获得的评价,它包括对图书馆的管理水平、职工素质、职能作用的发挥质量、办馆条件、对内凝聚力、对外的信誉以及馆容馆貌等方面的综合评价。在新的信息环境下重塑图书馆形象,可以消除读者对图书馆只是借借还还、开门关门的错误认识,正确引导读者深层次利用图书馆,通过读者来实现图书馆自身的社会价值;树立良好的图书馆形象,可以营造良好的和谐的外部环境,增进社会对图书馆的了解与认可,取得更多公众的依赖和信任,从而能吸引更多的用户,更深层次地开发图书馆的文献信息服务功能;同时,图书馆具备良好形象与和谐环境,能增强馆员的向心力,可以招揽各种各样的有用人才,促使人人为和谐尽责,为和谐出力,不断推动图书馆事业的发展。因此,加强图书馆形象建设与构建和谐社会息息相关,同样关系到图书馆事业的兴衰成败,具有非常重要的深远意义。

2. 构建承诺制和谐服务机制

构建和谐社会符合国家和人民的根本利益,促进和谐是每一个公民的责任。承诺制和谐服务应是图书馆一种创新的服务模式,目前还没有现成的经验可以借鉴。尝试承诺服务模式,并借助一定的知识管理与运行方式强化服务意识和服务功能。那么,读者承诺服务必须建立在扎实的专业理论基础、丰富的实践经验、熟练的业务工作技巧以及以用户需求为中心、方便用户、提高服务层次和服务效果为原则。做到分工明确,各负其责。建立操作监督制度,引进竞争机制,完善激励机制,改革用人体制,稳定专业人才队伍,保障承诺服务的质量。促使与规范馆员努力钻研业务并提供到位的服务,使其成为一种优化馆员职业行为的制约机制。实际上,承诺和谐服务既能增强高校馆自身的服务意识和责任感,又能增强自身的市场开拓能力和可持续发展能力。这样做一举两得,一方面很大程度上督促馆员积极钻研业务知识,另一方面又极大地浓厚了馆内的学术氛围。

3. 注重挖掘读者需求,构建读者资料库

发展读者、研究读者、服务读者是图书馆读者工作的基本内容。若没有读者及需求,图书馆便不能生存和发展。因此,图书馆必须研究读者心理,挖掘读者需求。信息环境的剧变,一方面使读者的知识需求、期望和信息行为更加捉摸不定;另一方面也为图书馆跟踪和挖掘读者的知识需求提供了便利条件。读者在馆内活动，处处都可留下个人资料，如读者借阅文献时会留下借阅数量、类别及阅读倾向等资料；读者上网检索将会透露其学术兴趣和知识偏好等倾向；读者在科技查新、定制服务的过程中会留下在研究课题、研究方向等细节。图书馆应将读者各种分散的信息和资料整合为"读者资料库"，利用数据挖掘技术、客户关系管理（CRM）软件以及统计、分析等方法建立数据模型，使读者的需求和行为模式显性化，以便培养和识别忠诚读者，并通过不断推出新的、超值的知识服务项目来赢得读者的忠诚。

4. 做好"集""散"工作，为建设和谐社会服务

图书馆是为高校教学科研服务的学术性机构，是社会极其重要的知识集散地。"集"是收集开发（知识创新），"散"是传递服务（知识应用）。因受传统办学模式的影响，图书馆对馆藏文献资源（包括电子、网络虚拟资源等）没有充分兼顾社会需要，"散"也没有真正实现社会化。"散"是"集"的目的，"集"由"散"决定，"集"做好了能促进"散"更好地发挥作用。这两者的相互关系类似于"生产与消费"的关系，既相互制约，又互相促进。在当今买方市场情况下，消费起着更重要的作用。在进入知识管理时代，"散"也将具有更活跃、更主动的作用。因此，面对建设和谐社会知识需求高潮，图书馆在做好知识创新的同时，要重视社会对知识需求的特点，利用掌握信息早、新、系统、稳定的优势，让新信息随时扩散到相关的用户中，便于更多的用户了解、运用，以提高信息资源利用率，增强图书馆对社会的吸引力，为建设和谐社会服务。

5. 注重馆员隐性知识的开发力度

隐性知识相对于我们熟知的知识是一种更有价值的知识。在智力支撑型知识经济中，馆员的隐性知识、智力、收集的信息等无形资产的投入将起决定性的作用。图书馆运用知识化产品，添加创意，提供智力，已成为市场经济活动的核心问题。而财富和权力的再分配取决于拥有的知识、信息和智力。馆员的隐性知识既是个人的特殊财富，又是图书馆拥有的一种资本。图书馆智力资源的多寡、智力资源开发和利用程度的高低决定着自己未来的竞争优势。正是智力资源对于经济发展的特殊重要性，现在世界各国对于隐性知识的开发很重视。因此图书馆在推进和谐社会建设过程中，在依托先进的网络技术与文献收藏的优势外，更应重视和加大对隐性知识的开发和利用。

6. 强化和谐社会知识服务的超前意识

知识服务管理模式的可持续发展满足了我们当代人的知识需求，但我们有义务还应考虑到信息资源对子孙后代生存利益的影响。一方面，知识

服务在促进经济发展的同时，还应考虑到对社会和环境的影响。对于那些对发展经济有利但会对环境造成破坏的产业或项目，就不能为其提供服务。知识服务不能只注重眼前的利益，不顾将来的发展。另一方面，由于发达国家和发展中国家在信息资源的占有上存在着很大的差异，发达国家妄想利用知识优势控制或影响发展中国家，使之成为发达国家的附庸。这一趋势应当引起我们的警惕，一方面加快加强信息立法，另一方面尽快实现知识服务由传统向现代模式的转变，为构建和谐社会提供有力的知识保障。

（三）和谐理念下的图书馆服务新趋向、新要求

和谐社会的发展，使图书馆服务功能更强大、人文色彩更绚丽。因为构建和谐社会这一新的要求，把读者能否得到更全面的个性化服务摆到了更重要的位置，也对图书馆员的素质和职业道德提出更高的要求。

首先，图书馆服务应积极发扬人文精神。随着和谐社会的发展，人们对图书馆服务需求的层次越来越高，尤其是大学图书馆，个性化服务、多样化服务、读者跟踪服务等新的服务方式已经摆在面前，"以人为本，读者至上"的服务理念必须贯穿到图书馆的各项工作中去。

图书馆人文精神的核心是人文关怀。人文关怀的对象主要是读者和用户，是对读者或用户文化知识需求的关注和关怀，是为读者的文化需求提供保障并营造一种充满人性化的读书环境。所以，图书馆要把以人为本的服务理念贯彻到图书馆服务的实践中去，以人为主体，以人为动力，提升图书馆的服务质量。让每一个用户都没有距离感，让不同层次的读者能享受到同样的礼遇。全面加强图书馆的硬环境和软环境的建设，将图书馆建设融于和谐社会、和谐校园之中，受益于每一位读者或潜在的读者。

其次，图书馆服务在层次、水平上要更上一层楼。当前是信息时代，图书馆不能只满足借还图书，应更新观念，从传统服务向时效服务转变，开展创新服务。这就要求馆员知识更新，服务更新，精神面貌更新，只有这样才能胜任新时期的新任务。

由于数字图书馆的高效发展，从根本上改变了以借阅服务为核心的传统方式，图书馆员必须掌握计算机应用技术、网络知识以及图书情报知识，建构与数字化资源相适应的知识结构体系。必须具备相关技能，如在数据管理方面，不仅能从机读数据源获得部分数据，还能自建数据库；在系统管理方面，不仅能进行采访、编目、期刊管理、行政管理等，还能进行数据校对，数据最小重复以及数据备份、恢复与更新等。

21世纪的图书馆，业务工作标准国际化，信息服务网络化，图书情报一体化乃是发展趋势。因此急需培养跨世纪人才，全面开发人才资源；急需建立管理新体制，为人才成长创造条件。图书馆工作者除了必须掌握计

算机和外语知识外,还要掌握本学科的最新信息和本专业领域国内外现状和发展趋势,了解国际科技发展前沿与本专业相关的各种技术;不仅能够服务国内读者,帮助他们跨上信息高速公路,还要服务国外读者,帮助他们远程登录以及查阅各地图书馆的信息资源。

所以,每个图书馆工作人员都应成为"信息向导"和"网络交换手",能从庞大的信息流中筛选信息,能知道什么信息可以上网络,知道什么信息可以从网络或数据库中截取下来,能为用户打开世界信息的大门,充分利用信息的检索途径、方法进行信息咨询,最大限度地满足各类用户的需求。

当今,图书馆服务应突出育人的功能,注重培养复合型人才,充分发挥弘扬民族精神,营造和谐、安定的社会局面的作用。图书馆是我国社会主义精神文明建设的主阵地之一,要把丰富而优秀的文化成果推荐给大学师生。图书馆要开拓思路,与时俱进,大胆创新,摸索出一条为读者服务和人文精神有机结合的新途径,全方位、多层次开展信息服务,帮助大学生了解和掌握自然规律和社会规律,不断获得真理,并使读者从中获得知识、技能,帮助读者提高对时代的认识和对时代责任的确认,为完成时代赋予的构建社会主义和谐社会的历史使命贡献力量。

第二节 现代图书馆和谐服务理念及人性化服务

随着社会生产力的发展,人们日益增长的知识、信息资源需求极大地推动了图书馆事业的发展。21世纪人类进入信息化时代,以网络技术为代表的信息技术,为人类的知识和信息资源共享提供了现实的平台。21世纪是图书馆高扬服务的时代,我们应该根据这个时代精神来重新设计我国图书馆的服务理念。

一、现代图书馆服务理念的内涵及其特征

图书馆服务理念是对现代图书馆理念的一种丰富,它是图书馆主体在图书情报工作实践中,从图书馆产出的服务性出发,对一系列图书馆问题所形成的总体看法,其主要的观点有:文献信息服务是图书馆的基本产出,读者和用户是图书馆的直接顾客,不断满足读者和用户明确的或潜在的知识信息需求是图书馆改革和发展的出发点和归宿,各类型的图书馆都

应增强这样的服务意识。图书馆服务理念的第一个特征是具有鲜明的选择性。在现实条件下，图书馆成了图书馆服务产品的提供者，广大读者和用户成为图书馆服务产品的利用者和消费者，他们有权选择图书馆服务。图书馆服务的选择性蕴含着图书馆供方的竞争。因此，作为文献信息服务提供者的图书馆，在读者和用户自由选择利用图书馆的机制下，在竞争的推动下，必须努力提高服务质量和品位，为社会提供优质的服务以满足读者的需要，否则将会被时代所淘汰。图书馆另一个鲜明的特征是层次性。读者和用户有不同的"消费需求"，有"高级、中级、低级"层次之分，图书馆必须区别对待，分层服务。

二、现代图书馆服务理念的基本内容

图书馆服务理念的具体内容可概括为图书馆服务产出观、图书馆服务市场观、图书馆服务质量观、读者和用户权益观、学术性的服务观等。我们认为图书馆服务理念具有两大特征：主观性和导向性。它的形成必然带有图书馆服务者的价值倾向，而已经形成，又必然能指导我国图书馆事业的健康发展。

（一）图书馆产出服务观

图书馆要不要产业化？这在我国图书馆界一直争论不下。对于图书馆这类有着特殊属性的公共事业机构走完全的产业化道路，但从市场经济的角度分析，图书馆属服务产业这是没有问题的。文献信息资源供求的主体一方为图书馆，另一方为读者和用户。对于图书馆，其向读者和用户提供的是一种旨在改善人力资本价值的文献、信息、知识等有形或无形的产品，图书馆的产出就是提供文献信息资源的图书馆服务；而对于读者和用户而言，虽然图书馆服务是免费的，但图书馆各种资源包括人力资源都是国家或集体投资的，这里面包含着每一个公民的纳税钱。因此，读者利用图书馆资源就是消费图书馆的服务产品。

图书馆产出服务观解释了传统的图书馆产出观不能解释的一些问题，是对传统产出观的提升：其一它认为图书馆服务是图书馆的基本产出（或核心产品），但不是唯一的产品；其二它把图书馆产出分为图书馆服务和人才，从而揭示出图书馆产品的双重性（服务性与产品性同时并存）；其三它从图书馆服务过程和图书馆服务效果两个不同的侧面来研究图书馆服务，揭示出了图书馆产出产品性与服务性的关系（图书馆服务是人才成长的基础和条件，而非充分必要条件）；其四它揭示了图书馆服务的特性（导向性、差异性、不可分离性、综合性等），为进一步分析和研究图书馆服务质量及图书馆服务市场提供了理论基础。

（二）图书馆市场观

图书馆有无市场？图书馆服务要不要竞争？这是树立图书馆服务新理念要解决的基本认识问题，图书馆服务市场是指图书馆机构、情报和信息服务机构因提供文献、情报、信息服务而在图书馆服务供求主体之间形成的图书馆供给、需求及其相互关系的总和。图书馆服务市场的构成要素主要包括：①图书馆服务市场需求的主体——各部门和个人及家庭；图书馆服务市场供给的主体——各类性图书馆、情报及信息机构；②图书馆服务市场供求的客体——图书、情报、信息服务，图书馆服务是指图书馆、情报机构、信息机构利用图书馆设施设备、信息技术为文献、情报、信息消费者提供的用于提高或改善消费者智力素质和思想观念，促进需求者人力资本增值的实物和非实物形态的产品；③图书馆服务市场的本质——图书馆服务的供求关系。图书馆作为一种信息、知识性服务的公益性机构，其实质是一种文献信息的社会化集藏、开发、利用，这种社会化的文献信息的集藏、开发和利用贯穿于图书馆服务的全过程。

（三）图书馆服务质量观

图书馆服务质量观主要内容可概括为：图书馆服务质量是指图书馆需求主体对图书馆服务的预期同其所感知的图书馆服务水平的对比，若体验质量高于预期质量，图书馆需求者就可能认为图书馆服务质量好或图书馆服务水平高。反之，则可能认为图书馆服务质量差或图书馆服务水平低。图书馆服务质量评价的主体主要是图书馆的读者和用户，图书馆服务质量评价的客体是图书馆服务效果和图书馆服务过程，评价的方法根据评价目的的不同具有多样性，读者的满意度是图书馆服务质量的主要指标；图书馆服务质量同其他物质产品质量在核心质量产生的时机、质量要素、评价主体等方面具有显著的不同，图书馆服务质量管理过程应以满足读者和用户明确或潜在的文献信息需求为出发点和归宿。图书馆产出是图书馆产品和服务的有机组合，要有效地提高图书馆服务质量，必须整体设计和优化图书馆产品和服务的组合，图书馆整体质量应根据读者和用户与社会的期望值进行评估。

（四）读者和用户权益观

建立图书馆服务体系，必须尊重图书馆读者和用户的主体地位。一方面，它要求市场供给主体（图书馆、情报机构、信息机构）提高服务质量，以维护市场主体（读者和用户）的权益；另一方面，通过维护市场需求主体的主体权益，达到约束市场供给主体行为的目的，从而有效地提高图书馆服务质量。

第五章 科学发展中的高校图书馆学科化信息服务

国家要通过图书馆立法来保障国民平等、自由地利用图书馆资源的权益。从保护图书馆服务读者和用户的基本权益出发，我们认为图书馆读者和用户应享有四种权利：①知情权。图书馆读者和用户有知悉图书馆服务真实情况的权利。读者和用户有权根据情况判断，做出切合自己的选择。图书馆有义务在服务过程中经常提供图书馆运行情况和管理状况等。②自主选择权。图书馆读者和用户可以自由地选择利用图书馆资源自主决定采用何种方式获取文献信息。市场供给主体不能用任何理由设置障碍或横加干预。③平等利用权。在图书馆服务面前人人平等，市场供给主体不能搞信息歧视。④监督权。图书馆读者和用户享有对图书馆服务工作监督的权力，他们有权利就保护读者和用户权益工作提出批评、建议，图书馆应当认真听取读者和用户对图书馆服务的意见，接受其监督。

（五）学术性的服务观

"图书馆是服务性学术机构"这一观点已被我国学术界所确认。尽管至今仍有个别人对此观点持怀疑态度，但"图书馆是服务性学术机构"的定性已经成为学术界的主流。事实上图书馆的本质属性不仅仅是"服务"二字。图书馆是一个文化教育服务机构，虽然文化教育职能是通过其服务来体现的，虽然服务是图书馆的本质属性（因为离开了为传播知识信息的服务，图书馆的价值就不存在了，图书馆一切工作的主体就是为读者和用户服务，图书馆从环境的设计、馆藏建设、读者服务到开展一系列参考咨询、用户教育，以至实现网络化、数字化等现代化管理都是在千方百计地努力实现优质服务目标），虽然，我们承认图书馆是一种学术活动的中介机构，它每天都要接待大量的读者，服务性不能否定，但是图书馆服务是建立在一定学术性基础上的服务。不能因为图书馆是学术活动的中介机构，只看到这些表面的现象而不认识它的学术性。图书馆工作不是单纯的、一般的事务性工作，它不是离开了图书馆学的专业指导和其他知识，如外语、计算机及其他相关学科知识的辅佐所能完成的。"图书馆服务"这个概念是有层次的、有分量的和有较高学术含量的。有许多服务工作，如文献研究、信息检索、情报课题服务、版本校勘、各学科的文献集群分析、数据库建设和信息知识导航服务等都是学术性很强的工作，而且往往是其他学术部门研究的基础。总之，图书馆是一个学习化组织和学术探讨、学术研究、学术交流的场所，图书馆的服务性与学术性相辅相成；服务性是图书馆各项工作的核心，学术性是图书馆开展各项工作不可或缺的支持和保障，没有图书馆的科学研究，服务工作不但搞不好而且图书馆事业也会停滞不前。

三、重构21世纪我国图书馆服务新理念

（一）重构图书馆服务新理念的原则

如何重构21世纪图书馆服务的新理念呢？窃认为必须遵循三条基本原则，即国家指导原则、市场调节原则和图书馆自主发展原则。在市场经济条件下，市场是基础，社会和广大人民的知识信息需求已经成为图书馆赖以生存的基础。这种基础主要不是指体制和制度而言，而是指图书馆必须把市场规律作为其运行和发展的基本准则。在市场经济成为我国经济发展的主要模式的今天，我们没有理由拒绝把竞争机制引入图书馆。从某种意义来讲，图书馆现代化的过程是一个建立起竞争机制的过程，没有竞争就没有现代化，没有现代图书馆的活力。竞争是图书馆的效率与效益的内在要求，是加快图书馆发展的需要。传统图书馆与现代图书馆的一个重要区别，在于是否建立起竞争机制。图书馆没有竞争，信息资源也无法得到较好的配置与利用，其结果只会是低效率与低效益的。然而，竞争是一把双刃剑，它也会产生负面的效应，即无序的竞争。因此，如何使竞争成为理性的和有序化的，就构成现代图书馆服务理念的一个重要课题。这需要图书馆以理性化为目标，建立起相关的各种规范，以保障竞争的有序化。对处于现代化过程中的中国图书馆事业而言，理性化尤其重要。一个原本属于计划经济体制之下的图书馆体制，一旦实行开放式的竞争，而新的规范又未能建立和完善起来，则必定会出现一些转型过程中的无序乃至混乱状态，因此，建立起合理有序的图书馆内部运作的竞争规范与秩序，对中国图书馆的现代化尤其重要。

然而，我们知道，市场调节不是万能的，竞争也不是万能的。由于市场法则的缺陷，图书馆服务坚持在市场调节的基础上，还必须要找到一种调控资源配置、调节供求关系，实现国家目标的手段，这就是以政府规划为指导。从社会机构的分类上讲，图书馆一般是以国家投资为主体的社会公益性事业单位，在管理和服务中遵循市场经济规律的前提下加强国家的宏观规划指导是世界图书馆事业的通则。随着我国社会主义市场经济体制的发展和完善，国家对个体的制约作用将会越来越间接，制约的范围也将大大缩小。这即意味着图书馆选择的自由权和自由空间不断扩大，为现代图书馆服务开辟了更为广阔的空间。图书馆必须走自主发展之路，具体讲就是要以图书馆为本。即以图书馆的实际情况、图书馆自身的客观规律为依据，结合图书馆周边社区环境，自主确定图书馆发展方向、办馆特色，优化资源配置，确定图书馆的组织行为、管理行为和服务方式方法，从而

第五章 科学发展中的高校图书馆学科化信息服务

提高办馆效能。

（二）从产业经济学角度构建"图书馆是第三产业，其产品就是服务"的新理念

图书馆的产业化是伴随着第三产业的兴旺才突显出来的，毋庸置疑，凡是产业必有其产品。什么是产品？产品就是人类劳动生产出来的成果。产品进入流通领域，作为贸易的对象就成为商品。传统的经济学观念只承认"实物性"劳动成果为产品，随着产业范围的扩充，人们在研究第三产业的时候，发现诸如司机、售货员、律师、教师、医生等并没有产生"实物性"的产品，他们为人们提供的劳动成果是无形的，即非实物性的（图书馆员提供的产品也是如此）。但这些无形的劳动成果和实物性的劳动成果一样是真实的、客观存在的。这种第三产业的劳动成果通常称之为"服务性劳动"，其劳动成果（产品）就是服务。"产品就是服务"这是第三产业的根本属性。毫无疑问，图书馆是第三产业，它的产品就是服务。它与第三产业的其他行业的劳动成果是完全一样的。图书馆的服务活动就是提供文献信息服务，在运作过程中，图书馆就是生产服务产品，读者和用户在同一时间消费这种产品。图书馆提供的这种劳动成果（服务）是客观存在的，读者接受这种服务之后在思想、知识和能力等方面的收益（消费后果）也是客观存在的。

总而言之，从产业经济学的角度看，图书馆是服务行业，它的产品就是服务，是一种知识型的服务产品。至今，有一些人对图书馆的产业属性难以认同，对图书馆的产品的性质感到茫然，是因为我们长期在计划经济的环境下形成了思维定式。如果我们从产业经济学角度构建"图书馆是第三产业，其产品就是服务"的新理念，也就不会对图书馆的产业化过分地忧心忡忡了。

（三）从社会学角度建立"图书馆服务是半公共产品"

就图书馆产品的基本属性而言，它与第三产业的其他行业的产品一样是服务。但图书馆服务就其社会属性来说，它与第三产业的其他行业又有所不同，就多数图书馆而言，文献信息资源虽是公共财产，但是服务中附加了馆员的智慧和劳动，所以，图书馆的产品（服务）即不是完全的个人产品，也不是完全的公共产品，它是一种半公共产品。可见，站在纯粹的产业经济学角度上，图书馆的服务效果就是读者和用户（消费者）的消费后果。而从社会学的角度来看，图书馆服务的社会功能主要有两方面：传承文化和发展社会生产力。就此而言，不仅具有经济意义，而且具有政治或者说是上层建筑方面的意义。就前者而言，图书馆具有营利性，就后者而言，图书馆具有公益性。正是因为这种双重性，图书馆的产品与完全按照市场价格体系运行的个人产品不同,也和由国家完全免费提供的、人人可以享用的公共产品不同,它兼有二者的性质,是一种半公共产品。

在当今世界,几乎每个国家都把图书馆作为公益性的事业机构,这是因为每个国家都要通过提供文献信息资源保障的服务来提高本国国民的素质,以延续其文化,巩固其意识形态,提高社会生产力和综合国力。图书馆服务产品的双重性决定了在任何时候,图书馆产品的公益性都是第一位的,即社会效益是第一位的,但市场经济条件下的现代图书馆服务不能不讲经济效益,不考虑投入和产出。图书馆服务特别是凝结着图书馆员智慧的高附加值的知识劳动成果,在体现社会效益的前提下,谋求这些产品的经济收益,也是21世纪不断增强图书馆事业的可持续发展动力的战略性选择。

(四)确立权利理念,赋予图书馆读者和用户更多的维权途径

我们知道,接受教育、获取信息是现代社会公民的基本权利。图书馆的社会责任就是满足公民的文献信息需求,图书馆的这种社会责任决定了图书馆服务时应该恪守的最基本原则:那就是捍卫公民平等、自由、合法地利用图书馆资源的权利。国外有一种通行的观念,认为图书馆服务中所谓的"平等",是建立在促进知识和信息通畅高效传播基础上的平等,因此,平等的出发点和归宿是"平等地提供和利用",而非"平等地拒绝"。在图书馆服务中,怎样确保读者和用户利用的相对自由?现代图书馆的国际惯例是"为利用者保守秘密",这里所谓的秘密指图书馆通过业务工作获悉的读者和用户的读书事实和利用事实。读书事实和利用事实为什么要保密?因为二者反映了利用者的思想倾向和个人隐私。在现代社会,思想和隐私是不受监控的。20世纪50年代以来,为读者和用户利用文献信息保守秘密已经成为国际上普遍认可和接受的图书馆服务理念。但问题还有另外一面,就是图书馆在服务中虽然不监控思想,不窥探隐私,但图书馆必须承担维护社会秩序,捍卫公共道德的义务。在目前的我国图书馆界,侵犯读者和用户权益的事情时有发生,因此,我们必须确立读者权益理念,一方面高扬捍卫社会公共道德的大旗,另一方面按照现代观念和国际惯例捍卫公民平等、自由、合法地利用图书馆资源的权益。总之,平等原则、守秘原则、公德原则是目前阶段我国图书馆服务中应恪守的基本原则。

我国传统图书馆管理体制上并没有充分反映出图书馆产权拥有者的利益。例如,读者和用户是图书馆的主要受益者,而且从理论上讲也是图书馆产权的最终所有者,然而,我国的图书馆长期存在一种奇怪的现象,就是读者和用户对图书馆几乎没有多少监管权和发言权。反思一下我国究竟有多少图书馆在监管体制中反映了读者和用户的利益,使得读者和用户对图书馆的评价能够转变成对图书馆的投入和管理,从而使其作为公共服务

设施机构真正落到实处呢?因此,对图书馆来说,有力的监管来自于产权,而产权问题是一个公共监管权的问题。图书馆服务能不能有高效率,关键是看公共监管权是否能到位。或者说在图书馆管理体制设计中,能不能充分反映利益相关者的期望,而赋予图书馆读者和用户更多的维权途径。

(五)以人为本,全面提升我国图书馆服务水平

图书馆建立一种以读者和用户需求为调节手段的知识管理和服务机制;贯彻以人为本,以知识为本的管理思想。图书馆是一种在专业技术手段上运营、在科学基础上提供服务的学术性服务机构,这是现代图书馆的核心要义之一。国外有个通行的规则:读者和用户有得到最好的图书馆服务的权利,图书馆员有提供最好的图书馆服务的义务。怎样能做得好?仅有一腔热情和一副热心肠的服务态度并不行,还必须有基本的专业技能和素养。因此,对图书馆员来说,专业素养和业务技能就不只是一个纯粹的个人学术水平问题,它关系着图书馆服务的质量,关系着业务工作能否优质高效、规范科学。专业素养、业务技能的提高通过什么表现出来?最主要的是服务工作。尽管图书馆的业务工作相对来说规范性较强、程序化、标准化程度较高,但图书馆员千万不要失去了创造性工作的欲望和冲动,图书馆管理者千万不要磨灭了图书馆员创造性工作的热情和积极性。程序化的工作只反映专业技能,创造性的工作才是专业素养、专业水平的体现。

图书馆作为一个整体,它的社会职责是满足公民的所有文献信息需求,这样的社会职责,也只有图书馆作为一个整体才能完成,任何个体图书馆的单打独斗都不行。因此,在图书馆事业中,馆际合作、资源共享是必由之路。然而馆际合作也好,资源共享也好,最终都必须靠人来实现。图书馆是一个社会性的机构,图书馆活动是在履行一种社会职责,发展图书馆事业的目标之一就是要创造文明、健康的社会文化环境。因此,图书馆管理服务工作要树立"以人为本"的理念,要和社会文化、地域文化、社区文化的繁荣联系起来,以积极的态度与其他团体、机构携手合作,共创文明、健康的社会文化环境。这样才能全面提升我国图书馆服务水平。

四、构建人性化的服务机制

人性化服务,是一种以人为本的服务理念,打造和谐图书馆,就是图书馆的服务要热情周到、图书馆的环境要优美安静,它以尊重读者,关怀读者为宗旨,与读者建立一种平等、和谐的关系,达到管理与服务的最佳效果。

在科技飞速发展的今天,要能够适应社会和科技的发展,要能给读

者提供更为合理和方便的优质服务，这就要求构建人性化服务的和谐图书馆。这就要求我们要努力做到以下几点：

（一）以科学发展观为指导建设和发展是构建人性化服务的和谐图书馆的基础。

"发展是硬道理"，图书馆要随着经济的发展而发展，随着学校的发展而发展，不断加强图书馆的硬件建设与软件建设，为构建人性化服务的和谐图书馆打下坚实的物质基础。

（二）牢固树立"以人为本"人性化服务的理念，这是构建人性化服务的和谐图书馆的前提条件与根本。

图书馆的性质和职能决定图书馆必须始终坚持"以人为本"的服务理念，一切为了读者，为了一切读者，为了读者一切。最大限度地满足读者需求，追求读者最大的满意度。人性化服务就是以满足人的需要，实现人的价值，追求人的发展为取向，以充满人文关怀体现美与和谐的方式来开展图书馆活动。人性化服务的实质就是把一定的服务对象当作目标，出发点是服务对象的利益，落脚点是使服务对象满意，方式是以符合服务对象的合理需求的方式进行服务，内容是尊重服务对象的合法权利，不断满足服务对象的基本需求。人性化服务的目的就是给广大读者提供最大限度的优质服务。如何充分满足人的文献信息需求，充分考虑人的全面发展，充分尊重人的意愿和人的潜能发掘，营造人文关怀的良好氛围，是现代高校图书馆实现人性化服务理念的基点。以人为本就是注重人的全面发展，促进人的全面发展。对于读者，把满足读者的需要、为读者提供优质服务作为图书馆一切工作的出发点和落脚点，为培养高技能、实用型人才服务，促进学生德、智、体、美等全面发展。对职工，坚持民主管理，实行民主决策，一切依靠群众，遇事同群众商量，尊重馆员的工作，重视馆员的需求，提高馆员素质，提高馆员的生活水平和健康水平。牢固树立"以人为本"人性化服务的理念，不断满足读者和工作人员多方面需求和促进人的全面发展，是构建和谐图书馆的本质所在。

（三）全体馆员的整体全面素质的不断提高。

只有全体馆员的整体全面素质的不断提高，才能给读者提供更为合理和方便、更好、更高质量的服务。一个优秀的高校图书馆员不仅要具备较高的专业修养，还要培养独特的人格魅力，要用图书馆馆员的魅力来吸引读者、感动读者以建立图书馆馆员与读者之间的和谐关系。

（四）诚实守信、团结友爱是公民的基本道德规范，是每个人的基本行为准则，同时也是构建人性化服务和谐图书馆的重点。

作为图书馆馆员要忠诚于党，忠诚于人民，忠诚于图书馆事业，忠诚于读者，团结同志，协作共事，互帮互助，融洽相处；办事公正，诚实守信，关爱学生，热爱读者，细致周到；广大读者要严守纪律，遵守制度，团结友爱，互帮互学，把图书馆工作人员作为良师益友，相互信任、相互理解、相互尊重、相互学习。通过图书馆工作人员和广大读者的共同努力把图书馆建成和谐、温馨、幸福的家园。

（五）先进的管理理论与技术。

先进的科学技术与先进的管理是推动现代社会发展的"两个轮子"，二者缺一不可，在现代社会的发展中起着极为重要的作用。人性化的管理与和谐管理及先进的技术能产生更大的动力、更大的经济、效率与效益，使经济、效率与效益更加科学化、最大化、最佳化和完善化。它是构建人性化服务的和谐图书馆必不可少的条件。

（六）资金的保障。

资金是更好、更快发展的条件。

（七）构建人性化服务的和谐图书馆的关键在于不断推动改革创新。

在无论图书馆的外部环境、读者需求、设备条件、人力资源等都发生了很大变化的今天，构建人性化服务的和谐图书馆就必须进行改革和创新，以适应发展变化，对有碍于构建人性化服务的和谐图书馆建设发展的体制、制度、方式、方法等要进行大胆的改革，大胆创新，理顺体制、完善制度，建立激励机制和创新机制，充分调动每个馆员的积极性与创造性，不断挖掘新潜能，不断开发新方式，使图书馆充满生机和活力。

第三节 高校图书馆馆员与读者和谐关系的构建

图书馆在解决馆员与读者间的各类纷争时，如果处理不当，不仅会使读者对图书馆产生隔膜，也影响馆员的工作情绪，最终对图书馆形象的树立及其事业的发展带来负面影响。

一、读者服务工作中，馆员与读者的矛盾

书库管理中的乱放现象严重，导致馆员对读者产生不满情绪。还有馆员处理读者违规行为引发的分歧。读者违规行为，主要包括图书污损、图书超期、冒用他人借书证、图书丢失等。读者一旦出现以上违规现象，就面临罚款、扣证或赔偿。在具体处理过程中，读者经常会与馆员发生争

议。图书拒借也会导致读者不理解，图书丢失而数据未消除的因素、图书乱架的因素，都会产生拒借。读者对图书馆其他不满意的方面可能还有：新书常用书数量少、采购不及时、馆藏老化情况严重；电子资源种类数量不足、学科不全面、用户数紧张；开馆时间应适当延长；有些馆员服务态度应予改进；检索用计算机设备老化、维护不及时；对于占座、喧哗、接打手机等行为管理不力；复印价格偏高；书目检索系统不稳定，功能有待加强；本校师生在校外无法访问电子资源；国外出版物收藏不足；目录检索显示和架上图书情况不符，查找困难；分馆资源不能提供全校读者共享；有些馆员工作噪声较大。此外，许多读者会因得不到馆员的引导或推荐产生不满。而馆员的服务态度、业务水平则最容易导致读者不满意。馆员的学识、态度直接影响着图书馆形象和读者对图书馆的评价，影响着读者利用图书馆的效率和质量。

二、解决馆员与读者矛盾的策略与方法

首先，要加强读者教育，做好新生教育。反复向读者灌输爱护图书、有序排架的意识，随时注重唤醒读者的道德良知。其次，加大规章制度的宣传力度，让读者明明白白受罚。针对读者的规章制度要全部向读者公开，读者指南最好能做到人手一册，同时一些临时制度要在网上随时发布。另外，常规宣传和重点宣传灵活结合。

最重要的是，加强馆员的培训，建立健全岗位聘任与监督机制。经常性地宣传馆内发生的馆员关爱读者的事例。加强各种业务学习，鼓励馆员参加各种在职教育、在职培训，提倡馆员间的相互学习与自我学习，关心、重视馆员的专业发展机会，对年龄偏大、学历偏低的馆员，及时补充新知识、新技能。还要建立与之配套的监督管理机制和科学的奖惩制度。更要努力创设良好的沟通渠道，拉近馆员与读者的距离，融洽感情，消除隔膜，增加彼此的亲和关系，从而营造馆员与读者的和谐关系。

第四节 科学发展中的高校图书馆导读服务

一、大学生导读的紧迫感

最新调查结果显示：在我国国民经济持续高速发展的同时，我国国民

阅读率却连续多年总体下滑，与世界发达国家相比差距甚大，已到了社会面临"阅读危机"的境地。即使在阅读需求相对较高的高校大学生中，阅读也表现出"快餐化"和"功利性"的趋势。一部分大学生一方面面对外部"精彩的世界"和诱惑，"没心思读"；另一方面面对就业压力和种种应试，"没时间读"；甚或面对琳琅满目、眼花缭乱的各类图书无从选择，而"无书可读"。于是乎，在他们身上，传统的、精神的追求正在被淡忘，物质的、实用的欲求在扩张；时尚被追捧，经典被遗弃。《大国崛起》中有句解说词说：一个真正崛起的大国必定有支撑其强大的精神文化。毋庸置疑，文化作为一种软实力，正成为衡量一个国家综合国力的重要标志。图书馆是文化的集散地，在大学文化乃至社会人文精神建设中肩负重要使命。面对"阅读危机"，图书馆工作者要有紧迫感和责任感，要率先倡导和宣传读书意识，营造读书氛围，把握文化导向，做好导读工作。

二、在校大学生阅读现状及其共性特征

阅读需求决定阅读行为并通过阅读行为表现出来。读者的阅读需求是读者阅读文献的内动力。在社会多元化的今天，大学生的阅读需求受其个性特征和社会文化环境影响，也产生了新的变化和新的特点。笔者在长期的读者工作实践中，通过对大学生读者的观察了解和交谈、借阅分析和问卷调查，并对互联网有关大学生阅读的调查文章进行统计分析，得出大学生阅读现状的初步认识。总的来说，知识经济时代的大学生有着较强的使命感和责任感，有着比较明确的学习目的。他们追求自身价值的实现，阅读行为越来越呈现多元化态势，其总体是积极的和健康的，但也存在令人担忧和值得思考的一面：

（一）阅读内容上的特征

（1）大学生以学习基础知识和专业理论为主。反映到借阅过程中是以借阅基础理论课及专业图书为主。

（2）伴随计算机技术的广泛应用，社会对计算机专业人才的需求成为大学生兴趣发展的内驱力，许多大学生把计算机相关专业作为自己第二专业，计算机专业书籍借阅率不断升高。

（3）严峻的就业形势以及各式各样的考证、过级、考研，引发"外语热"。外语类读物及参考书借阅量一直呈上升趋势。

（4）文学类作品成为大学生提高自身文学素养、缓解压力和休闲娱乐的一种方式，借阅率无论在文、理科高校都名列榜首。

（5）伴随大学生市场意识的增强，经济、商贸、金融类图书也是大学

生阅读需求的热点。

大学生阅读内容正由抽象转向具体，由宏观转向微观，由关心国政大事转向关注个人生活。这种萎缩到自我个人生活，注重个人发展和完善的心态值得我们深思。

（二）阅读动机上的特征

（1）呈现功利性色彩。完成学业和实现理想就业是大学生在校阶段面对的最现实不过的事情。20世纪90年代，在大、中学生中曾盛传的："学好数理化，走遍天下都不怕"，如今已演绎成"学好外语和电脑，走遍天下不烦恼"。社会竞争的激烈性，一方面使得他们的阅读紧紧围绕所学专业，出现"偏食"现象；另一方面，在繁重的课业和沉重的压力下，阅读追求无思考的纯粹放松，喜欢休闲娱乐与快餐文化，思想深刻的经典作品被搁置一边，出现"短视"现象。阅读的功利性使阅读走向"实用"和"无用"两个极端。

（2）追崇时尚文化。标新立异，喜欢不平凡的生活，是青年人的特点。大学生最具超前意识，他们渴求紧贴时代脉搏，乐于接受新事物，新思想，体验新生活。对于阅读也是这样，面对"时尚"和"流行"文化有着敏锐的眼光，但也容易盲目跟风。当今大众休闲文化中的所谓"拜金风"、"滥情风"、"戏说风"和"恶搞风"，正是反映了时下一部分人提倡自我实现、贪图享受、猎奇逆反的心理。这些所谓的"文化"正日益侵蚀和践踏着经典文化，腐蚀着我们传统的民族文化和人文精神，对大学生读者不可避免地带来负面影响。

（三）阅读结构上的特征

（1）随意性大，计划性差。部分大学生阅读存在较大的盲目性，要么跟着兴趣走，要么跟着考试走。

（2）结构不够合理。大学生阅读的书籍中，技能型、实用型的书籍所占的比例较大，相对而言，他们比较注重实用学科，而在基础学科方面则比较薄弱。

（四）阅读方式上的特征

阅读方式越来越呈现多元化。数据库、网络文献、电子文献、多媒体、电视甚至MP3、MP4、随身听等数码产品都已成为大学生"阅读"的对象。书籍阅读一统天下的局面一去不复返。尤其是网上阅读习惯的形成，正日益改变着大学生的阅读方式和生活方式。

三、开展大学生导读的有效举措

面对大学生阅读出现的新变化、新特点，高校图书馆应通过及时有效的导读，正确引导他们多读书、读好书，将图书馆馆藏所荷载的社会文化、价值取向、科学思维、道德观念等精神食粮渗透到大学生心中，通过阅读把深层次的文化构建与先进文化建设统一起来。在构建和谐社会中，大学文化能够批判地吸纳社会大众文化，抵制腐朽思想和错误思潮，彰显主流文化的先进性和科学性，并通过各种媒介和载体展示于社会，从而起到为和谐社会的构建发挥"文化示范"和"文化航标"的作用。那么，高校图书馆如何开展导读、采取哪些措施才能有效地对大学生阅读提供帮助呢？

（一）提供人性化的文献藏阅方式、建立学科导航是导读工作的基础

首先，从根本上说，一个图书馆的文献藏阅方式能否实现科学化、人性化，直接影响读者借阅图书的效率和满意度。我国高校图书馆的传统服务与管理模式最大的不合理性就是以文献的类型来进行藏书布局和机构设置，对图书馆的功能和藏书划分过细。例如，阅览往往分成中文图书阅览、外文图书阅览、现刊阅览、过刊阅览、特藏阅览、声像阅览等。阅览室又按职业（教师、学生）、学科（文科、理科）和语种（中文、外文）划分成多个阅览室。书库分中文书库、西文书库、俄文书库、日文书库等。中文书库下又分文科书库和理科书库。这样层层划分的结果，使得一种文献可能在几处收藏，使读者疲于奔命。从事咨询和阅览工作的同志，"某书在哪里"这类问题几乎天天碰到。所以，只有将"书本位"观念向"人本位"转移，建立"藏、借、阅、查、咨一体化"的"全开放""一站式"的服务管理模式，按学科进行藏书布局设置，实现相近专业的资源共享，才能充分提高文献利用率。另外，图书馆还要提供明确的导读标志指引文献收藏和划分的区域，从根本上解决读者到图书馆借阅时的"迷茫"状况。

其次，图书馆要建立学科导航机制。大学图书馆针对教学和科研服务，其读者对文献信息的需求一是学科专业性较强，二是同学科相关专业的交叉性较强。因此，组织一批熟悉本馆文献资源、又具较强文献信息检索能力、能为读者提供深层次信息服务和导航的资深馆员，建立专职或兼职导航工作机制，十分必要。

（二）把握导读先机，抓好新生入馆教育

导读工作应从新生入校抓起，将导读工作有机地融入学校开展的新生教育活动中去。新进校的大学生可塑性强，容易接受引导。图书馆可充分利用这一特点抓好新生入馆教育。入馆教育的内容包括：

（1）组织新生参观图书馆：以浩如烟海的图书文献、幽雅有序的读书环境、浓郁的书卷气息和活跃的学术氛围吸引和感染他们，建立起新生对图书馆的第一良好印象，使其对图书馆产生神圣感与亲和力，从而激发他们读书学习的欲望，同时为进一步培养其文献信息素养和开展导读工作奠定基础。

（2）开展新生入馆教育培训：通过讲课或讲座，介绍图书馆的馆舍布局、文献资源收藏与分布情况，教会新生查阅和获取文献资料的方法与技能，帮助他们初步了解图书馆借阅规则和行为规范。

（3）通过向新生发放图书馆编印的《图书馆使用手册》和观看图书馆拍摄的《怎样利用图书馆》专题片，进一步巩固和加强新生对图书馆的全面认识；并在图书馆网页和图书馆大厅检索机上安装《图书馆利用指南》课件，读者遇到问题可以随时点播。

实践证明，新生入馆教育工作开展得好，不仅能够使新生尽快熟悉和利用图书馆，减轻图书馆工作人员对他们重复讲解借阅规则和方法的劳动强度，而且对培养读者文明素养，确立良好图书馆文化起到事半功倍的作用。

（三）指导大学生制订正确的读书计划

大学生活丰富多彩，大学时光转瞬即逝；书海无涯，精力有限。人们不可能也没必要穷尽天下所有书籍。再者，书籍也有良莠之分。余秋雨先生在谈到关于青年阅读时说："毫无规律胡乱借书的很难有希望，穷几年之力死啃一大堆名著的也不会有太大的出息；借书卡上过于疏空的当然令人叹息，借书卡上密密麻麻的也叫人摇头。"因此，帮助大学生学会选择和确立正确的阅读原则，是大学生导读工作首先要解决的问题。

其一，大学生阅读要有目标性。大学生都有自己的专业、研究方向和各自的兴趣爱好。阅读目标或方向一般按照自己的研究方向或兴趣爱好来确定。借阅目标或方向一旦确立，就要保持相对的稳定性。否则借阅无目的，凭一时兴趣，朝三暮四，终将一事无成。

其二，大学生阅读要有选择性。目标确定后，就要按照目标选择图书了。但是，选择哪些图书合适呢？图书推荐是导读工作的一个重要分支，它一方面将图书推荐给读者，为书找人；另一方面满足读者的各种需求，为人找书。图书馆既要联合各教学院、系教师，或学术专家制定供不同专业学习的"专业必读书目"，也要提供权威的、有普遍指导意义的"导读书目"，借此帮助大学生选择图书（如教育部推荐的"中文系学生必读书目""大学生必读书目"等）。书目推荐就像航行的灯塔，为学生书海遨游照亮航程。

其三，大学生阅读要有计划性。读书的计划性是指阅读时要科学地规定阅读时间、内容、顺序和方法，做到心中有数。制订阅读计划一要注意循序渐进。任何一门知识都有其自身发展的内在规律，体现着由简到繁、由易到难、由点到面、由浅至深的阶段性规律。一般来说，低年级的学生在阅读时应配合课程安排，根据各自不同的起点选读与教材相当，针对性较强的参考书。高年级学生应强调在坚实的基础上参阅起点高、联系面广的不同风格的参考书与专著进行渗透性学习来培养研读能力。二要注意旁征博引。知识门类之间是相互联系的，制订阅读计划不能单一。作为具有综合素养的现代人，仅仅掌握专业知识是远远不够的，对于能够体现人文精神的包括文、史、哲、艺术、历史、伦理、美学等方面的书籍都要有重点地、有步骤地将其列入读书计划中去。

其四，大学生借阅过程中的导读——设立全新概念的咨询台。大学生在借阅过程中遇到的问题和困难可以随时通过图书馆建立的导读和咨询系统来解决。该系统的外部形态就是全新概念的咨询台，它是一个建立在网络技术之上的提供咨询和导读服务的"信息岛"。由具备专业素质的咨询馆员和在图书馆各个网络终端支持他的学科馆员共同承担咨询业务。咨询台的服务对象包括面对面的读者和网络系统上的读者。对于疑难问题，咨询馆员可以依靠网络技术的支持，通过由学科专家、咨询机构介入的智能化平台（Question point）进行联合咨询。图书馆一线服务窗口遇到无法解决的咨询问题也可以通过网络交给咨询台调度处理。这样，咨询问题可在系统内共享，读者从而获得更全面，更快捷的服务。

（四）大学生网络阅读导读的有效手段

新时期，伴随现代信息技术的广泛应用和网络信息资源的急剧增长，大学生网络阅读意识与能力的培养是图书馆导读工作的又一新课题。为此，图书馆要着重做好以下工作：

一是开发网上虚拟馆藏，为大学生网上阅读提供优质精神食粮。一方面，要针对学校的发展和读者的需求，突破传统馆藏文献资源的界限，对网络信息资源进行收集、整合，通过签署网络协议和购置数据库等手段，使本校读者在图书馆网站上能够轻松阅读、下载所需文献。如笔者所在图书馆引进或购买了中国期刊全文数据库（CNKI）、万方、维普、书生、超星等中外文文摘及全文数据库10余种、局域网中央数据库中外文书、刊目数据12万多条。

一方面，全天候24小时为读者服务，实现社会资源的馆藏化；另一方面要有选择、有计划地对本校重点学科、特色专业文献进行收藏与开发。每一所高校都有自己的优势专业和独具特色的文献资源积累。本校师生的教学科研成果、学生的优秀毕业论文等,反映了一个学校整体的教学和科研水平,图书馆要按其学科、专业、知识结构等进行收集、分类和加工,并编制索引、文摘,与符合要求的馆藏纸质文献及其他载体文献整合、转化为数字文献,建立本馆"专而精"的特色馆藏数据库投入网络共享,实现馆藏资源的网络化。例如,笔者所在图书馆依据自身所处洛阳九朝古都"河洛"地区的独特地理、人文环境以及特色馆藏和学科优势,自建的"河洛文化文献专题数据库"已作为中国高等教育文献保障系统(CAMS)"十五"期间专题特色库子项目通过了国家验收,投入使用取得了良好效益。

二是做好大学生网络阅读的导航工作。由于网上信息资源数量庞大,内容包罗万象,给读者迅速准确查找信息带来一定的困难。图书馆要把网上相关信息资源进行有效的组织并编制与之相配套的二次文献,形成特定读者需要的序列化的有效信息,以引导读者快捷、准确地查找所需文献。

三是培养大学生检索和利用网络信息的能力。首先,高校图书馆应加强检索技术教育,使学生面对网上庞杂的文献信息能够熟练检索、迅速获取自己所需文献。其次要培养大学生鉴别错误信息和垃圾信息的能力。网络传媒的特点决定了其必然是一把"双刃剑",它在造福于人类的同时,又在无情地损害着人类的文明,网上信息垃圾、信息污染及暴力和色情传播已成为全球的公害。高校图书馆一方面要充分利用网络优势开展德育教育,用正确、积极、健康的思想文化占领网络阵地,推进精神文明建设;另一方面还要引导、帮助学生正确处理好学习与上网的关系,避免学生沉溺于网络虚拟世界,荒废学业。

四是为大学生提供完善的网络服务。随着网络技术的普及应用,高校的读者服务工作已从传统的、被动的、单一的方式,转变为形式多样的交互式服务。已不再局限于面对面的借借还还,而是主动地为读者提供全方位的、快速的知识信息服务。要满足读者通过联网计算机在任何时间、任何地点对图书馆的馆藏资源进行检索和信息浏览的需求。除了在图书馆主页上提供网上数据库导航、新书导读,设立新书流行排行榜,便于读者网上信息检索和利用有关网上预约、续借、馆际互借、电子文献传递等服务外,还要注意在网上提供电子公告、BBS论坛、咨询专家介入的智能化平台(Question point)等,解答读者疑难、收集读者反馈信息和意见,与读者互动,及时有效地指导网上阅读。

五是建立读者组织,指导开展形式多样的读书活动。图书馆在大学生读者中建立起读者组织,如读书爱好者协会或读者俱乐部,以此为依托,增进图书馆与读者之间的沟通和了解,并开展多种形式的读书活动,从而使读者更加有效地利用图书馆和扩大图书馆在读者心目中的影响是一种很

第五章 科学发展中的高校图书馆学科化信息服务

好的导读措施。

第一，关于组建"读书爱好者协会"。首先，图书馆组建"读书爱好者协会"（以下简称"协会"）要获取所在高校宣传部、团委、学生处、院系辅导员的关心和支持（如聘请他们做顾问和经常保持联系等），这一点很重要，能获得他们的支持，协会作为一个组织才具有权威性和号召力（如协会举办活动需发奖状或证书，能由校宣传部、团委、学生处和图书馆联合签章对学生来说较具意义），读者活动才可以上规模、有声势。其次，要获取图书馆领导的重视和财力支持，为协会开展活动提供场地和经费保障。有了这两样，协会开展读者活动就顺畅得多。活动开展得好，能得到学校和图书馆领导的重视，反过来促使他们更加支持协会工作，从而使协会工作步入良性循环的轨道。再者，要郑重地制定协会章程、组织机构和活动制度，并坚持不懈地贯彻执行。

协会的性质是学校图书馆、宣传部、团委、学生处支持下的大学生群众性的业余读书团体，业务上接受图书馆的指导（由图书馆指定专人做指导教师）；协会是图书馆联系广大读者的桥梁和纽带，是图书馆充分发挥教育和情报职能、更好地为教学科研服务的一支可借助的有生力量；协会以"组织会员看书学习，探讨读书治学门径，激发读书热情，引领校园文化意识，引导大学生多读书、读好书，走读书成材的道路"为宗旨。协会通过开展各种形式的读书活动，将教育性、知识性、趣味性寓于学习生活之中，丰富大学生业余文化生活。同时，协会还要明确规定会员权利和义务，如会员有义务协助图书馆开展读者工作，有权利享受图书馆对会员提供的诸如拥有"读者协会会员借阅证"，增加会员借阅权限，为协会干部、优秀会员增加学分等优惠政策，以调动会员积极性，凝聚协会向心力。

第二，关于开展读书活动的内容。读书活动的内容与形式要不拘一格、丰富多彩；要结合实际，不断创新。近年来笔者指导本校读者协会有计划地在全校范围内先后开展过诸如"多读书、读好书、用知识和理智战胜'非典'系列活动、"阅读文化经典，建设书香校园"系列活动、组织参加"2005河南青少年读书节"和举办"方正杯"（方正集团赞助）读书月等大型活动十余次，参与读者达上万人之多。图书馆、读者协会定期不定期地举办名人名家系列讲座、读书报告会、读书交流会、读者座谈会、读书演讲比赛、读书征文大赛、大学生书评展、评选"读书标兵"和评选"最受读者欢迎的图书馆员"等活动。连续多年举办的"河洛文化大讲堂"和"图书馆检索知识培训—小时讲座"，深受师生欢迎，作为校园文化的亮点，学校划拨专项经费予以保护发展。图书馆、读者协会办有"书苑"壁报和"读者"刊物；建立有读者协会网站，网站开设"协会新闻""读者园地""新书介绍""好书推荐""书评欣赏""信息沙龙"与"读者信箱"等栏目。鉴于读者协会在大学生中产生的较大影响，读者协会曾先后被评为校级大学生优秀社团和市级大学生优秀社团。2003年由于读者协会在"非典"期间的出色表现，被上级誉为"用书籍和知识抗击'非典'的模范单位"。2004年组织大学生开展的"阅读文化经典，建设书香校园"系列活动，受到河南省高校图书情报工作委员会的表彰，被评为"阅读文化经典，建设书香校园"先进单位。2005年读者协会荣获共青团河南省委授予的"河南省青少年新世纪读书计划"优秀组织奖。读者协会开展的读书活动历年来多次被新闻媒体报道，图书馆、读者协会的读书活动已成为学校亮丽的文化品牌，受到人们的关注。

四、大学生导读工作中遇到的问题

大学生导读工作在具体实践中会遇到许多问题和困难，但以下问题应引起我们的高度重视：

（一）导读存在认识上的误区

一方面，对于导读实施方图书馆来说，导读意识淡薄，只满足于借借还还，管借不管导，或者错误地认为导读是某一部门（如咨询部或咨询台）的事而把导读工作全部推给一个部门，导读工作缺乏协作精神，各部门之间不能统一协调，难以形成整体优势，致使导读效果不理想。导读工作是一项系统工程，它牵涉到咨、采、编、流、阅等各个部门。每一部门作为整体导读工作的一个组成部分，既要根据各自特点，分别承担各自的导读任务，还要进行横向交流，统一协调。例如，采访编目部应及时地向读者发布"出版动态""新书通告"；流通阅览部除了主动向读者介绍馆藏布局、热情指导读者查找图书文献外，还要定期统计公布诸如"读者分类借阅情况""热门图书点评""读者借阅排行榜"等信息，为读者提供借阅参考和激励机制。尤其是工作在一线直接接触读者的馆员，与读者面对面的直接辅导交流，是提供深层次导读服务和人性化服务的前提。

另一方面，对于导读接受方来说，存在部分大学生对导读缺乏正确的了解和认识，学习动力不足，不能主动配合和积极接受导读教育的实际问题。这就要求图书馆进一步加大导读教育和导读宣传的力度，参与读者的阅读实践，对读者的阅读目的、内容与方法给予积极的影响。

（二）导读工作缺乏制度化的有效管理机制

首先，高校图书馆导读工作的对象主要是大学生群体，他们的知识水平相对其他读者群体整体层次较高。文化知识肤浅、专业知识贫乏的导读工作者是难以履行其职责的,导读工作者应该是一专多能的复合型人才。由于历史和国情的原因,我国高校图书馆不同程度存在人员学历低、专业素养差、知识老化等现象。加上由于长期以来对图书馆导读、咨询和专业化服务认识不足,在图书馆队伍建设上片面地认为图书馆工作人员只需图书情报方面的专业知识和相对广博的常识就可胜任,在人才引进上偏重图书馆专业人才,而既懂图书馆专业,又有突出学科专业背景的人才较为缺乏。如果这种现状长期不能改变,势必影响导读工作的正常开展。因此,图书馆要有危机意识,一方面,要引进和留住人才,另一方面要通过培训和进修提高现有馆员业务能力和综合素养。其次,敬业精神和思想修养对于导读工作者也十分重要。目前在高校,图书馆工作者的社会地位和待遇不容乐观。面对单一的、枯燥的工作环境,导读工作者需要具备乐观向上、不怕挫折的心态和热爱读者的敬业精神。因为导读不是一个单纯的传授与灌输过程,其特点是非强制性的,它是温风细雨、润化无声的关怀。所以,没有对学生的一颗拳拳爱心,没有心与心的交流与互动,没有人性化的服务,就不可能真正开展好大学生导读工作。

（三）馆员队伍综合素质不能满足导读工作的需要

由于对导读工作的重视程度不够,没有建立完善的导读机制和行之有效的制度保障是许多高校图书馆导读工作开展不力的重要原因。比如,大部分高校都没有开设导读课,图书馆也没有设专职导读馆员,大多寄希望文检课和新生入馆教育替代导读工作。首先,我们要明确指出,导读工作和文检课的内涵是不同的,文检课是培养大学生如何从各种载体文献资源中找到和获取所需文献或信息的能力,而导读重在指导大学生怎样阅读以及根据读者的特点与需求向读者介绍与推荐阅读对象、教授阅读方法和培养良好阅读习惯等。其次,在高校,选修文检课的只有很少一部分学生,新生入馆教育则时间短、内容过于简单。大学生入校后,从不知如何适应大学阶段的阅读到毕业设计不知如何利用图书馆,都希望得到及时准确的专业指导。仅仅依靠文检课和新生入馆教育是远远不够的。图书馆应制订系统的导读计划,建立包括文检课教师、图书馆导读咨询专家和馆员在内的导读队伍,将导读工作经常化、制度化。有条件的学校可将导读课纳入学校教学计划中,使导读贯穿于大学学习的全过程。

第六章 高校图书馆社会化服务

第一节 高校图书馆社会化服务的历史渊源与现状分析

一、高校图书馆社会化服务的历史渊源

高校图书馆社会化服务并不是与生俱来的，是在高校教育理念不断改变、教育实践不断发展的基础上，以及图书馆服务功能不断改进和服务手段不断提高的前提下，是在全社会信息需求和知识需求日益迫切的形势下不断发展而来的。

（一）国外高校图书馆社会化服务的历史

1. 早期的大学图书馆发展及社会化服务[1]

国外图书馆社会化服务是随着大学及大学图书馆的出现和不断发展而逐渐发展的。

国外大学图书馆出现的比较早。据文献记载，在狄奥多西二世（Flavius Claudius Julianus, 332-363, 在位是361—363年）统治时期（406—450年），君士坦丁堡的哲学学院图书馆建立起来了。这所学校在此后数世纪一直存在，尤其在查士丁古一世（Zenon 或 Zeno, 426—91, 在位是474—91年）统治时期大为兴盛。大约在公元850年，君士坦丁堡大学建成，不久成为近东最有影响的学府，这所大学的图书馆也逐渐发展，对9至11世纪的拜占庭文化的发展起了相当大的作用。

到了中世纪，国外的大学数量逐渐增多。这一时期的大学大多数是教会开办的，主要是培养神职人员和国家公务人员。

起初，有名的大学是意大利北部的波伦亚大学。还有一所是由神学院发展起来的巴黎大学。巴黎大学对英国、德国的大学的兴起产生了很大影响。英国的牛津大学、剑桥大学相继成立，德国也成立了查理学院、海德堡大学等。到了16世纪初，从西班牙到斯堪的纳维亚，从英国到波兰，已

---

[1] 杨威理. 西方图书馆史 [M]. 北京：商务印书馆，1998.

第六章 高校图书馆社会化服务

经有了70多所大学。早期的大学没有设立图书馆。教授当然是有自己的藏书的，学生不是向老师借书，就是向书商买书，这些书商要从大学当局领到执照并受到大学的严格管理。随着大学规模的扩大，同一院系的学生组织起来，共同享用一批书籍。有时大家出钱买些书，有时还得到毕业生或大学教育赞助人的赠书，如此，逐渐地各院系开始掌管若干教学用书。大学图书馆就是这样建立起来的。

早期的大学图书馆的藏书来源，不像修道院图书馆那样依靠抄写，而大部分是来自捐赠。在一些大学，有时也募捐一些购书资金。然而，早期的大学图书馆规模都不大，直到15世纪末和16世纪初印刷书籍大量出现，大学图书馆的藏书才开始增长。

一般来说，早期的大学图书馆是从修道院图书馆派生出来的，因此在许多方面两者有相似之处。但有一点是有原则区别的，即修道院图书馆的重点在于保存图书，而大学图书馆则侧重于利用图书。大学图书馆是为培养和造就数以千计的学生服务的。这些学生毕业之后并不是隐退在修道院、毕业研究神学，而是走向广阔的世界，以他们所学的法律、哲学、医学等专门知识，再去教育别人。

美国在殖民地时期已经建立了若干大学，如哈佛大学、耶鲁大学等。进入19世纪以后，又新建了许多大学，如哥伦比亚大学、宾夕法尼亚大学、普林斯顿大学等。但是，建校初期大学图书馆一般来说是很不像样的。馆藏比较贫乏，也没有专职的图书管理员。大约从19世纪下半叶起，美国的大学图书馆开始走向近代化。

英国古老的大学图书馆经过几百年的经营，发展成为几百万册藏书的大图书馆。牛津大学、剑桥大学所属的学院，历史悠久，大多从15世纪起开始设立图书馆。他们的藏书不少来自捐赠，其中包括许多珍贵的抄本和摇篮刊本。19世纪下半叶新建的大学大半都建立起比较现代化的图书馆，如达勒姆大学、曼彻斯特的维多利亚大学、利物浦大学等。它们的多数都参加国家中央图书馆的馆际互借。

19世纪后半叶，德国大学图书馆的藏书量大幅度增长，除了大学总馆外，各院系、各科系的图书馆也有所增加。德国大学图书馆的藏书质量十分优良，图书馆的馆长大多又是图书馆界的泰山北斗，许多图书馆学的新观点、新做法常常发轫于德国的大学图书馆。

德国的大学图书馆也向校外的学者和研究人员开放，后来逐渐同大学所在地的州图书馆或市图书馆合并，即一馆兼作两用，既为大学的师生服务，又为州民、市民服务。

荷兰的阿姆斯特丹大学图书馆原先是1578年建立的市图书馆。1632

年，该市成立高等学校后，市图书馆变为学校图书馆。从此，该馆一直担负双重任务，既为大学教学服务，又向市民开放。19世纪时，罗马尼亚的大部分学校图书馆同时起着公共图书馆的作用，向社会居民开放。

2. 近现代高校图书馆社会化服务发展

19世纪后期到20世纪中后期，国外高校图书馆社会化服务进入实质性的实施阶段，服务范围逐渐扩展，服务内容逐渐增多，服务手段逐渐深化、改进，服务效果越来越好。

下面从运用最多的馆际互借这种方式说起。

馆际互借是图书馆协调合作的极其重要的一环，也是高校图书馆社会化服务的有效表现形式。图书馆之间的馆际互借的史实可以追溯到古代。不过，那是非常个别的、偶然发生的。中世纪在修道院之间也不是没有馆际互借的。当时借书的目的是为了抄写，或是为了阅读。到了近代，随着科研工作的进展和图书出版量的激增，馆际互借越来越具有巨大意义。馆际互借从不固定的形式逐步发展为有组织的、有明文规定的制度，从国内的互借发展成为国际的互借，而互借手段也逐渐现代化，从出借原书发展到出借原书的复制件，甚至利用电子计算机进行外借工作。

德国的科学研究图书馆在馆际互借方面有悠久的历史，据文献记载，早在1853年，普鲁士皇家图书馆就为不同类型的图书馆之间的合作采取过措施。到了1893年，正式制定了该馆同普鲁士各大学图书馆的馆际互借规则。英国的馆际互借中心的国家中央图书馆，它仿照德国，逐渐扩大互借范围。美国的馆际互借继德国、英国之后也发展起来。最早的馆际互借规则是1917年由美国图书馆协会制定的。美国的互借工作开展得比较广泛，仅在高等院校之间，估计每年就办理百万次以上的借书手续。[1]

在北欧各国和荷兰、瑞士等国，馆际互借工作素有成效。居民均可通过馆际互借从各种类型图书馆借用图书。在苏联，所有图书馆都毫无例外地必须参加全国性的馆际互借组织，以达到读者可从任何图书馆借到任何一本书的目的。进入20世纪，随着社会读者文献信息需求的日益攀升和现代化服务手段的普遍运用，国外高校图书馆社会化服务进入到一个全新的阶段。突出特点表现为服务项目更加多样化，服务手段更加现代化，服务内容更加精深化。其中有代表性的是美国、英国、德国、加拿大和日本。美国高校图书馆有权享受联邦政府的资金补贴，所以美国公立高校图书馆基本上向公众开放。耶鲁大学图书馆是一所对外无条件开放的图书馆，采

---

[1] 杨威理. 西方图书馆史[M]. 北京：商务印书馆，1998.

用全部开架的服务方式。俄亥俄州立大学没有围墙,任何人都可自带书包进馆看书或查阅资料。美国大部分高校图书馆为公众提供综合性的服务,如加州大学伯克利分校图书馆通过商业合作,将科研成果转化为工艺革新,创造了效益。[1]德国的大学图书馆同时承担着公共图书馆的职责,如法兰克福大学图书馆、汉堡大学图书馆、德累斯顿大学图书馆等。外来读者进入高校图书馆只需出示身份证或护照,将信息记录进个人信息诚信互联网体系。对图书馆员的要求比较高,一般要会三种语言,以便更好地为非德语各类读者群服务。[2]据有关文章报道,目前,德国的法兰克福大学图书馆,校内服务量仅有60%,而社会服务量却高达40%。[3]在日本,早在1990年向社会开放的大学图书馆就达97%。日本高校图书馆给校外读者提供最大限度的方便,只要有证明个人身份的证件,就可以办理借书证。加拿大、澳大利亚、芬兰、荷兰等国的一些高校图书馆也不同程度地实现了信息服务的社会化。[4]

(二)国内高校图书馆社会化服务的历史

1.我国近代高校图书馆的发展历程及服务方式的转型

我国古代虽有图书馆形式的机构,但没有称作图书馆。中国作为人类文明发源地之一,文献收藏与管理的历史由来已久,早在夏商时期甚至夏之前就已经存在专门的文献管理官员。西周时期,周天子及各诸侯国普设史官专门掌握典籍,此乃史上所说的"官守其书"。周文俊等认为:"先前文献记载有策府、天府、盟府以及室、周室、藏室等称呼。可能是分别收藏文献的处所……战国以前的这种藏书室就是中国图书馆的起源。"此后,历代封建王朝建立阁、台、观、宫、殿、馆、院等官府藏书机构,还有以岳麓、应天、石鼓、白鹿洞等为代表的书院藏书机构以及私人藏书机构与寺观藏书机构。我国古代图书馆事业非常发达,形成官府、私人、书院与寺观四大类型的图书馆。[5]近现代中国社会转型肩负着由农业社会向工业社会和知识社会转换的双重任务,图书馆在社会发展、文化传承、国民教育、经济增长与政治民主中发挥着至关重要的作用。

---

[1]陈兴凤,等.中外高校图书馆社会化服务的比较与借鉴[J].常州信息职业技术学院学报,2014(3).

[2]陈兴凤,等.中外高校图书馆社会化服务的比较与借鉴[J].常州信息职业技术学院学报,2014(3).

[3]赵玉贞.新时期高校图书馆社会化服务初探[J].图书馆界,2008(3).

[4]万文娟.中外高校图书馆信息服务社会化比较研究[J].图书馆学研究,2009(2).

[5]龚蛟腾.中国图书馆学的起源与转型[M].北京:国家图书馆出版社,2013.

国门洞开之后，西方传教士在华活动日益频繁，他们创办的教堂或教会学堂从沿海地区向内地迅速扩展，这些教堂或教会学堂通常附设简单的图书收藏室。1847年，法国耶稣会传教士在徐家汇创办"徐家汇藏书楼"，这是上海最早出现的具有近代图书馆性质的新型藏书楼。1871年，美国圣公会在武昌创办"文华学院"，这是我国内地第一所新式学校。传教士不仅创办上海徐家汇天主堂藏书楼等藏书机构，而且创办了"圣约翰大学"等附设图书收藏室的教会学校。有学者指出：20世纪20、30年代是中国教会大学图书馆的繁荣时期，16所教会大学图书馆都得到很大的发展，影响较大的有创办最早的圣约翰大学图书馆、实力最雄厚的燕京大学图书馆、影响力最大的文华公书林及享誉东南沿海的福建协和大学图书馆等。[1]

19世纪末以来，清政府逐步允许各级政府和社会力量兴办学堂，从而开创近代学校图书馆发展的新时代。1879年，外国教会在上海创办圣约翰大学，这是完全按照西方大学模式设立的第一所近现代意义上的大学。1895年，我国近代史上第一所官办大学天津北洋西学学堂宣告成立。1898年，几经筹备的京师大学堂终于落成，这标志着近代中国高等教育翻开崭新一页。高等教育的蓬勃发展，促使大学藏书楼／图书馆迅速兴起，北京大学藏书楼（1895年）、唐山铁道学院图书馆（1896年）、南洋公学藏书楼（1896年）、山东大学堂图书馆（1901年）以及京师大学堂藏书楼（1902年）的创办，就是新式学校图书馆逐步兴起的标志。清末创办北洋大学堂（1895年）、京师大学堂（1898年）和山东大学堂（1901年）等第一批官办大学，民国建立西北大学（1912年）、兰州大学（1912年）、武汉大学（1913年）、云南大学（1922年）和东北大学（1923年）等一系列国立大学及其他省立大学与市立大学。清末民初兴办的南洋公学（1896年）、复旦大学（1905年）、中国公学（1905年）、武昌中华大学（1912年）、民国大学（1912年）、大同大学（1912年）、朝阳大学（1912年）和南开大学（1919年）等，则是我国第一批私立大学。[2] 随着这些高等学校的成立，其相应的大学图书馆也纷纷问世。教会大学、官办大学和私立大学的图书馆，以及中等学校、初等学校的图书馆，共同组成我国的学校图书馆体系。

19世纪末到20世纪初期的高校图书馆，由于大多处于初建和完善期，其服务的对象主要是本校的师生，服务的内容包括文献借阅、宣传导读、

---

[1] 徐建华，陈林. 中国宗教藏书[M]. 贵阳：贵州人民出版社，2009.
[2] 田正平，陈桃兰. 中国近代私立大学创建考辨[J]. 现代大学教育，2007（4）.

编印专题资料和参考咨询等。涉及社会化服务，主要形式还是馆际互借，其他方式比较少见。

王植先生曾撰文总结了中国近代高校图书馆的历史作用。文章认为，中国近代高校图书馆事业的历史作用主要包括四个方面，即在革命进程中所起的作用，在教育事业发展过程中所起的作用，收藏珍籍，保存了大量文化遗产，起领头作用，推动图书馆事业发展。其中，在为教育教学服务中特别提到，高校图书馆应向社会开放的主张在近代图书馆界时有提倡，特别是到了20、30年代，呼吁者甚多。他们认为高校图书馆公开可使社会教育与学校合作，以学校图书馆补充社会民众教育设施的不足，于社会、学校和学生都有利，并提出了公开的具体对象和方法。

当时确有一些高校图书馆实行了对社会开放，如江苏省立教育学院图书馆开办了馆外扩充事业，"以谋书籍到民间去，达教育大众之目的"。并制定了具体目标，主要有以下三方面：①使学校图书馆与公共图书馆打成一片；②使学校教育与民众教育切实合作；③使教育工具——图书馆尽量活用。这一馆外扩充事业的内容包括开办民众图书馆、巡回文库、民众阅报处，以及做时事报告等。福州协和大学所办的"农村试验区"也是一例。为"开通民智"，该大学在农村设立民众阅报室，并将图书馆收藏的教育学系的儿童书籍借给该区儿童作为课外读物。武昌文华大学图书馆——公书林也对其他学校、机关与个人开放，并办理大学推广教育、巡回文库、书报阅览处等服务项目。此外，有许多高校图书馆允许校外学者、本校毕业生（已离校者）及当地居民利用。[1]

2. 新中国成立以来高校图书馆发展及社会化服务

新中国成立以来，我国高校图书馆虽然也走过了一条艰难曲折发展之路，但取得的成绩还是辉煌的。李广生和沈国强对我国高校图书馆新中国成立以来的发展做过专门研究，他们把这一阶段的发展之路分为四个时期，即稳健发展时期（1949—1957年），曲折前进时期（1958—1965年），遭受损失、发展停滞时期（1966—1976年），恢复、健康发展时期（1977—1999年）。[2]

新中国成立初期，新中国政府接管了高校图书馆，并进行整顿、改造、调整，充实了藏书。1956年，党中央发出了"向科学进军"的伟大号召，同年12月，高等教育部召开了第一次全国高校图书馆工作会，会议

---

[1] 王植. 中国近代高校图书馆事业的历史作用[J]. 高校图书馆工作，1987（1）.

[2] 李广生，沈国强. 中国高校图书馆事业50年[J]. 津图学刊，1999（3）.

总结了新中国成立以来图书馆的工作，明确了高校图书馆的性质、任务，制定了工作条例。此后，各高校图书馆积极响应号召，学习与借鉴苏联图书馆建设的经验，大力采购书刊，做好藏书整理、补充与调配工作，积极开展书刊借阅、参考咨询和联合目录、参考书目与索引的编制以及馆际协调、协作等工作，基本上满足了广大师生的教学科研需求。到1957年，全国高校图书馆已发展到229所，藏书达4000万册，比1949年增加了5倍。

1958年，在社会主义建设总路线的指引下，我国高校图书馆工作人员深受鼓舞，精神振奋，发挥了高度的积极性、创造性，破除迷信，解放思想，克服保守主义，全心全意投入到教学、科研服务中。在"文化大革命"中，高校图书馆遭受极其严重的破坏与损失。

1976年10月，粉碎"四人帮"以后，我国各条战线开始拨乱反正、正本清源，进行整顿。1978年8月，为整顿和加强图书馆工作，教育部颁布了《关于加强高校图书馆资料工作的意见》，这个文件的贯彻、落实，开辟了高校图书馆工作全面发展的新局面。这一时期全国高校图书馆增加到598所，藏书在100万册以上的高校图书馆达35所。书刊资料购置经费为5216万元，馆舍面积为132万平方米，工作人员为17297人。

1981年9月，教育部召开全国高校图书馆工作会议，这是一次催人奋进、解放思想的盛会。会上进一步明确了高校图书馆的性质、任务，成立了全国高校图书馆工作委员会及其秘书处，作为教育部主管全国高校图书馆工作的机构。此后不久，全国27个省、市、自治区和19个部委也相继成立了类似的工作机构，有力地加强了对高校图书馆的组织、管理、协调、咨询和指导工作。1981年10月，教育部颁发了《中华人民共和国高等学校图书馆工作条例》，使高校图书馆纳入法制轨道。到1986年，全国高校图书馆事业的规模进一步扩大，经费相当充足，藏书大量增长，招聘了大量的专业人才，并开始做改革的尝试，调整了机构，加强科学化管理。这一时期高校图书馆增加到1053所，文献购置费为1.47亿元，比1980年净增9484万元，藏书增至3.175亿册，为1956年的10倍，馆舍面积为272万平方米，工作人员为32779人，比1980年增加了15482人。

从1987年起，我国高校图书馆进行全方位的改革，计算机应用进入实用阶段。1987年，高校图工委改称高校图书情报工作委员会，对全国高校图书情报事业进行协调、咨询、研究和业务指导，并参加了部际图书情报协调委员会。同年7月，国家教委颁发了《普通高等学校图书馆规程》，根据此规范性文件，各高等学校图书馆进行了一系列全面的改革。进入20世纪90年代，随着我国经济体制的转换，社会信息化进程加快，书刊价格猛涨，高校图书馆面临着严峻的挑战和考验。1994年，国家实施"211工程"

计划,加大了资金投入,图书馆为高校受益最大的单位之一。许多高校图书馆以此为契机加快了计算机等现代化技术的应用,组建图书馆自动化集成系统、局域网、校园网、专业网,连接中国教育科研网(CERNET)、国内CNPAC、CNDDN、CHNET与国际互联网INTERNET,建立一批数据库,建成多功能的电子阅览室,开展国际联机情报检索、光盘检索、电子信息服务。图书馆已成为高校的文献信息中心。1994年年底,全国高校图书馆有1080所,藏书量达到4.1亿册(件),为1980年1.9362亿册的2倍,工作人员38162人。1995年馆舍建筑面积为550.83万平方米,比1984年272万平方米增长了100%,为1980年的4倍多。从1980年开始,国家投入的文献购置费逐年增长,1991年已达2.1亿元,为1980年的4倍。1999年开始的高校连年扩招,高等学校规模的迅速膨胀,高等学校的在校生人数猛烈增长,到2001年中国高等教育在校生总规模达到1214万人,与1998年的643万人相比,几乎翻了一番;2002年突破1400万人。

1999年1月,"面向21世纪图书馆自动化管理系统建设与发展"研讨会在北京大学图书馆召开,会议的议题集中在中外自动化管理系统的选择和评价上,对今后高校图书馆自动化管理系统的建设指明了方向。同年1月,包括高校图书馆在内的124家图书情报单位在北京共同商讨全国文献信息资源共建共享协作的大事。签署了《全国文献信息资源共建共享倡议书》,倡议按"资源共享,优势互补,互惠互利,自愿参加"的原则,建立了以国家级文献信息资源网络为主导,地区级文献信息资源为基础的全国图书馆文献信息资源共享网络。这样,文献信息资源共建共享工作又向前迈进了一大步,网络化、现代化建设与服务得以进一步发展。同年6月,"中国高等教育文献保障体系"(简称CALIS)作为"211工程"高等教育公共服务体系建设项目,已被国家发展计划委员会正式批准。旨在推进中国高等教育资源的合理优化配置,实现信息资源的共建、共知、共享,深化资源的有效开发和利用,提高高校教育和科研的文献保障水平。

1999年8月,教育部发出"教高[1999]5号文件"《关于成立"教育部高等学校图书情报工作委员会"的通知》。这更有利于高校图书馆相关部门开展工作,有利于整个高校图书馆事业的有序发展。

2000年4月,文化部牵头召集举行包括高校图书馆在内的中国数字图书馆工程建设联席会议,6月,时任国务院副总理的李岚清在《文化部关于中国数字图书馆工程建设有关情况的报告》上做了批示:"建设数字图书馆工程的主要目的,是有效利用和共享图书信息资源,有巨大的社会效益。"同年7月,中国数字图书馆工程建设联席会议主办"数字图书馆应用技术交流会"。并召开了中国数字图书馆工程建设专家顾问委员会会议,原则通过了《中国数字图书馆工程建设一期规划（2000—2005）（征求意见稿）》。从此，中国数字图书馆拉开了建设的序幕，高校图书馆成为数字图书馆建设的主力军。

2002年1月，全国高校信息素质教育学术研讨会在黑龙江大学召开。在这次会议上，首次将文献检索课学术研讨会改名为信息素质教育学术研讨会，具体表明图书馆用户教育又向前迈进了一大步。《普通高等学校图书馆规程》（教高[2002]3号）对高校图书馆的性质等做了更全面的阐述："高等学校图书馆是学校的文献信息中心，是为教学和科学研究服务的学术性机构，高等学校图书馆的工作是学校教学和科学研究工作的重要组成部分。高等学校图书馆的建设和发展应与学校的建设和发展相适应，其水平是学校总体水平的重要标志。"并对新时期高校图书馆的各个方面提出了新的要求。[1]这一时期我国高校图书馆发展的突出特点主要表现为：高校图书馆的规模不断扩大，藏书质量与人员素质不断提高；高校图书馆建筑面积扩大，图书馆办馆条件明显改善；高校图书馆计算机管理自动化与网络化迅速发展；高校图书馆管理得到改善，管理水平进一步提高；深化高校图书馆的读者服务工作，提高服务质量。[2]

20世纪90年代，随着我国逐步进入市场经济，高校图书馆一度也兴起了"市场热"，面向市场经济提供信息服务成为当时高校图书馆的一个重要的服务领域，也间接地开展了各种各样的社会化服务。主要的方式有编制二、三次文献和各种专题目录索引，为科研院所和企业提供课题跟踪信息服务，开展信息中介服务，开办书店，为街道和农村提供知识援助服务等。下面列举一些具有代表性的实例，以便说明当时我国高校图书馆社会化服务的基本状况。

上海交通大学包兆龙图书馆主动为山东枣庄的国土规划研究提供内容翔实、数据充分、论据可靠的情报信息，深受当地政府的重视，获得国家科委颁发的科技情报成果二等奖。哈尔滨工业大学图书馆为全国"高技术"会议提供的《新一代计算机》情报信息，引起计算机界的重视。

全国化工高校图书馆系统专门编印了《高校化工成果》刊物，宣传介绍各高校的科研成果，受到全国化工界的欢迎。有的索要样品，有的要求当面洽谈，在促进科技成果转化为生产力方面，起了较好的中介作用。东北农学院图书馆根据平时掌握的社会需求信息，组织辅导教师学生选题、

---

[1]龙润琛.新中国高校图书馆发展历史研究[D].山东大学，2008.
[2]黄宗忠，徐军.20世纪后半期的中国高校图书馆事业[J].图书与情报，2000（4）.

剪报,当年就收集肉鸡、蛋鸡等种源信息二十多个专集,专题资料六十多个。请校内教授作顾问,编辑出版《肉鸡饲养技术精选》《实用养鹅技术精选》等,为专业户、养殖企业提供服务,收到了良好的社会效益及经济效益。[1]北京农业工程大学组织编写的《中国农机化发展概要》等情报类读物,已推广到全国2000个县及省级、中央级的部分部门。[2]

佛山大学图书馆是从1990年开始向社会开放的,自开放以后,来佛山大学图书馆查找和利用资料的企事业单位的干部和科研人员明显增多。例如,《化学文摘》,外单位的利用率比本校师生的利用率还要高。学校附近有几家工厂,其中一家是佛山铜管厂,他们从英国引进了一套生产设备。为了搞好设备的消化吸收,他们的工程技术人员经常来图书馆查阅资料。通过查阅《耐火纤维应用》一书,与该书作者取得联系,由作者介绍该厂购买了目前国内生产的最优质的耐火纤维产品,代替了英国产品,节省了大量外汇,并缩短了运输时间,保证了生产。此外,图书馆的情报资料为他们提供了许多信息,使他们能顺利地与上海、兰州、吉林等尿素厂合作,用国产石墨电极加热元件代替进口产品,每年为企业节约上万元的资金。又如,佛山聚酯薄膜厂,通过到佛山大学图书馆查找资料信息,了解和掌握了聚酯漆的最新配方和生产工艺,成功地生产出聚酯漆,并投放市场。[3]

武汉工业学院图书馆采取立足本校兼顾社会的信息服务原则,开展信息服务工作取得了可喜的成绩。1995年,他们根据油脂工程系的科研方向——"95油脂最新实用技术",推出了"油脂最新实用技术100条",同时该馆对这100条专题进行标引,实现了全部的全文检索。油脂工程系利用这些资料,对这些专题进行深入探讨、研究和实验,形成了相关的实用、适用、新型的技术信息推向社会。短短三个月,100条专题中反馈信息32条,与37个厂家建立了联系,获咨询费5000余元,取得良好的社会效益和经济效益。

进入21世纪,高校图书馆社会化服务得到较快发展,突出表现为:开展的活动更为多样化,面向社会读者借阅图书、举办培训讲座,利用发达的网络及各类数据库面向社会开展服务;区域化、集团化服务形式明显,如北京地区高校图书馆联盟、深圳大学城图书馆等的集团社会化服务;服务内容精深化,不仅有基础性的图书借阅、图书馆主页浏览等服务内容,

---

[1] 胡桂生. 面向社会服务拓宽高校图书馆情报工作领域[J]. 吉安师专学报,1994(14).

[2] 吕福玲. 高校图书馆开展科技信息服务的思考[J]. 情报杂志,1995(4).

[3] 于健萍. 地方高校图书馆为企业提供信息服务问题探讨[J]. 高校图书馆工作,1996(3).

而且还提供专业性、技术性较强的参考咨询、科技查新、读者培训、专题信息、学科信息等方面的服务。至此，我国高校图书馆社会化服务走上一条比较规范、繁荣和快速发展的道路。

二、我国高校图书馆社会化服务的现状分析

我国高校图书馆社会化服务，在近十几年来进入到一个高峰期，不仅是向社会开放的高校图书馆越来越多，而且提供的服务项目越来越丰富，服务效果也越来越好。

（一）基本现状

1. 高校图书馆社会化服务基本状况

纵观近些年我国的高校图书馆，在向社会开放这个问题上不仅在理论上达成了共识，而且在具体实践中已迈开步伐，走向社会，高校图书馆社会化服务工作在不断地进步。从具体情况来看，规模较大、资金充裕的"985""211"高校起步较早，动作较大，处于中等水平的大学图书馆基本是开始起步，走出实质性的一步，而规模较小、资金比较贫乏的高校图书馆有的还没有开展此项工作。为比较全面地了解我国高校图书馆的社会化服务状况，我们先看看几份学者的调查案例。

2011年，王玉林等人以教育部人文社会科学研究规划基金项目"高校图书馆面向社会开放的制度与法律问题研究"为平台，对高校图书馆社会化服务状况进行了调查，基本情况见表5-1。通过对调研数据进行统计分析发现，高校图书馆社会化服务程度普遍偏低。向社会开放的高校图书馆只占被调研图书馆的16.74%。同时，高校图书馆因所在区域不同，开放情况存在很大差异。例如，广东省向社会开放的高校图书馆占实际调研图书馆的26.7%，河北省为16.7%，而青海和西藏所占比例竟为0。[1]同时，根据调查的其他结果显示，高校图书馆社会化服务中还存在着资源限制严重、服务内容不统一、服务对象范围狭窄、收费不合理等现象。

---

[1] 王玉林，曾咏梅，崔然，等. 我国高校图书馆面向社会开放现状调查[J]. 图书与情报，2011（6）.

表5-1　面向社会开放高校图书馆统计表

所属地区	实际调研图书馆数	对社会开放数	所占比例(%)	所属地区	实际调研图书馆数	对社会开放数	所占百分比
北京市	62	31	50.00	安徽省	86	12	13.95
广东省	101	27	26.73	内蒙古自治区	29	4	13.79
天津市	36	9	25.00	湖南省	76	10	13.16
广西壮族自治区	53	13	24.53	福建省	54	7	12.96
四川省	64	15	23.44	重庆市	39	5	12.82
黑龙江省	54	11	20.37	河南省	76	9	11.84
浙江省	69	13	18.84	江西省	59	6	10.17
江苏省	108	20	18.52	湖北省	80	7	8.75
贵州省	27	5	18.52	新疆维吾尔自治区	23	2	8.70
宁夏回族自治区	11	2	18.18	山西省	47	4	8.51
吉林省	39	7	17.95	陕西省	68	5	7.35
河北省	72	12	16.67	甘肃省	28	2	7.14
山东省	105	17	16.19	云南省	33	1	3.03
海南省	14	2	14.29	青海省	4	0	0.00
辽宁省	71	10	14.08	西藏自治区	4	0	0.00
上海市	57	8	14.04	所有高校	1649	276	16.74

赵国忠撰文对兰州市高校图书馆开展社会化服务的情况进行了调查。从调查的结果来看，兰州市高校图书馆的社会化服务大多仍处于起步或低层次阶段，只有个别图书馆开展了正规化和常规化的社会化服务。这项工作开展最好的应是西北师范大学图书馆。2008年3月，他们和兰州市安宁区图书馆签署协议，规定只要是双方的正式读者，都可以凭借书证件借阅西北师范大学图书馆或安宁区图书馆的图书。这份协议，不仅首开兰州市高校图书馆与地方公共图书馆资源共享的先河，而且还使本地高校图书馆的社会化服务工作迈出了坚实的一步。其他高校图书馆，尤其是本科院校图书馆，仍然保持着馆际互借和临时接待社会读者的服务。

祖力纳选取108所"211高校"，对其图书馆网站的有关信息进行调查，阅读图书馆的规章制度、读者服务、个性化服务等内容，对各高校图书馆开放服务的程度进行分类，从规章制度中得出高校图书馆对校外读者开放程度，读者服务中可以得出高校图书馆对校外读者的服务范围。然后以4个指标（是否有收费的服务，是否对校外读者开放借阅服务，图书馆网站信息是否有专门的校外读者说明，是否有针对读者的个性化服务）对108所高校图书馆开放服务的程度进行统计。

通过调查发现，已有75.9%的高校图书馆对校外读者提供图书馆借阅服务，开放服务已经得到我国高校的普遍认同。70%的高校图书馆通过设立咨询部、情报部，对读者开展定题服务、跟踪服务、代查代检、课题查新等服务，取得了社会效益和经济效益，吸引了更多的校外读者。

从结果上看，东部、中部、西部地区的高校馆符合第一指标的数值分别为77.6%、72.7%、75.0%，与"211高校"图书馆符合第一指标的数值75.9%都很接近，这表明3个地区的高校图书馆在对开放服务的认可度上无大的差别。[1]

欧亮、万慕晨采用网络调查法搜集资料，选取39所"985工程"高校图书馆作为调查样本，对其社会化服务状况进行了调查分析。调查结果表明，虽然被调查的39所高校图书馆向社会开放程度不一，但它们都以不同形式向社会开放，其开放形式主要包括阅览、借书、上网、科技查新、文献传递和查收查引，有的高校图书馆还向社会提供定题和专利等服务。有7所在网站首页专门设置了社会服务的入口，仅占被调查对象的17.95%；有17所把关于社会服务的规章制度系统有序地集中在图书馆网站同一条目下，占被调查对象的43.59%。有31所允许社会服务对象进入图书馆阅览，占被调查对象的79.49%；有19所允许社会服务对象进入图书馆借书，占被调查对象的48.72%；有11所允许社会服务对象进入图书馆上网，占被调查对象的28.21%。但这些向社会提供办证服务的高校图书馆，大部分对办证者有诸多限制，如仅对校友、合作企业办证，办证时不仅要求提供身份证明、单位介绍信、照片等材料，还需交纳办证押金和服务费等。被调查的39所高校图书馆中，有38所允许社会服务对象进行科技查新，占被调查对象的97.44%；有31所允许社会服务对象进行文献传递，占被调查对象的79.49%；有32所允许社会服务对象进行查收查引，占被调查对象的82.05%。同时，大部分高校馆都在其网站首页为此3项服务提供了入口。[2]

---

〔1〕祖力纳.高校图书馆面向公众开放服务的现状调查[J].现代情报，2013（4）.
〔2〕欧亮，万慕晨.我国"985工程"高校图书馆向社会开放的调查分析[J].图书馆学研究，2015（4）.

唐晓阳通过网站对深圳的深圳大学城图书馆、深圳大学图书馆、深圳职业技术学院图书馆、深圳信息职业技术学院图书馆和深圳广播电视大学图书馆五所图书馆的信息社会化服务现状进行调查。结果发现，除深圳信息职业技术学院图书馆网站无法访问外，其余4所高校图书馆均参与"图书馆之城"建设，面向社会开展文献提供服务，3所高校开展信息咨询和信息增值服务，促进地方自主创新和社会经济发展。同时用同样的方法对广州市85所高校图书馆社会化服务进了调查。除11所图书馆的网站无法访问外，其余74所均实现校内电子资源共享服务。调查显示：具有培养研究生资格的公办本科类综合性大学图书馆是开展社会化信息服务的主力，这类大学有25所，而民办、独立学院和成人高校图书馆，则罕有开展。在文献提供服务方面，有14所高校可办理临时借阅证，但需收取押金或服务费，对社会用户限制开放；有18所高校提供馆际互借服务，文献传递服务有25所；在信息咨询服务中，具有科技查新服务资格的图书馆有11所，提供定题服务的有25所，代查代检有25所；在信息增值服务方面，有23所公办本科类高校分别开展了自建特色数据库、专题信息汇编、主办专业信息杂志等服务。但是与深圳高校图书馆普遍开展社会化信息服务的现状相比，广州提供此类服务的高校图书馆仅占29.4%，尚未发挥其应有的集群辐射力和社会影响力。[1]

黎炳明撰文总结了广西北部湾经济区高校图书馆社会化服务的基本状况，这些调查为更好地开展社会化服务提供了坚实基础。作者通过网络多次访问北部湾经济区内15所本科院校图书馆网站上的"本馆概况"或者"本馆简介"，调查每所图书馆馆藏文献资源现状。

截至2012年12月，北部湾经济区内各本科高校图书馆的馆藏文献总量为2428多万册，文献总量大，信息资源丰富，部分高校图书馆建设了特色馆藏，并且还有一些馆开展了特色信息服务。随着北部湾经济建设的不断深入，北部湾经济区一些高校图书馆开始走出高校的围墙为地方的政府机关、研究院所、企业等开展信息服务，如南宁地区教育学院与广西钦州保税港区管理委员会结对子；钦州学院图书馆从2011年开始面向社会公众免费办理借阅证，为包括本地的院校、政府机关、工矿企业办理了156张借阅证，本文作者就曾于2011年为广西钦州保税港区管理委员会开展了信息检索技能培训活动。[2]

---

[1] 唐晓阳."图书馆之城"建设中高校图书馆社会化信息服务刍议[J].高校图书馆工作，2015（4）.
[2] 黎炳明.北部湾经济区高校图书馆社会化信息服务能力调查分析[J].图书馆学刊，2014（1）.

张杰通过实地调查、网络调查、电话咨询等调查方法对安徽大学、合肥学院和安徽医科大学三所高校图书馆的社会化服务情况进行了调查，并从开放对象及人数、开放时间、是否收费及标准和借阅量及借期四个方面分析了三所高校图书馆的借阅服务情况。其基本情况为：安徽大学图书馆开放阅览但不外借，其中开放的图书馆指的是老校区的逸夫图书馆。开放时间除了一、二、七、八月份和国家法定节假日，每月选择时段面向附近社区居民及外校师生读者开放部分资源。开放的阅览室为中文图书借阅室、中文社会科学和自然科学期刊阅览室、中文合订本期刊阅览室，每个阅览室每次可接待50人。此外，对于图书馆的网络课程资源，常年对全校师生开放，部分资源社会读者可浏览。安徽医科大学图书馆可开放的资源有电子资源和纸质资源。

限于在本馆阅读浏览的纸质资源包括社科类、医学类等20余万册图书。开放时间为每年3月10日至5月31日、9月10日至月30日。节假日开放时间另行通知。安徽医科大学图书馆社会读者入馆需办理"临时阅览证"，进馆阅读免费，但图书馆内电子资源阅览按流量收取一定费用，为每小时1元。合肥学院图书馆要求社会读者办理借阅证，办证时需填写盖有公章的个人信息表，按单位集中办理。每个借阅证可以使用3年，到期后还可以续签。借书卡每卡可借阅中文图书5册，到期后还可续借1次。[1]

1988年，广东省五邑大学图书馆就向校外200名公民发放借阅证，开展社会化服务；1996年12月，深圳大学图书馆决定对社会开放；2002年，厦门大学图书馆宣布对社会开放；2004年，浙江林学院图书馆向当地市民免费提供阅览服务；2005年，信阳师范学院图书馆宣布向市民开放；2009年3月，山东大学威海分校、哈尔滨工业大学（威海）、威海职业（技术）学院等高校图书馆面向社会开放[2]。

2009年9月由河南科技大学与洛阳市政府共同投资建设的洛阳市图书馆、河南科技大学图书馆宣布动工，它将成为国内继深圳市科技图书馆之后又一家由高校与政府共建、兼具高校图书馆和公共图书馆双重功能的综合型图书馆。常州工学院图书馆将丰富的信息资源最大限度向社区开放，连续创办三个校外流动图书馆，服务普通百姓，赢得良好声誉。

2010年年底，该校图书馆与天宁区天宁街道合作，在青山湾和陶沙巷

---

[1] 张杰.高校图书馆服务社会化实证分析——以安徽地区三所省属高校为例[D].安徽大学，2015.

[2] 李栓民.地方高校图书馆社会化服务的实践与探索[J].农业图书情报学刊，2011（7）.

两个社区建立了"流动图书馆"和"陶然居"读者协会。

2011年3月,常州工学院图书馆兆丰社区流动图书馆在兆丰花苑"安家"。乐山师范学院图书馆与五马坪监狱共建图书馆。宁波大学图书馆下属的科技信息事务所与宁波市产品质量监督检验所共同组建了"宁波文教用品研究中心",为文教产品的质量技术标准收集与制定提供文献信息资源和人力资源。江西理工大学图书馆为各企事业单位人员设立了专门的电子资源查询阅览座位,到2011年已经为各企事业单位人员提供电子资源查询服务超过300人次。[1]

南京工业大学由校本部与江浦校区组成,校本部的创新大楼使用以来,图书馆积极探索最合适的方式满足入住创新大楼的企业发展的需要,在2009年4月正式向入住南京工业大学的企业开放图书馆,包括办理图书馆证件与使用图书馆的电子资源,极大地方便了入园企业员工的需要。其中,图书证工本费10元/证,使用服务费200元/证·年(自办证之日算起,未足一年按一年算),押金300元/证(证件注销时返还)。图书证的使用规则和本科生一样,一次借8本,借期为30天。中外文电子资源使用服务费5000元/企业·年(自开通之日算起,未足一年按一年算),一个企业最多申请5个账户,一个账户对应一个IP,账户到期后,未及时续费的,自动停止服务。同时,图书馆也购置了先进的打印机、复印机和工程机,积极服务于一些没有足够财力购买工程机的中小企业,满足用户的需求。与此同时,江浦校区图书馆于2008年正式进行部门的机构调整与重组,新建公共服务部,顺应图书馆信息服务的社会化需要,于2009年正式建成"工大书苑"和"咖啡馆"作为对外服务的部门,"工大书苑"如同一个图书漂流的跳蚤市场,给予本校学生和其他的一些外来人员更好读书的需要;而"咖啡馆"作为一所能休闲的场所,能够在满足社会信息服务的同时给图书馆带来一定的创收。[2]

我国台湾地区高校图书馆面向社会开放起步也较早,各高校图书馆几乎均面向社会开放。台湾地区《图书馆法》于2001年1月17日发布,迄今已有近15年。该法在第四条中明确规定高校图书馆的服务对象和设立宗旨——"大专院校图书馆:指由大专院校所设立,以大专院校师生为主

---

[1]李宏伟,罗任秀,邱春兰.高校图书馆开展社会化服务的探讨及实践——以江西理工大学图书馆为例[J].江西图书馆学刊,2011(4).

[2]裘定欣,钱婷,高莹莹.对高校图书馆信息服务社会化的思考[J].内蒙古科技与经济,2011(1).

要服务对象，支持学术研究、教学、推广服务，并适度开放供社会大众使用之图书馆"。在《大学图书馆设立及营运基准》和《专科学校图书馆设立及营运基准》总则中又再次申明：大学图书馆和专科学校图书馆是适度开放予社会大众使用之设施。有人撰文对台湾地区高校图书馆的社会化服务进行了调查。结果表明，台湾地区高校图书馆面向社会开放的内容、范围等因各校的情况迥异而有所不同。台湾地区高校图书馆服务对象的类型非常多样，常见的类型有本校学生（含访问生、交换生、选读生、预科生）、本校教职员工（含专任教师、兼职教师）、研究人员（含访问学者、短期约聘研究人员、研究助理）、馆际互借馆成员、志愿者、校友、退休人员、推广教育学员（类似继续教育学生）、合作机构（合作的研究机构、企业）、一般社会用户（含社区用户）、贵宾（即有特别贡献的人士）等。在调查的高校图书馆中，96%的样本高校图书馆为其校友提供服务，48%的样本高校图书馆为其员工眷属提供服务，92%的样本高校图书馆为其述及的一般社会用户提供服务，只有20%的样本高校图书馆为贵宾提供服务。

大多数的高校图书馆均开放社会用户持证借阅，即社会用户只要办理了借书证，就可以成为图书馆正式用户的一员，将享有与正式读者同样的权利。但是由于各校图书馆资源量、服务水准及开放幅度有所差异，其借阅规则亦会有所不同。以员工眷属服务对象为例，东华大学图书馆规定员工眷属的权限等同于其申请人的权限，而慈济大学则规定员工眷属的借阅册数与教职员工本人合并计算。台湾地区高校图书馆面向其述及的校友、员工眷属、一般社会用户以及贵宾等社会用户时，100%提供相关参考咨询服务，体现了以用户为中心的服务理念。对于高校自己制作的数据库以及征集的免费数据库或电子资源，台湾地区高校图书馆面向其述及的校友、员工眷属、一般社会用户以及贵宾等社会用户均100%免费提供使用。但是出于知识产权和成本的考虑，图书馆购买的数据库并非全部免费提供使用。[1]

2. 现阶段我国高校图书馆社会化服务的基本特点

（1）认识逐渐统一

虽然当下国内高校图书馆的社会化服务还不太普遍，但各高校图书馆对开展社会化服务的认识在不断地加强，逐渐从排斥到接受，再到想办法

---

[1] 胡爱民，王文.台湾地区高校图书馆面向社会开放现状分析及其启示[J].图书情报工作，2015（14）.

开展工作。

　　高校图书馆社会化服务观点一经推出，便成为业界关注的焦点。同时持"开放"与"不开放"不同观点的双方也展开了激烈的辩论。持"开放"观点的认为：高校图书馆的经费主要来源于公众，其应属于公众资源，所以有义务为公众服务；高校图书馆相对封闭，资源利用率低，对外开放可以提高资源利用率，并可以扩大高校的影响；同时提出公共图书馆事业基础薄弱，发展不平衡，拥有丰富信息资源的高校图书馆有必要伸出援手。持"不开放"观点的认为：我国图书馆类型十分明确，不同类型图书馆的职能不同、任务不同、服务对象不同，高校图书馆的职能明确是为本校教学科研工作服务的，面向社会开放并不是学校对图书馆的要求，即使公共图书馆事业基础薄弱，发展不平衡，解决社会民众休闲读书和信息需求的问题也不应让高校图书馆来承担，而且到目前为止，也没有任何相关的法规有明确的规定高校图书馆向社会开放。

　　从高校图书馆的实际情况来看，开展社会化服务是必然的，但同时也会给高校图书馆的正常运行带来诸多不便。例如，图书馆的馆舍面积、阅览空间、文献购置经费大都是与在校师生人数相匹配的，如果突然扩大读者群，很容易导致校外读者与校内读者争夺资源，基础资源都无法保证更谈不上优质高效的服务了。另外，工作人员的服务能力和图书馆的管理制度等，在社会化服务过程中都是不容忽视的问题。

　　因此，高校图书馆的社会化服务应该是有前提、有限制的开放，而非毫无约束的"面向所有民众办证开放"。[1]争论还在继续。但从建设小康社会、和谐社会的需求出发，从图书馆固有的本质职能出发，从高校图书馆馆舍、服务手段和信息资源的实际状况出发，近年来业界对高校图书馆社会化服务的认识已趋统一，认为开始这项工作是历史的必然。这种社会服务意识的增加，不能不说是高校图书馆社会化服务道路的一个明显进步。

　　（2）社会化服务不断深入

　　随着业界对高校图书馆社会化服务的认识不断增强，相应的工作也在不断深入。最初以北京大学、深圳大学为首的部分高校图书馆开始有限制地实行"部分开放"，成为社会服务实践中的领头羊，表明高校图书馆在开展社会化服务的道路上实现了"破冰之旅"。随后，国内其他高校图书馆开始陆续向社会开放，提供服务。那时候，对社会开放的图书馆主要是提供课题查新和部分馆藏资源的借阅。而这种开放是有限制的，如北京

---

〔1〕王宇.高校图书馆社会化服务研究[M].北京：中国社会科学出版社，2014.

大学、清华大学、中山大学等图书馆就要求，必须有单位的介绍信才可以办理临时阅览证，阅览证的使用局限在馆内的文献浏览，并不提供外借服务，而且阅览时间也仅限一天，同时还要收取部分费用。中国人民大学虽然提供免费的借阅服务，但也只是对于普通书刊而言，对于特藏资源的利用，也必须缴纳一部分资料费。随着计算机技术及信息技术的出现，信息的获取方式由原来单一的手工检索转向了计算机辅助检索。高校图书馆开始向社会读者提供参考咨询、信息检索等服务。这一时期，开展社会化服务的高校图书馆面向社会开展相应服务的限制条件较以前也有所放宽，社会读者凭借有效身份证件申请办理借阅证。入馆后，除了可以浏览、借阅图书馆的纸质实体资源外，还可以利用图书馆的电子资源。

20世纪90年代后期，信息技术进一步发展，信息的存储、传递和利用变得越来越便利，高校图书馆的社会化服务开始向更高层次迈进。随着图书馆信息资源类型的多样化和读者信息需求的新变化，高校图书馆社会化服务方式也发生了巨大变化，同时开展社会化服务的高校图书馆数量也在不断增加，各省市重点院校都不同程度地开展了社会化服务。还有一些高校图书馆向不同行业的用户开展了专题信息服务。例如，东南大学图书馆通过承接社会用户的科技查新业务开展社会化服务；暨南大学图书馆开展软硬件维修和企业咨询等服务。

（3）社会化服务范围不断扩展

随着高校图书馆社会化服务的开展，高校图书馆的服务范围也不断扩展，从最初的仅向本校的教师、学生和科研人员服务扩展到向社会团体提供服务，从社会团体扩展到所在区域内的公众，从本区域内的公众再扩展到全国范围内的公众，最后甚至可以从全国范围内的公众扩展到世界范围内的公众。

高校图书馆社会化服务的范围与其服务条件密切相关，最初相当一部分高校图书馆向社会用户服务的条件是：一要持有本人有效证件，二要必须有单位介绍信或者相关的担保书。这就将大量想进入高校图书馆的社会读者拒之门外。有的高校甚至规定，只有该高校所在地区的常驻居民才能进入该高校图书馆办理借阅证。还有一部分高校图书馆为用户提供的服务非常有限，比如只向社会开放少数书库，借阅的数量也非常少。这些条件也影响了社会用户的积极性。但近年来，随着高校图书馆社会化服务进程的不断加快、实践的不断成熟，高校图书馆社会化服务的限制条件不断减少，办证手续不断简化，使高校图书馆社会化服务范围逐渐扩大。例如，黑龙江大学图书馆的社会读者不需要持介绍信，持一寸照片和200元押金就可办证，在黑龙江大学图书馆办证的社会读者已有两三千人。

由此可见，虽然目前高校图书馆社会化服务的区域辐射面还比较窄，开放度也仍有限，但我国高校图书馆社会化服务范围一直在不断扩展，这不能不说是高校图书馆社会化服务进程中的一大进步。

（4）社会化服务项目不断丰富

随着高校图书馆办馆经费的逐年增多、办馆条件的逐年改善以及社会读者对文献信息越来越迫切的需求，高校图书馆社会化服务的项目也在不断丰富。高校图书馆的社会化服务最初从馆内阅览、文献复制向社会开放，逐渐过渡到缴纳一定押金后免费借阅。之后，高校图书馆的其他服务也逐渐向社会开放。

首先是图书馆的电子资源，如网络数据库、多媒体资源、特色资源等可以供社会读者利用，满足其对不同文献信息的需求。参考咨询服务也随着高校图书馆社会化服务的进程走入社会读者，为其解决了许多实际问题。对于本馆不能满足的资源，有些图书馆的馆际互借与文献传递服务开始向社会读者提供服务，以满足社会读者对资源广度的需求。同时，很多高校图书馆作为科技查新站，也对社会读者提供科技查新、查收、查引等服务，以满足社会读者对资源深度方面的需求。

有些高校图书馆有针对性地开展了各种培训与讲座，为知识普及和业务技能提升等提供新的途径。有些高校馆推出个性化服务，这是高校馆实行开放服务深化的结果。例如，浙江大学图书馆组织以咨询部老师为主的专家队伍，采取一一对应的服务方式，对读者提出的每一个个性化需求，都指定1~2位负责老师，与服务对象进行沟通和交流，直到解决相关问题为止。还有手机短信、邮件通知等，且均为免费服务。另外，一些高校图书馆根据自身的特点开展了一些个性化的服务，如举办特色展览、影视展播、读书节，开展各种书评、影评、征文、竞赛等。

不断丰富的服务项目，既是高校图书馆社会化服务的实际成果，也是对高校图书馆社会化服务的一种推动。虽然并不是所有高校图书馆的社会化服务项目都非常丰富，但是，分布在不同图书馆的这些服务项目，对于其他图书馆有重要的借鉴意义。其他图书馆可以在这些服务基础上，根据本馆特点，开展更加深入、实用的本土化服务项目，从而推进国内高校图书馆社会化服务的进程。[1]

（二）高校图书馆社会化服务的障碍因素分析

为了更好地服务社会大众，使更多的馆舍空间、信息资源和设备得到

---

[1] 王宇.高校图书馆社会化服务研究[M].北京：中国社会科学出版社，2014.

最大化地利用，高校图书馆开展社会化服务是众望所归。但是，由于受到管理体制、政策法规、传统思想观念以及图书馆本身资金、设备等因素的影响，目前进一步推进高校图书馆社会化服务工作还有许多障碍，在一定程度上减缓了高校图书馆社会化服务的步伐。

1. 观念因素

高校图书馆被视为是学校的文献信息中心，其重要职责是为学校的教学和科研服务。这一传统的理念使学校各级领导和图书馆职工的思想认识就只定位到为本校读者服务上，没有意识到向社会开放。高校图书馆的管理模式是针对教学科研服务而制定的，一旦为社会服务，或多或少会担心对外开放所带来的秩序混乱、工作量增加、文献丢失处理等问题出现。由于长期闭关自守，缺乏创新意识和共享理念，缺乏服务品牌意识，同时，有些高校图书馆的馆舍面积和信息资源就不是太富裕，如果向社会开放，管理者或工作人员会担心社会读者会挤占本校师生的阅读资源。此外受传统校园安全管理理念的制约，大部分高校校园都是封闭式管理，为了避免一些管理问题和安全隐患的发生，多数高校都不支持图书馆社会化服务，这就相当于将高校图书馆服务社会化的行为扼杀在了摇篮里。另一方面，由于社会大众信息素养和信息意识的缺乏，对高校图书馆社会职能的认识有限。每个人的传统思想中，高校的大门不是随便可以进入的，何况高校图书馆的大门，这样又何谈利用呢？社会大众对于图书馆丰富的馆藏和高水平的服务只能望眼欲穿。也是这种闭锁观念，缺少对高校图书馆社会化的呼吁，造成了当今高校图书馆社会化服务的被动局面。[1]

2. 政策因素

从国家层面上看，政府及教育部缺乏针对高校图书馆社会化服务的专门法律。高校图书馆作为国家财政拨款的事业单位，有义务向社会开放。在《中华人民共和国宪法》和《普通高等学校图书馆规程》中都能间接或直接地找到高校图书馆服务社会的相关条款。鉴于高校图书馆的特殊地位，教育部于2002年2月21日颁布《普通高等学校图书馆规程（修订）》，其中第21条明确规定了"有条件的高等学校图书馆应尽可能向社会读者和社区读者开放。面向社会的文献信息和技术咨询服务，可根据材料和劳动的消耗或服务成果的实际效益收取适当费用"。从法规方面要求高校图书馆应当面向社会开放，社会各类读者都应该成为高校图书馆服务的对象。

---

〔1〕丁学淑，丁振伟，马如宇.高校图书馆社会化服务的困难与障碍研究[J]. 图书情报工作，2014（7）.

但这只是对高校图书馆社会化服务的引导，如"有条件""尽可能""适当"等词语的使用都模糊不清，没有做一个明确的规定。因此，高校图书馆社会化服务在实施过程中缺乏明确的、强制性的专门法律。

3. 体制因素

（1）互相分割的管理体制不利于高校图书馆的社会化服务涉及的体制因素大概包括两个方面。一方面是隶属管理系统不同。同一地区的图书馆，既有文化系统分管的，也有科研系统分管的，还有各级教育系统分管的。即使高校图书馆，也有教育部管理的，还有国家其他各部委管理的，也有隶属于某省市或省市教育厅的。例如，兰州市高校隶属于不同的领导系统，兰州大学隶属于教育部，西北民族大学隶属于国家民委，而其他高校隶属于甘肃省。不同隶属系统决定了经费、人员的支持来源不同，而开展社会化服务，也只能是本地用户得实惠，要使教育部和国家民委也协调支持此事，会有一定的难度。

处于封闭和半封闭状态的图书馆行业由于条块分割，学校政策不支持对社会开放，绝大部分高校图书馆很少或几乎没有与社会方面的来往。另一方面，要开展社会化服务，单靠一两个高校图书馆或几个高校图书馆是解决不了问题的，必须在组织机构、人员构成、服务内容、经费来源等方面形成一定的机制，保证此项工作的健康运行，所以要形成科学的管理运行机制。在集团化运行方面，过去也有图书馆曾经过多次努力，试图通过建立联合共建共享的运行机制，实现联合采购和集团服务，但都在具体实行的时候，由于体制的问题没能实现。从目前兰州市高校图书馆的现状来看，仍处于散兵作战的状态，没有形成良好的机制。还有一个重要因素，高校图书馆隶属于学校，图书馆的人、财、物都需学校支持，而学校的中心任务是培养学生，做好教学工作。尽管图书馆有向社会开放的想法，但作为学校领导以及其他相关部门很难接受。

在高校图书馆社会化服务的运行体制中也存在一定的体制障碍。一是高校图书馆垂直管理部门与地方政府之间不存在隶属关系，所以在制订社会化服务的计划、运行方案，统筹人员配备、资金投入等方面很难达成一致的协议。

（2）缺乏地方政府的奖励机制和学校的评估机制

从开展社会化服务的高校图书馆来看，开展此项工作大多是高校图书馆根据社会读者对文献信息的需求，结合本馆的馆舍及馆藏特色开展相应的服务工作，而对于高校图书馆回报社会的这一举措，地方政府缺乏相应的奖励机制，在一定情况下影响了高校图书馆推进此项工作的信心。另外，大多数学校领导和师生员工认为，高校图书馆的职能只是为本校的教学和科研服务，无须面向社会开放和服务。所以在考核图书馆工作业绩时，没有设定社会化服务方面的项目，致使高校图书馆是否开展社会化服务、开展的广度和深度如何，都不是高校领导关心和考核的事，使得图书馆在开展此项工作时动力不足。

4. 资金因素

高校图书馆要实现社会化服务，需要一定的空间、一定的设备和适合于社会读者的文献信息资源。而这些只靠图书馆每年的固有经费是不够的，需要单独投入经费。虽然高校图书馆是学校的三大支柱之一，也在前几年的本科教学工作评估活动中得到了学校前所未有的重视和财力支持，但近年来随着大规模评估活动的结束，除一些"985""211"高校图书馆外，其他高校图书馆的经费明显偏低，维持正常的教学服务已经不易，很难有资金投入社会化服务中。

从社会关注和投入度来看，虽然从理论上来说社会各界有责任和义务维护与支持高校图书馆的发展。国外发达国家图书馆事业的快速发展是与社会对其广泛的理解和支持是分不开的。而我国的现状是，社会大众一般都在有文献信息需求时，才会想到图书馆，查不到资料时，才会发现文献资料收藏的不足和陈旧。至于图书馆经费短缺，无法购置相关的设备和文献，似乎不是他们关注的问题。在这种观念的影响下，高校图书馆就更加远离社会，更不会引起社会各界的重视。

影响高校图书馆社会化服务资金方面还有一个重要因素，就是近年来各高校图书馆的电子资源所占资金比例越来越大。电子资源不像纸质文献，不是购置一次就完结了，而是每年要不断地增加新的数据，还要一定的数据库维护费用，另外还要不断地新增数据库。这方面的费用在高校图书馆的所用费用中所占比例越来越大，而社会读者使用的又多是纸质文献，所以在一定程度上影响了为社会读者的服务。

5. 管理因素

高校图书馆向社会开放肯定会给学校和图书馆的管理带来一些实际问题。例如，高校图书馆的人员配置是根据学校的办学规模和图书馆的藏书量来确定的，面向社会开放必然会出现人员紧缺、工作量加大；校外人员由于各种因素不熟悉馆内的规章制度和借阅流程，借阅过程总会出现这样或那样的问题，因此必然给管理增加难度；校外人员与校内读者在时间和空间上的撞车和拥挤等。[1]还有校外读者的类型和成分比较复杂，包括了

---

[1] 周澜.高校图书馆向社会开放的思考[J]. 图书情报工作，2008（7）.

社会上各个阶层、方方面面的人物,有专心学习的,有消闲养性的,当然也有乘机捣乱的。高校图书馆要向社会提供服务,势必会造成图书馆内的一些不稳定因素。要很好地解决提供服务与保持良好环境的关系,必须重新认清形势,抓好管理,不然会适得其反。

6. 人员因素

高校图书馆要开展社会化服务,必然需要一批专兼职的专业人员和管理人员。这些人员是属于"部门所有"还是"地区所有"?具体表现在人员的考察、培训、任免、交流等各个环节。还涉及协调机构、管理机构的工作人员,流动图书馆服务人员,本馆开辟的社会读者阅览室服务人员,网络服务专业人员等的配备。这些专兼职的工作人员都需要一定的资金来维持正常的工作和生活,但从我国高校图书馆的现状来看,图书馆工作人员的职数和薪酬都是按照该校教学和科研需要来设定的,并没有考虑到社会化服务的需求。另外,由于观念和经济实力的因素,地方政府也没有这方面人员的安排。所以,人员因素也是制约高校图书馆社会化服务的一个重要因素。

7. 技术因素

随着信息技术和网络技术的飞速发展,社会用户对电子文献和网络信息的需求越来越大,数字资源已是当今信息资源体系中不可分割的一部分。但从我国的信息化程度来看,尤其是西部地区和少数民族地区,一是广大居民的电脑拥有量和上网人数相对较少,即使高校图书馆提供电子文献和网络信息,不具备上网条件的社会用户也是使用不上的。二是除了少数几个高校图书馆外,其他高校图书馆的硬件设备和数字资源还比较贫乏,不能为社会用户提供更多的网络信息服务。三是在使用电子文献和网络信息时,信息的传输共享和知识产权的保护仍是亟待解决的问题。所以,在社会化服务中,还有一定的技术问题需要逐步解决。

8. 信息资源因素

一般来说,高校图书馆的信息资源(包括纸质文献和电子资源)都是根据本校的学科专业设置和师生的教学科研活动而采购布局的。高校图书馆要向社会开放,就要面对不同类型的读者。社会读者的类型不同、知识层次不同,表现出的文献信息需求就不同,要求高校图书馆收藏适合于他们的文献信息,这就与高校图书馆文献信息的学科性和专业性发生冲突。

高校图书馆根据学校的性质不同,文献资源收藏的方向也有不同。为了保证高校的教学、科研和读者需求,文献信息资源建设都是紧紧围绕学校的教学、科研及学科建设和发展需要进行的。馆藏文献信息资源比较系统完整,注重学科理论和学术专著的入藏,内容比较专深;比较重视外文书刊的收藏，能反映出图书最新的学术动态和发展水平；为满足师生集中用书的要求，教学用书的入藏比例较大。而社会读者一般比较青睐于反映地方特色的文献信息以及儿童类、科普类、保健类的文献信息，这方面高校图书馆的馆藏资源又比较欠缺。

所以，虽然高校图书馆的文献信息资源在数量和质量上都得到了保证，但是，由于专业性太强，无法为不同行业的读者服务，很难满足社会读者多种多样的文献信息需求。

高校图书馆利用自身的资源和信息优势，为当地社会经济服务，必然会涉及知识产权问题。知识产权实际上是限制信息自由广泛的传播，即信息资源共享是有条件的，是有偿的。图书馆在向社会开放服务的过程中，资源共享和知识产权的保护两者之间的关系比较难以处理。

9. 地域因素

从我国高校的分布情况来看，一般都分布在经济、文化比较发达的城市，而处于农村地区的则非常少。但从信息和知识的需求状况分析，越是经济欠发达、交通不便地方的公众，知识信息需求的迫切性越强。从这一现象出发，高校图书馆社会化服务的主要群体不是在中心城市，而是处于城市边缘的弱势群体和边远地区的农民。有时高校图书馆有这个意识，但由于路途较远，交通不便，只好放弃。所以，地域环境是影响高校图书馆社会化服务的又一因素。

第二节 高校图书馆社会化服务的主要模式

在多年的社会化服务活动中，国内外高校图书馆积极开动脑筋，大胆吸收先进经验，紧密结合实践工作，形成了许多具有代表性的典型模式，为进一步搞好此项工作提供了依据。

一、国外高校图书馆社会化服务主要模式

国外高校图书馆，尤其是美国、英国、德国等发达国家的高校图书馆，他们的社会化服务工作经过多年的探索和实践，已经形成比较完善的服务模式。无论是传统的图书借阅、报刊浏览，还是涉及现代化技术的网站浏览、数字资源提供，还有比较精深的图书馆联盟、个性化服务、课题查新等，都形成了有显著特点的服务模式。

（一）传统信息服务模式

国外高校图书馆向社会开放的历史比较悠久，向社会开放的高校图书馆数量也比较多。

由于健全的法律法规，国外公立的高校图书馆几乎无须任何条件向社会开放。私立高校图书馆虽然没有必须开放的要求，但一般也有向社会开放的规定，社会公众只要有需要利用私立大学图书馆，都不会被拒之门外。

一般来说，国外高校图书馆向社会开放的服务模式有馆内自习、报刊浏览、图书借阅、信息咨询等。其他服务不需证件，只有涉及图书借阅时，要凭证件办理借阅证，并收取一定的费用。在传统信息服务方面，国外高校图书馆不仅考虑本校师生的文献信息需求，还兼顾校外读者利用图书馆的方便。大多高校图书馆都会采取延长开放时间、节假日和寒暑假开放等措施，满足校外读者利用图书馆的需求。传统信息服务很重要的一个模式是馆际互借。西方发达国家都注重图书馆之间的合作，同一城市的图书馆，不论是什么系统，都有紧密的联系和合作，其中馆际互借是一项坚持时间较长、效果比较好的业务。

（二）网络化信息服务

网络化信息服务模式是指所有通过网络平台，利用现代信息技术，为广大用户提供数字资源及网络资源的信息服务。

目前，国外高校图书馆社会化服务的重点是追求质量的提高，如何更好地达到并满足社会用户的需求是国外高校图书馆的奋斗目标。除了尽最大努力完善传统信息服务外，提高网络信息服务也是国外高校图书馆社会化服务的重点。[1]

图书馆网站是国外高校图书馆社会化服务的基础性服务模式。

国外高校图书馆网站都会专门划分出针对校外用户的专题分页，使校外用户清晰知道自己可以利用到哪些资源，自己有哪些使用权限，如何在校外访问数字化资源、如何办理借阅手续、如何续交年费、如何咨询馆员、可以参与哪些培训等。

一般的高校图书馆网站上都会设置馆情介绍、馆藏书目数据库、馆藏电子文献、新书通报、图情知识、特色数据库、特色服务等，为校外读者提供最基本的信息。

自建数据库是国外高校图书馆网络化信息服务的又一重要模式。

国外许多高校图书馆都根据自己的馆藏特色，对馆藏纸质文献进行

---

[1] 王宁.高校图书馆社会化服务研究[M].北京：中国社会科学出版社，2014.

数字化，构建某一专题或某一学科的特色数据库，这些数据库校外用户可以免费检索使用。还有各高校图书馆都普遍建设的机构知识库，收藏机构内教职工和学生的科研成果包括期刊论文、博硕士学位论文、工作报告、讲义、手稿等，这些成果绝大多数向公众开放，公众可以免费检索下载全文，彻底打破数据库商的知识垄断。

参考咨询是国外高校图书馆社会化服务的重要模式。所有高校图书馆都会设置有参考咨询服务，通过电话、E-mail或虚拟平台为社会公众提供咨询服务。虚拟咨询服务是先进图书馆的一种标志，是图书馆利用现有网络平台推出的参考咨询服务。咨询馆员可不受时间、地点的限制，在网上实时向读者提供问题的解答，并能进行问题的回溯查询，从而使读者能够及时得到问题的答案。

各行业、各地区的图书馆联盟也是国外高校图书馆向社会服务的重要网络信息服务模式。图书馆联盟充分实现了资源共享、利益互惠的服务，通过多种形式的联盟，既扩大了资源的覆盖面，形成联合协作的系统服务，也扩展了读者获取信息的渠道，提高文献传递的速度，极大地满足了用户的各类文献信息需求。

（三）为机构和企业服务

美国大部分高校图书馆为公众提供综合性的服务项目。项目依托的本校资源内容丰富、形式多样，对于提高公众的知识素养，促进社会的和谐与发展起到一定的作用。例如，加州大学戴维斯分校图书馆和耶鲁大学图书馆公众服务中心，在大学优秀知识资源的支撑下，为公众和私人机构提供支持信息和专业服务，加深了公众服务的深度。加州大学伯克利分校图书馆通过公共服务项目与商业合作，把研究结果和科学发现转化为实用知识和工艺革新，为加州乃至整个国家都带来了效益。[1]

（四）个性化服务

个性化服务是图书馆针对用户的个性化信息需求或特殊用户提供的特殊信息服务。例如，针对盲人用户提供盲文文献阅读服务；针对儿童学习需求，开设专门的学习空间，举办故事会、亲子互动、阅读心得交流等服务；对弱势群体提供知识援助、辅导培训等服务；针对研究型用户提供专门的学习共享空间、多媒体教学室等服务。

图书馆服务中关注特殊群体，开展特殊服务便是图书馆情感服务的一个重要方面。目前，美国高校图书馆开设了残疾人服务、女性服务等特

---

[1]谢丽娟，郑春厚，吴庆伟. 中美高校图书馆社会化服务比较研究[J]. 图书馆建设，2009（2）.

殊群体服务，其中残疾人服务发展较为成熟。其中，加州大学伯克利分校图书馆、斯坦福大学图书馆和田纳西阿灵顿图书馆的残疾人服务内容比较丰富。加州大学伯克利分校图书馆把残疾人列为专门的服务对象，其中又把残疾人分为身体缺陷和学习缺陷两类。在这一模块的简介中，有表格详细介绍为残疾人服务的图书馆员的联系方式，方便他们与图书馆联系；专门介绍残疾人如何实现对图书馆资源的搜索和使用，及代办借书证、申请援助等；还有专门为残疾人设计的图书馆路线图，保证他们能顺利到馆访问。对于学习上有缺陷的用户，图书馆允许他们提供建议，并承诺及时采纳。加州大学戴维斯分校图书馆的open campus为社会终身学习者服务，服务设置中充分考虑到了残疾人的学习需求，对于社会上视觉、听觉、语言、学习等方面有残疾的人员设有专门的课程，残疾人可以根据自身的身体条件和信息需求选择相应的课程。

个性化服务最常用的还是馆际互借和远程文献传递。如果用户在本单位或本系统图书馆找不到自己想要的文献，可以通过文献传递和馆际互借来得到。这一服务模式在国外高校图书馆普遍开展。例如，在加拿大，如在本馆借不到所需书刊，便可通过本馆向外馆借，并且手续简便，只要按规定填写申请表，图书馆工作人员就会替读者办理妥当。

（五）校友特色服务

国外高校图书馆发挥其专业性质，特别重视对校友的终身教育支持服务。校友本身是具有终身学习意愿和强烈需求的社会成员。国外高校一般将校友工作作为学校教育工作的一部分，并借助图书馆开展丰富的校友活动，加强与校友的合作关系。国外高校图书馆已经将校友服务发展成特色服务，校友希望通过图书馆继续为其提供丰富的信息资源、知识支撑与科研实践，学校希望通过校友加强与社会的合作和联系，并获得一定资助与提升社会影响力。例如，美国康奈尔大学图书馆、麻省理工学院图书馆、斯坦福大学图书馆等很多高校图书馆将校友作为特别服务群体，给予相对高一些的权限的服务，因为这些名校校友很多来自科研机构、政府、商界、金融界，这也是让校友深刻感受到母校图书馆的优质服务，使图书馆更容易收到捐款及收藏捐赠的有效方式。

国外高校图书馆及高校各专业分馆对校友服务没有统一规定，其进馆政策、借阅权限、开放时间、服务范围等均不同，但一般建议校友从就读院校的最近图书馆寻求帮助。一般需要校友持学会会员卡、有效证件、居住证明等材料，通过填写申请表格免费或付费办理不同权限的有效借书卡，之后可以利用图书馆。例如，通过身份认证后，康奈尔大学的毕业校友就可以享受图书馆提供的服务，除了专业问题与专家咨询收取咨询费外，其他服务全部免费。提供的服务项目包括：大范围高质量的网络研究工具的链接，以方便校友发现网络资源；免费的书目参考和资料推荐服务；就专业性强的问题提供专家咨询；康奈尔特色资源的在线展示；书刊借阅、电子期刊访问等。

斯坦福大学图书馆为能够完成三个学季学习的学生办理礼遇通行证享受一定优惠费用和礼遇特权。而北卡罗来纳大学将校友细分为三类，毕业不足5年的校友、退休校友、校友家庭，分别捐赠10美元、35美元和50美元加入"friended of the Library Membership"，之后购买59美元/年的借书卡。三年内捐赠满5000美元即可获得终身会员资格。

高校图书馆会为校友提供馆内阅览、文献借阅、服务设施（储物柜、学习单间）使用、授权校园网内电子资源使用或远程电子资源访问、馆际互借与文献传递、无线网络等。例如，美国斯坦福大学为校友创建临时账号以利用文献传递与馆际互借及无线网络、VPN等，有效期1天到14天不等。在图书馆网站中会单列校友版，方便清楚地知道自己的访问资源范围及权限。例如，康奈尔大学图书馆为校友提供学术搜索校友版、商业信息校友版、Project Muse等，提供期刊全文、行业报告等各种对应主题的学术研究信息及开放获取资源等，并提供rework等文献管理软件为校友继续开展学习和研究提供软件支持。

（六）校外学习支持服务

学习型社会使得每一个人都注重自身的发展，在快节奏的工作生活中，校外学习难免遇到各种困难，此时高校图书馆可以依托自身资源优势，提供校外学习支持服务。

美国的学习支持服务相对系统和细化，有针对中小学师生和针对终身学习者的服务。田纳西阿灵顿校区图书馆K-12connection为中小学教师提供学习资源，其中的UTA+项目为学生的论文提供最有用的信息，T2LINK项目为教师发现资源、制订教学计划和选择合适教具等提供帮助。加州大学戴维斯图书馆的终身学习协会OLLI和斯坦福大学图书馆的继续学习中心，作为共享性的、自我管理的组织，通过不同的教育项目提供高质量、易获得的课程知识和资源。它们提供特别的多样的课程满足积极的思维，课程、讨论和展示使学习者享受学习的快乐。学习者根据需要选修课程，交付一定的费用。考虑到远程学习者的语言问题，有些高校图书馆开始提供多语言版本的学习资源，如哈佛大学图书馆的Hollis Vatalog提供多语言的搜索，包括汉语、日语、蒙古语、韩语等，并提供使用方法、检索技巧、问题处理、文档的管理等方面的详细说明，为使用其他语言的远程学习者提供了重要的资源支持。

通过总结国外高校图书馆社会化服务的六个模式，可以分析出国外高校图书馆在社会化服务过程中具有的鲜明特点。沈阳师范大学的王宇研究馆员把其特点归纳为五点，即开放服务法律体系完备，社会服务理念根植牢固，社会服务模式普遍多维，服务内容不断拓展创新，解决棘手问题多措并举。在解决棘手问题方面，许多措施和做法是值得我们学习和借鉴的。例如，增加相当数量的自助设备和设计明确的指示标识等。还有招募按时计酬的非固定职工，如美国、加拿大招募临时工或勤工俭学的学生来完成大部分繁重和重复的工作；德国招募学历较高的研究生做一些专业知识辅助咨询工作；韩国招募社区居民做兼职，帮助举办各种形式的文化活动等。

二、国内高校图书馆社会化服务现有主要模式

国内高校图书馆社会化服务与国外高校图书馆既有相同的模式，又有自身独特的模式。主要是随着社会化服务理论研究的加深和实践的不断丰富，其服务模式也在不断变化。文献借阅、报刊浏览、空间利用、馆际互借等传统的服务模式在不断普及，网络信息服务、科技查新、讲座报告、文献传递、共享联盟等新型的服务模式不断涌现，形成多层次、多级别、类型多样的综合的社会化服务模式。

（一）基础服务模式

这是高校图书馆社会化服务最常用的一种模式，主要指高校图书馆向社会读者提供文献资源的借阅服务的模式，主要服务对象是图书馆附近的居民、中小学生、工人、农民等。高校图书馆可以向社会各层次的读者发放借阅证，社会读者凭借阅证到高校图书馆借阅所需的书刊资料。开展这项服务，要制定相关的制度，以保障社会读者的利益，明确其义务。

文献浏览和阅览服务，主要是针对各高校图书馆的实体文献，在向社会用户发放借阅证时，各馆的做法并不一致，有提供长期阅览证和借阅证的，也有提供临时阅览证的。临时证件的使用期限有长达半个月的，也有短至半天或一天的。在办证收费上也各有不同，如广西工学院图书馆的相关制度是：公民持工作证或单位介绍信，交纳办证工本费5元，押金200元，年服务费50元（建议免除）即可与本校读者一样利用各阅览室的资料，借阅各外借书库的图书，并享受图书馆的其他服务，如参考咨询服务，等等。

（二）数字信息资源服务模式

数字信息服务方式是指高校图书馆利用现代化的技术设备、通过网络

设备和手段实现高校图书馆的社会化服务。高校馆数字信息具有专业性、系统性、实用性等特点，其质量和档次都较高，能够反映出各相关专业当今中国乃至世界的最高水平和最新发展动态，在数量上也是大多数地区公共馆所无法比拟的。高校图书馆所收藏的许多专业文献和各类数据库，是社会上的专业技术人员和研究型读者十分需要但很难从本地公共图书馆得到的。只要获得有关许可，社会读者通过计算机网络，以篇名、作者、作者单位、关键词等为检索点，在短短数十秒内就可以查找到所需的文章内容，并能够随时下载和打印出来。很多高校图书馆已经抓住了科技进步带来的巨大优势，使其在社会化服务中发挥重要作用。例如，将图书馆所购买的数据库资源对社会用户开放。

另外，一些高校图书馆利用自身信息组织优势，将网上分散的、随机的、无序的信息资源进行整合加工，使其形成稳定的、有序的信息资源导航，从而向社会用户提供某些领域的最新动态和相关资料，从而使社会读者掌握信息的主动权。

（三）支持基层图书馆建设的"1+X"服务模式

朱忠新、姜惠芬提出，高校图书馆为社会读者服务的方法之一是参与基层图书馆的建设。而参与基层图书馆的建设采用"1+X"模式是有效的途径。"1+X"模式就是一个中心馆以其文献信息资源的优势和人才优势支持几个基层图书馆的建设与发展。高校图书馆可以根据馆藏特色，通过对基层图书馆的服务对象需求情况、服务内容、服务手段等分析，有针对性地支持基层图书馆的建设，从而达到服务社会公众的目的。[1]

（四）流动图书馆服务模式

流动图书馆近年来在公共图书馆中发展很快。如广东中山图书馆、甘肃省图书馆每年都不同程度地将馆藏图书抽出一部分补充到基层图书馆，并定期置换，以满足基层图书馆读者的文献需求。2010年11月，常州工学院图书馆在陶沙巷社区建成了第一个社区流动图书馆，截至2011年12月，已建成了5所社区流动图书馆，分别是陶沙巷社区流动图书馆、青山湾社区流动图书馆、兆丰花苑社区流动图书馆、解放村委流动图书馆、晋陵公馆社区流动图书馆。[2]高校图书馆拥有更加充裕的资金和丰富的文献资源，应该在充分调查社会用户信息需求的基础上，通过一定的形式，建立起灵

---

[1]朱忠新，姜惠芬. 论高校图书馆社会化服务的模式[J]. 图书馆学研究，2004（3）.
[2]芸健. 社区流动图书馆工作的探索——以常州工学院社区流动图书馆为例[J]. 常州工学院学报，2012（5）.

活多样的流动图书馆或流动图书站。

（五）校地共建共享图书馆服务模式

这种模式是聊城大学于1999年首次提出并付诸实践的。这种模式的独特之处是，它不仅是地区性跨系统的，而且是校地双方同心协力联合建馆，以求共享信息资源。它的运作是完全依托在聊城大学基础上开展的，它由原来学校单独投资办馆，变为学校、地方共同投资办馆，它的行政管理、业务管理完全由学校负责，地方政府不予干涉。

（六）高校图书馆联盟服务模式

我国现有的高校图书馆联盟主要有中国高等学校数字图书馆联盟、全国图书馆参考咨询联盟、长三角高校图书馆联盟、北京高校图书馆联盟等。李征认为，图书馆往往在纵向领域较易形成联盟，如全国目前形成CALIS之类的全国、地区性文献信息资源保障体系。但在横向方面，只有少数区域内，由当地政府或文化系统出面，形成一定区域的资源共建、共享局面，但多数区域往往缺乏统一领导，相互之间的协作多处在封闭毫无联系的状况。高校图书馆可先从这方面入手，建立起本区域的高校图书馆联盟，形成合力，并主动深入科研院所、企事业、中小学、社区、乡村等图书馆、资料室、文化站建立起资源共享网络系统，通过资源共享系统，建立文献信息的互传业务和多共享机制的服务体系。[1]

另外还有研究者提出具有个性化的服务模式。曹红提出专业化信息服务模式，个性化定制服务模式，专家顾问社会化服务模式和高校图书馆网络联合服务模式四种模式。[2] 何小红等提出面向社会公众的开放式借阅服务模式，面向研发团队的嵌入式定题服务模式，面向城市社区的流动式延伸服务模式和面向组织机构的分馆式多元服务模式四种模式。[3] 路茂林认为，高校图书馆不仅是学校的文献信息中心，还应该是文化娱乐中心和文化休闲中心，应把网络主页变成人文关怀的服务窗口。[4]

三、构建适合于现时代的高校图书馆社会化服务新模式

（一）服务学校与服务社会兼顾的模式

高校图书馆开展社会化服务后，随着社会用户的不断介入，将会对主

---

[1] 李征. 高校图书馆社会化服务模式探讨[J]. 现代情报, 2009 (2).
[2] 曹红. 高校图书馆社会化服务浅谈[J]. 网络财富, 2009 (11).
[3] 何小红, 贾筱筱, 丁鹏. 高校图书馆社会化信息服务模式研究[J]. 图书与情报, 2015 (3).
[4] 路茂林. 创建高校图书馆开放服务新思想[J]. 农业图书情报学刊, 2009 (3).

体用户（本校师生）在利用图书馆的馆舍资源、文献资源和网络资源等方面形成一定的影响，因此处理好主体用户与社会用户的关系尤为重要。高校图书馆必须首先保证学校教学科研的需求和满足师生的文献信息需求。但同时应注意，保证校内用户利益并不意味着忽视社会用户利益，不能在服务态度、服务质量上有所差异。要尊重社会用户的权利，争取每位用户的认可，以树立高校图书馆的良好形象。具体的模式是，紧密结合学校的学科专业，建立系统的、多类型、多层次的学术信息体系，针对学校的教学和科研做好信息服务工作。

在此基础上，在条件许可的范围内，针对社会读者的文献信息需求，尤其是校园周边居民的文献信息需求，为社会读者办理借书证，开辟专门的阅览室，提供各类信息查询。需要特别强调的是，在寒暑假期间，可以集中向社会读者开放，为他们提供优质服务。

在区别校内读者与校外读者服务时，要坚持"立足校内读者，兼顾校外读者"的原则。同时应注意两方面问题：一是这两个读者群体并非完全对立，校内读者与校外读者之间，在一定条件下可以相互转化的。当校内读者与学校脱离关系（毕业、离职）后，校内读者转化成了校外读者，或者本校读者到其他高校查阅文献时便也成了校外读者。而校外读者也有成为校内读者的可能，如工作调入、中小学生将来升入高校等，因此校外读者是高校图书馆的潜在用户群。二是当校内读者和校外读者在利用图书馆时发生需求矛盾，如阅览座位、文献资源等，图书馆在校内读者优先前提下应尽量为两者协调，促使双方达成一致，而不能简单地剥夺校外读者利用资源的权利。三是应避免少数馆员和个别部门为追求社会化带来的经济利益而偏离服务主体。[1]

（二）传统服务与网络服务互补模式

传统服务的内容包括为社会读者办理借阅证、开辟社会读者阅览室、面向社会读者举办各类讲座、以延伸服务的形式向基层图书馆提供文献资源、为边远地区的读者提供流动图书馆服务等。网络服务的内容主要包括面向社会开放图书馆的主页，在主页上开展馆情简介、书目查询、特色资源、信息资源检索等方面知识的介绍，在协议许可的范围内向社会读者免费提供图书馆的数据库资源和网上免费信息，提供网上信息咨询、科技查新及远程传递服务。一般来说，网络知识服务适用于经济条件较好、具备

---

[1] 李美琴. 浅论高校图书馆社会化服务中需要处理的几个关系[J]. 科技情报开发与经济, 2012（6）.

第六章 高校图书馆社会化服务

上网条件的社会读者，而传统服务则更适用于经济条件较差、不能随时上网，或者居住地离高校图书馆较近、时间比较宽裕的社会读者。

这一服务模式的关键是以用户为中心，以联合服务为手段，最终目的是满足用户的信息需求。针对社会用户的具体情况，在传统服务中可先向校友和学校周边的居民办理借阅证，积极吸收校外用户参加高校图书馆举办的讲座、知识技能培训，利用馆际互借和远程传递联合的方式获取用户急需而本馆又无法提供的文献信息。另外在知识产权许可的前提下，尽最大努力向社会用户提供本馆构建和自建的数据库，还可组织下载网上免费的信息资源为社会用户服务。文献传递与馆际互借的过程当中，必然会产生一些查询费、扫描费、打印费、邮寄费等相关费用。这些费用的产生并不是本馆的服务费用，而是在传递过程中产生的硬性费用，这些费用完全由图书馆来承担是非常不合理的，理应由申请人承担。

（三）高校图书馆联盟服务模式

高校图书馆联盟有全国性的，也有地方性的；有同一行业的，也有同一区域的。我国高校图书馆联盟在近十年来积极发挥协作、智能的作用，在为信息用户提供知识信息服务方面发挥了很重要的作用。在高校图书馆联盟中，CALIS、CASHL和CADEL（简称3C）是实力比较雄厚、影响比较大、用户比较多、使用较好的大型联盟。

中国高等教育文献保障系统（CALIS），是经国务院批准的我国高等教育"211工程""九五""十五"总体规划中三个公共服务体系之一。CALIS的宗旨是，在教育部的领导下，把国家的投资、现代图书馆理念、先进的技术手段、高校丰富的文献资源和人力资源整合起来，建设以中国高等教育数字图书馆为核心的教育文献联合保障体系，实现信息资源共建、共知、共享，以发挥最大的社会效益和经济效益，为中国的高等教育服务。

从1998年开始建设以来，CALIS管理中心引进和共建了一系列国内外文献数据库，包括大量的二次文献库和全文数据库；采用独立开发与引用消化相结合的道路，主持开发了联机合作编目系统、文献传递与馆际互借系统、统一检索平台、资源注册与调度系统，形成了较为完整的CALIS文献信息服务网络。迄今参加CALIS项目建设和获取CALIS服务的成员馆已超过500家。

中国高校人文社会科学文献中心（China Academic Social Sciencesand Humanities Library，简称CASHL）是在教育部的统一领导下，本着"共建、共知、共享"的原则，"整体建设、分布服务"的方针，为高校哲学社会科学教学和研究建设的文献保障服务体系，是教育部高校哲学社会科学"繁荣计划"的重要组成部分，也是全国性的唯一的人文社会科学文献收藏和服务中心,其最终目标是成为"国家哲学社会科学资源平台"。

CASHL的建设宗旨是组织若干所具有学科优势、文献资源优势和服务条件优势的高等学校图书馆,有计划、有系统地引进和收藏国外人文社会科学文献资源,采用集中式门户平台和分布式服务结合的方式,借助现代化的网络服务体系,为全国高校、哲学社会科学研究机构和工作者提供综合性文献信息服务。

各高校图书馆可以充分利用和CASHL的关系,努力挖掘资源,通过网络和远程传递方式为社会用户提供服务。

大学数字图书馆国际合作计划(China Academic Digital Associative Library, CADAL)前身为高等学校中英文图书数字化国际合作计划(China—America Digital Academic Library, CADAL)。国家计委、教育部、财政部在2002年9月下发的《关于"十五"期间加强"211工程"项目建设的若干意见》的文件中,将"中英文图书数字化国际合作计划(CADAL)"列入"十五"期间"211工程"公共服务体系建设的重要组成部分。CADAL与"中国高等教育文献保障系统(CALIS)"一起,共同构成中国高等教育数字化图书馆的框架。

国家科技图书文献中心(NSTL)是根据国务院领导的批示于2000年6月12日组建的一个虚拟的科技文献信息服务机构。根据国家科技发展需要,按照"统一采购、规范加工、联合上网、资源共享"的原则,采集、收藏和开发理、工、农、医各学科领域的科技文献资源,面向全国开展科技文献信息服务。

NSTL全面提供文献检索、期刊浏览、引文检索、代查代借、参考咨询等项服务。只要是成员单位,都可以按照协议享受以上服务。在全文文献中还有一部分全国免费开通文献,包括全国开通现刊数据库、全国开通回溯数据库。另外还有一部分NSTL申请的、面向中国大陆学术界用户开放的国外网络版期刊。用户为了科研、教学和学习目的,可少量下载和临时保存这些网络版期刊文章的书目、文摘或全文数据。

地域性的高校图书馆联盟有天津高校图书馆联盟、首都图书馆联盟、武汉地区高校图书馆联盟、安徽省高校图书馆联盟、青岛开发区图书馆联盟、珠江三角洲数字图书馆联盟等。这些图书馆联盟或免费开放,或收取一定费用为校外用户办理借阅证,或提供限制条件的服务。例如,青岛开发区联盟、武汉地区图书馆联盟通过区域内资源整合、信息共享的方式满足市民的读书需求,珠江三角洲数字图书馆联盟不限制IP,免费向民众开放,而区一校图书馆共建共享的图书馆联盟,则在一定程度上满足了市民的需求，通过对区域资源进行整合，提高了区域的公共服务能力。[1]

高校图书馆联盟服务模式在现阶段已经凸显并取得了一定的效果，今后还要在此基础上继续完善，不断发挥其重要作用。其一是要继续发挥现有行业性的图书馆联盟作用，尤其是高校图书馆联盟的作用，如CALIS、CASHL、NSTL等。要在不断扩展高校成员馆的基础上，进一步吸收其他图书馆和其他机构加入，尤其是要开通个人用户，为个人用户提供便利的文献信息服务。二是要健全完善地域性的图书馆联盟体制，争取一定经费，组成相应机构，通盘考虑该联盟的信息资源建设、书目数据库共建、数字资源共享、馆际互借、本地域文献的通借通还、本联盟网上对外的数字参考咨询服务等，为社会用户提供更优质的服务。三是通过政府干预，建立全国性的跨地域、跨行业的图书馆联盟，在资源共知的基础上，逐步达到资源共享，并形成统一的通借通还、网上咨询等服务项目，为社会用户提供文献信息及其他服务。

（四）共建共享服务模式

1. 校地共建模式

这种模式是聊城大学于1999年首次提出并付诸实践的。1999年聊城大学领导本着"联合共建，资源共享，优势互补，互惠互利"的原则，提出了富有创新意义的校地共建共享图书馆的设想。对此，聊城市委市政府积极响应，在充分调研、认真论证的基础上，积极争取立项并得到山东省政府的大力支持。经过两年多的筹划建设，2001年9月由双方合资共建的聊城大学暨聊城市图书馆落成并投入使用。这种模式的独特之处是，它不仅是地区性跨系统的，而且是校地双方同心协力联合建馆，以求共享信息资源。它的运作是完全依托在聊城大学基础上开展的，它由原来学校单独投资办馆，变为学校、地方共同投资办馆，它的行政管理、业务管理完全由学校负责，地方政府不予干涉。校地双方集中有限的财力，重点投资，联合建设学校图书馆，避免了因学校、地方各自为政建设"小而全"或"大而全"的图书馆所造成的馆舍、资源、设备、人才等的重复建设，降低了办馆成本，提高了办馆效益。[2]高校图书馆在为机关单位提供各类服务，如文献传递、参考咨询、课题跟踪、人员培训的同时，可以获得政策支持和部分经费资助。这种联合模式既弥补了高校图书馆资金的不足，又节省了协作单位获得有效文献信息保障的成本，实现了合作双方的共建、共享

---

[1] 王永芳.区域高校图书馆联盟社会化服务的实践分析[J]. 农业图书情报学刊，2015（7）.
[2] 王云，许磊.关于校地共建共享图书馆的探索与思考[J]. 中国图书馆学报，2006（5）.

与共赢。当地高校支持图书馆开展社会化服务，要把图书馆的社会化服务纳入常规化工作，要在充分了解当地社会读者文献信息需求的基础上，有计划地选购适应社会读者的文献资源，为社会读者提供文献外借、文献阅览、信息咨询、专题服务、远程传递、讲座培训等知识服务，不断满足社会读者的文献信息需求。这种模式最适合非中心城市，本地高校比较少、经济文化又欠发达的地区。例如，甘肃的甘南藏族自治州合作市、张掖市、庆阳市，新疆的石河子市，贵州省的黔东南市等地区，都可以采用这种模式，解决当地用户文献信息难以满足的问题。

2. 校企共建模式

校企共建模式是指高校图书馆利用信息资源优势，全方位地为企业用户提供信息保障的社会化服务模式。高校图书馆围绕企业的发展愿景和经营目标，采用文献、网络、走访等多种途径进行数据收集、调研分析和专家咨询，为企业提供个性化、有针对性、技术含量高的信息服务。高校图书馆应采购适合地方经济和企业所需的文献信息资料，为企业建立信息平台，建设企业专题数据库，提供课题跟踪、情报咨询、科技查新、文献综述、竞争情报研究、代译代查等信息服务。此外，应与企业单位签订信息咨询技术服务合同，全年为其提供讲座、培训、检索、原文传递等服务，帮助企业不断提升员工的综合素质，使企业更好地生存与发展，从而实现高校图书馆和企业的互惠互利与共同发展。[1]例如，华东师范大学图书馆与上海东方房地产开发公司合作，公司投资50万元在该馆建立计算机教育中心，图书馆负责管理，它既是"东方房地产计算机中心"，为公司服务，又是华东师范大学图书馆电子阅览室，对全校师生开放。[2]

（三）股份制模式

这种模式是让外部资金以入股的形式注入高校图书馆，入股者每年交纳一定的费用，就可以和校内读者一样免费享受图书馆提供的图书外借阅览等各种服务。另外，从通讯公司、咨询服务公司引进先进技术，租用或借用他们的设施和设备，在当地乃至更大范围内构筑信息服务系统。面对多样化的社会信息需求，还可采用与社会咨询机构互借人才等方式，联合建设高校图书馆。[3]

图书馆联合体也是政府和高校图书馆合作的一种重要模式。一是政府有关部门应对图书馆间联合实现资源共享制定相关管理条例和统一的标准

---

[1]刘云英. 拓展高校图书馆社会服务职能的途径探讨[J]. 晋图学刊, 2011（4）.
[2]李梅军. 高校图书馆面向社会服务研究[J]. 图书馆工作与研究, 2008（5）.
[3]沈颖. 高校图书馆社会化服务创新探究[J]. 河南图书馆学刊, 2009（5）.

与规范，以改变缺乏共享服务法理约束力的状况。二是委托其中的主要图书馆领导组成有效的管理机构，对共享服务实施组织、管理和监督。三是采用招投标方式委托有资质的成员馆对系统进行开发、运行和维护，并拨付相应启动资金。四是制定必要的规则、协议和服务评估标准，以促进成员馆间信息、人力等资源要素的自由流动和服务质量的提高。五是使成员馆注重资源布局的分工和梯度，形成产业链，以整体优势应对外界竞争。六是建立覆盖本区域、连接国际国内的信息资源共享平台和综合服务体系，按市场机制运作，为提高社会化服务水平提供资源保障。

（五）阵地服务与流动服务相结合的模式

阵地服务与流动服务只是服务的平台不同。阵地服务，其服务的主要平台在图书馆，或在图书馆的网络平台上（包括单个图书馆和图书馆联盟），主要的服务内容是以图书馆或图书馆主页为阵地，图书馆以其丰富的信息资源、馆舍资源和先进的技术，开展借书、阅览、讲座、培训和咨询服务。这种服务模式的突出特点是坐等读者，被动盲目，针对性不强。只有读者有充裕的时间，并了解某一高校图书馆的基本情况，才能主动到这一图书馆寻求服务，否则就不会去这一图书馆。

流动服务则不同，它的出发点是社会读者的文献信息需求，是在高校图书馆充分了解社会读者需求的基础上，通过流动图书馆、个性化服务、专题咨询、网络传递等方式提供服务，其专指性和针对性比较高。

以上两种服务模式的结合，根本目的是以社会用户的信息需求为主要目标，采取动静结合的方式提供服务。这种模式的关键点在于：阵地服务要突出资源和服务方式的宣传，要在高校图书馆网页的醒目位置介绍本馆为社会用户提供的服务内容、本馆的资源体系和需要注意的规定等，让社会用户一目了然，以方便他们更好地利用图书馆。

流动服务可以采用两种方式。一种是高校图书馆自己组织专门的人员，针对社会用户的知识结构和信息需求，结合自身的馆藏特点，在当地社区或农村乡镇建立流动图书馆，定期运送一定数量的文献信息，供本地社会用户使用。也可组织相关的专家，到流动图书馆处举办专题的知识培训和讲座，帮助本地居民提高知识素养和业务技能。另一种是加入到本地公共图书馆开展的流动图书馆阵营中，以成员馆的身份定期为联盟流动图书馆提供文献资源，而人员和流动车则由中心馆统一提供。

（六）中介机构服务模式

这种模式是借鉴现在市场上的一些中介公司而构建的，其构建模式是：社会读者与高校图书馆不直接打交道，而是与本社区的类似信息服务公司或知识服务公司的中介机构进行联系。这些中介机构可以与本地区甚至跨地区的高校图书馆建立合作经营关系,中介公司根据本地区社会读者的文献信息需求向高校图书馆提出文献或知识请求,高校图书馆根据中介公司的请求,为中介公司提供相应的文献或知识信息。中介公司和高校图书馆通过一定的合同进行合作,合同中可以规定文献提供的方式、途径,费用的结算,文献的使用时限,数据库使用的知识产权保护,文献在使用中损坏的赔偿等。这种模式既解决了高校图书馆在社会化服务中涉及的资金、场地和人力问题,又最大限度地满足了社会读者的文献信息需求,特别适合高等院校比较少的地区。这是高校图书馆开拓信息市场,开展社会化服务的有效途径。本机构应按企业管理,选择懂经营、会管理、熟悉信息市场状况的负责人。开展的服务项目包括高校科技成果转化,提供技术资料和市场供求信息,利用馆藏文献和网络信息资源,进行技术成果、信息产品的开发、转让,在发明与生产者之间牵线搭桥。同时面向企业承接技术咨询和课题,利用图书馆的信息优势和人才优势,解决企业的技术难题,促进开发科技产品,加速科研成果早日进入市场,面向社会读者开展多种形式的文献信息服务。[1]

(七)有条件限制的服务模式

该模式是指在不影响满足本校读者之需求的情况下,有条件、有选择地向社会读者提供服务,其限制内容分为:限制读者,即向特定社会读者开放,以减少对本校读者学习的影响;限制地区,即以办理会员证的方式允许邻近社区民众参加讲座、培训和借阅等活动;限制时间,即根据本校读者使用图书馆的时间特点,利用学校假期时间开放服务;限制资源,即仅向社会读者提供某项资源,如电子资源、信息咨询和远程培训等;限制数量,即在可控的范围内对外借阅,每天的外借流量有数量控制;限制分区服务,即将高校图书馆馆内某楼层或区域分离出来,专为接待校外读者使用。[2]

(八)知识服务模式

知识服务也称信息增值服务,其早期服务形式是定题服务、专题服务,是一种根据读者需求,一次性或定期不断地将符合需求的最新信息传送给读者的服务模式。

高校图书馆知识服务是通过知识服务人员独特的知识和能力,借助先进技术和设备对馆藏资源、网络资源等进行挖掘、组织、开发和集成等一

[1]郭春兰.论高校图书馆社会化服务[J].天水师范学院学报,2008(5).
[2]朱萍.论高校图书馆服务社会化的必然性及实现途径[J].高校图书馆工作,2005(2).

系列深层次加工后形成的增值的知识产品，融入用户解决问题的全过程之中。知识服务是高校图书馆服务的重点内容，为社会用户提供知识服务是走向社会化、体现价值的重要途径，但知识服务对馆员的要求较高，因此目前还处于探索阶段。

高校图书馆社会化服务要以社会需求为准则，加大知识开发的力度。知识服务不仅是高水平和深层次的，而且是专业化与个性化的。高校图书馆必须针对企业用户提出的特定课题和项目开展知识服务，利用丰富的馆藏资源，运用先进的信息搜集手段，对企业所需的技术、供求、管理、决策等相关信息进行收集与加工，提供政策措施、同行企业的发展态势等知识服务，形成既有深度又有广度的高质量知识服务产品。高校图书馆可以尝试建立知识服务中介机构，积极开拓信息市场，直接参与知识竞争，为企业开展信息咨询和中介服务。根据市场趋势，开展高校科技成果转化服务，筛选具有前景的实用技术或专利，分析经济效益和实施条件，形成可行性报告，通过个性化推送、学科化推送与交互式推送等服务形式，在发明与生产者之间牵线搭桥，协助完成技术成果、信息的开发与转让。例如，复旦大学、上海交通大学等高校图书馆已尝试向企业开通知识服务平台，利用高校丰富的信息资源和人力资源有计划地为企业服务，在社会化服务中展现高校图书馆的崭新形象与独特魅力。[1]再如，宁波大学图书馆以校内资源为依托成立了科技信息事务所，该事务所联合宁波市产品质量监督检验所共同组建了"宁波文教用品研究中心"，全方位收集、整理和分析文教产品研发与营销等相关信息与资料，从而在文教产品的质量技术规范、产品研发方面做出了不少的贡献。[2]

以上服务模式并不是独立、相互割裂的，在具体的实践中，必须视社会用户的知识信息需求、高校图书馆的馆藏特色、服务手段、经费许可、空间承受能力以及政府支持力度等因素，采用某种或某几种模式。在当下的环境下，应尽可能地先向社会用户提供休闲阅览、网上信息浏览等基础的服务，然后在条件许可的情况下，逐步提供文献外借、科技查新、文献远程传递、联合参考咨询、流动图书馆、知识讲座等服务。

---

[1]周华生，郑瑜，朱甫典．制约高校图书馆知识服务社会化的问题及对策[J]．现代情报，2006（5）．
[2]吕亚娟．高校图书馆社会化服务研究[D]．湘潭大学，2011．

第三节 推进高校图书馆社会化服务的新措施

高校图书馆社会化服务需要及时转变观念，调动各方力量，采取多项措施，才能取得预期的效果。

一、转变观念，加强宣传，统一认识

观念问题是制约或推动行动的关键问题。要进一步推进高校图书馆社会化服务工作，必须从各方面转变观念，正确认识。必须从全社会的信息资源共享出发，正确认识高校图书馆的信息资源、设备资源和人力资源是通过国家投资建设起来的，不仅仅是某一单位的资源，而是全社会的资源。必须认识到国家投资建设的信息资源不是被动为少数一些用户服务的，而是为全社会信息用户服务的。要从资源利用最大化考虑，尽最大可能提高信息资源的利用率，而不是使信息资源呆滞。

观念的转变涉及几个方面。一是中央政府要转变观念，在制定政策和法律时充分认识高校图书馆社会化服务的重要性，从战略高度给予重视，并在资金、制度、队伍建设等方面付诸行动。二是高校领导要及时转变观念，及时跳出单一的教育圈子，树立大教育观，把高校图书馆置于社会的大环境中，使高校师生用户成为社会信息用户的一部分，在满足本校师生信息需求的基础上，制定相关的制度，采取有效措施，为社会用户提供服务。三是各级地方政府要及时转变观念，通过多方渠道，为高校图书馆社会化服务提供人力、财力和政策上的帮助。四是高校图书馆管理者及服务人员要及时转变观念。要敢于挑重担，勇于找麻烦，从信息资源最大化利用和社会信息用户的信息需求出发，千方百计地为社会用户提供服务。

利用尽可能多的宣传手段与形式介绍和宣传图书馆。可采用综合式销售策略，即不直接介绍信息产品和服务内容，而是通过设备、人员构成、特色数据库、给用户带来的利益等方式和途径介绍图书馆本身情况，突出本馆的特点和成果。比如，我们根据用户借阅图书的数量、遵守借阅纪律的情况等给予一定优惠，目的是鼓励用户多利用图书馆的资源。同时，还对用户协助本馆图书馆扩大服务对象给予一定的推广优惠，以树立图书馆良好的市场形象，使用户产生信赖，从而扩大社会化信息服务的范围，扩

大信息产品的销售。[1]

　　高校图书馆社会化服务的宣传工作必须双管齐下。一是各级政府通过各种媒体对高校图书馆进行宣传，包括政策、资源、服务项目、注意事项等，让全社会的信息用户了解高校图书馆。二是高校图书馆联合社区，在社区通过发传单、办专栏的形式宣传高校图书馆。要组织人员深入到社区、村镇，为社会人员宣传学习文化知识和获取信息资源的重要性，通过举办讲座、读者座谈会、图书展览、读书活动等多元化的宣传格局，向社会用户全面、系统地介绍高校图书馆馆藏资源布局以及服务宗旨、服务职能、服务项目等，并吸收社会人员到图书馆现场参观，加深对图书馆的了解，形成地校互动的关系，拉近高校与社会公众的距离，提高图书馆的知名度。[2] 三是高校图书馆加强自身的宣传工作。可通过学校和图书馆主页进行宣传，也可通过举办阅读活动、资源使用培训活动、编辑宣传手册、编辑宣传片等进行宣传。现代图书馆是信息网络中的一个节点，其自身融入了国际互联网之中，成为庞大的网络信息资源库的一员，增强了读者对网络信息资源的使用性，所以图书馆主页设计上不仅要条理清楚、结构合理、主次分明，既体现了图书馆自身风格，又体现了人文关怀的特点，给读者亲切、好奇的感觉，而且还要加强主页的互动性，增强在线答疑咨询项目，充分体现对读者的关怀和体谅，让四面八方的读者随时随地都能感受到图书馆的关怀，把图书馆的主页真正变成信息时代图书馆人文关怀服务的一个窗口，使读者真正享受到网络化带来的方便、快捷、轻松的人性化服务。[3]

二、制定高校图书馆社会化服务的有关法规，提供法律保障

　　我国截至目前，没有一部正式的关于图书馆的法律法规，更没有一部关于高等学校图书馆的法规。对于高校图书馆，目前只有《普通高等学校图书馆规程》（2015年修订版）。虽然我国部分省区陆续出台了地方性公共图书馆法规，如《上海市公共图书馆管理办法》《内蒙古自治区公共图书馆管理条例》《北京市图书馆条例》《广西壮族自治区公共图书馆管理办法》等，这些地方性法规比较全面地规定了公共图书馆的性质、特点、

----

[1] 吴建平. 高校图书馆社会化服务的营销策略[J]. 情报探索，2008（11）．
[2] 李万梅. 略论高校图书馆社会化服务的策略[C]//数字化环境下的高校图书馆建设. 兰州：甘肃人民出版社，2010．
[3] 路茂林. 创建高校图书馆开放服务新思想[J]. 农业图书情报学刊，2009（3）．

服务对象、应尽义务、读者权利保障等，为广大读者充分利用公共图书馆提供了法律保障。

解决机制有多种，其中较为可行的是尽快出台《图书馆法》，对图书馆工作进行详细规定，将各类图书馆功能进行统一规范，即对我国现有的国家图书馆、各类公共图书馆、各科技图书馆、各高校图书馆和中小学图书馆功能进行规范，通过立法明确各图书馆社会服务职责，特别是规定高校图书馆面向社会开放的义务、开放的资金来源、服务方式、协调机构、保障措施等，从法律上保障社会公民平等有效地利用高校图书馆的文献资源。《图书馆法》对各类图书馆职责做出总体性规定，对各类图书馆社会化服务内容、时间、方式提出相应要求，具体实施方面由各类图书馆根据自身实际情况制定实施细则。其中高校图书馆社会化服务应当尽快实施，这是由中国高等教育目前已走向大众化教育的方式决定的。[1] 高校图书馆社会化服务的法规建设还应体现在《高等教育法》中。《高等教育法》是《中华人民共和国高等教育法》的简称，于1998年8月颁布，1999年1月起执行，共包括8章69条。2015年12月27日，根据第十二届全国人民代表大会常务委员会第十八次会议《关于修改〈中华人民共和国高等教育法〉的决定》修正。其中第12条规定，国家鼓励高等学校之间、高等学校与科学研究机构以及企业事业组织之间开展协作，实行优势互补，提高教育资源的使用效益。第31条规定，高等学校应当以培养人才为中心，开展教学、科学研究和社会服务，保证教育教学质量达到国家规定的标准。第35条规定，高等学校根据自身条件，自主开展科学研究、技术开发和社会服务。国家鼓励高等学校同企业事业组织、社会团体及其他社会组织在科学研究、技术开发和推广等方面进行多种形式的合作。

可以看出，无论是1999年执行的《高等教育法》，还是2015年修订后的《高等教育法》，都或多或少地提到了高等学校面向社会服务、提高资源利用率的问题。虽然正文中没有直接提到高校图书馆面向社会服务，但作为高等学校的重要组成部分，图书馆的人力资源、设备资源、文献信息资源都是学校的重要资源，提高其利用率，尽力满足社会用户的需求，也是高等学校提高资源利用率的一个方面。作者建议，在今后的修改完善中，可将图书馆的信息资源同实验设备、教师资源、学生资源和科研成果一同考虑，作为学校的可利用资源，在高等教育法中明确列出，把其列入

---

[1] 廖武山，谢斯杰，陈聘婷. 高校图书馆社会化服务之法律初探[J]. 海南广播电视大学学报，2009（3）.

第六章 高校图书馆社会化服务

学校社会实践活动或"三下乡"活动中,提高为社会服务的效率。

高校图书馆社会化服务最直接的一个指导性法规是《普通高等学校图书馆规程》。本规程颁布于1987年,2002年和2015年进行过两次修订。2015年12月31日,教育部以教高[2015]14号印发《普通高等学校图书馆规程》。该规程分总则,体制和机构,工作人员,经费,馆舍,设备,文献信息资源建设,服务,管理,附则8章48条,自发布之日起施行。其中,在第4条图书馆的主要任务中明确提出,积极参与各种资源共建共享,发挥信息资源优势和专业服务优势,为社会服务。第28条规定,图书馆应坚持以人为本的服务理念,保护用户合法、平等地利用图书馆的权利,健全服务体系,创新服务模式,提高服务效益和用户满意度。第37条明确规定,图书馆应在保证校内服务和正常工作秩序的前提下,发挥资源和专业服务的优势,开展面向社会用户的服务。这一条规定为高校图书馆提供社会化服务提供了直接的法律依据。唯一不足的是规程中对高校图书馆开展社会化服务的具体做法,如经费、人员、设施、服务形式、服务内容、工作评估等没有明确规定,今后需进一步完善。

图书馆行业制定政策法规也是一项系统工程,不是轻而易举就能实现的,做好此项工作需要搞好立法的全面规划。其规划程序:确立立法权与立法主体。即图书馆立法主体按照一定原则创造作为行业法律立法的一种权力。由于立法是一种主权行为,所以立法主体应该是图书馆行业主权的所有者;成立一个专门的立法机关,设立法规起草机构,组建一个规划领导班子,其人选应由相关组织部门提出名单并报上级部门批准;要培训参与规划人员,提高规划人员的专业素质和政策观念,避免立法工作束手无策或前功尽弃;要加强调查研究,从本行业的人、财、物等特点出发作统筹规划,做到总揽全局,胸中有数,确保立法的科学性、准确性;提出或公布法规草案,确定地区或类型先搞试点,采取以点带面、点面结合的办法,不断总结试点工作经验,讨论、审议并完善所立法规草案;颁布立法及其生效的日期,并跟踪反馈和监督执行力。此外,也可以依照宪法和法律先搞地方性的政策法规,以便尽快为图书馆事业的发展提供法律保证,充分发挥中央和地方两方面的积极性。[1]

高校图书馆社会化立法规定的实践活动应尽量超越目前的"有限"范畴,其服务手段需不拘一格,内容应丰富多彩,形式应灵活多样。其服务政策的现实举措是:

---

[1]杜辉. 王磊,刘晓. 高校图书馆社会化服务政策设计[J]. 图书馆工作与研究,2014(12).

（1）政府出台有关优惠政策，引导高校图书馆对公众开放。

（2）高校图书馆要树立社会化服务意识并有准确的定位。

（3）与各类型图书馆协同合作，实现信息资源的整合与全民共享。

（4）与社会上的信息需求对121企业合作开展产品开发和技术更新等科研项目。

（5）对公共图书馆无法提供的用于学习研究的文献信息给予一定的开放。

（6）与社区合作开展书目查询、文献借阅、电子阅览等系列社会服务。

（7）量力实行分区管理，另辟空间或机构对社会开放服务。

（8）利用寒暑假高校图书馆的闲置期适度向社会开放。

（9）利用数字技术、物流服务满足读者的需求，整合高校图书馆与公共图书馆的数字资源，通过提供远程服务的方式对社会开放。

（10）尽可能减少服务收费，形成长久的公益开放机制。同时，应积极寻求地方政府和企业的经费支持，扩大开放服务项目。[1]

三、成立相应的领导机构，保证此项工作的顺利进行

高校图书馆社会化服务是一项长期的、复杂的系统工程，涉及社会许多部门，需要建立一个科学高效的协调领导机构，推动此项工作健康、持续、有效地进行。

首先要在教育部高教司设立图书馆工作指导委员会。这个委员会对内负责制定各高校图书馆社会化服务工作的政策和总方案，督促检查此项工作的执行情况。对外承担和其他政府机构、行业协会的协作协调工作，包括和当地政府协商高校图书馆的共建共享、高校图书馆社会化服务的对象、时间、内容、场地和经费等。

各省市自治区教育厅要成立相应的二级工作指导机构，结合本地实际情况，制定本省市自治区高校图书馆社会化服务的政策及实施计划，制定有利于高校图书馆开展社会化服务的优惠政策，积极协调本省市自治区宣传部门、文化部门和其他类型图书馆，构建图书馆联盟，为社会用户提供各类服务。制定高校图书馆社会化服务的监督和评估办法，定期对此项工作进行检查评估，保证此项工作有序进行。从目前我国的实际情况来看，各省市自治区高校图书馆社会化服务的协调管理机构可设立在教育厅，由

---

[1] 辛希孟. 中国图书情报工作文库（第四卷）[M]. 北京：中央编译出版社，1996.

一名副厅长担任主要负责人，各高校主管图书馆的副校长参加，主要工作由本省市自治区的高校图工委负责办理。

各高校图书馆可以以本校图书情报工作委员会为依托，具体规划、实施社会化服务的相关事务。这个机构除主管图书馆的校领导、图书馆负责人和学校相关处室、各学院相关领导外，还应吸收本地社区的相关负责人和居民代表参加。本机构应全面分析、掌握该校图书馆的职工队伍、馆舍使用、设备现状、信息资源等，了解掌握社区居民的学历、职业、年龄和信息需求状况，掌握本校各教学研究机构的专业、学科设置、教学科研状态及师生的文献信息需求，适时制定适合于本校图书馆的社会化服务细则，积极开展社会化服务工作。

四、以弱势群体为重点，开展多层次的服务项目

高校图书馆社会化服务，既要有开放的观念，也不能全面撒网、盲目行动，要在坚持开放的前提下突出重点，尤其是要为那些急于需要信息帮助、急于提高自身文化素质的弱势群体提供服务，这些弱势群体主要包括城市农民工、下岗人员、流浪者、身体残疾者等。在提供对外服务方面，可结合本校教学科研信息利用情况和图书馆的馆舍、设备和文献资源现状，针对不同的用户以及用户的不同信息需求提供多样化的服务。

一是提供传统的基础性知识利用服务。可以为学校附近的居民办理借阅证，为他们提供报刊阅览和图书借阅服务。提供文献下载、打印、复印、扫描等服务。

二是发挥网络优势，为社会用户提供网络知识信息服务。网上图书馆具有不受时空限制、方便、快捷的特点。高校图书馆应针对本地区社会发展及经济建设的重点、热点，加强对网络信息的整合，将网上各种分散的、无序的信息收集起来，加以分门别类，从而使得大量随机无序的动态信息转变为有序的、稳定的可进行有效高速存取的信息资源，并通过不同的服务方式，来满足本地区广大用户的信息需要，在用户与网络之间架起一座桥梁。[1]高校图书馆还可通过图书馆主页介绍图书馆的馆藏文献、服务项目以及基本的科学文化知识，帮助社会用户提高科学文化素质。还可以通过网络手段和咨询部门为社会用户提供问题咨询、科技查新、文献传递等服务。

---

[1] 李霞. 高校图书馆社会化服务问题研究[J]. 内蒙古科技与经济，2010（5）.

三是利用高校优越的师资资源和文献信息资源，为社会用户提供个性化的服务。对于任何一所高校来说，在所设置的许多专业中，总有几个专业在全国或本地区是具有特色的，这些特色专业的文献保障能力和学术研究水平是具有一定权威性的，且具有较高的知名度，也容易取信于社会用户，因此可以凭借专业特色的优势，将本校"特色"专业信息进行专项开发，形成特色数据库加以利用，便会取得一定的社会效益和经济效益。高校图书馆还可以利用电视、网络、手机等现代信息载体，围绕社会所需的不同信息分别制定服务策略，对特定范围的网络信息进行查寻、下载、分类、提炼、加工和输出，根据其个性需求主动给用户发送所需的知识信息，实现用户需求个性化。面向政府机构、企业团体、科研部门提供各种信息咨询、可行性研究、项目论证、科技查新及定向跟踪等服务，如广西师范大学图书馆向教学科研人员提供广西神果罗汉果、贡品荔浦芋、珍稀濒危野生动物白头叶猴的信息，并形成了信息联系的长效机制。高校图书馆凭借自身的文献资源和人才优势，推介图书馆的文献信息资源，开展电子资源利用培训、检索技能培训、语言学习或专业技能培训等，帮助读者尽快学会使用现代技术设备检索查询文献信息。组织科普活动，举办专题讲座和学术报告，印发宣传品，如开展送书下乡、科技大篷车下乡活动，传播科技知识与文化；举办各种弘扬中华传统文化的展览、阅读辅导和读书活动，在校外开展知识宣传周活动，在校内开展读书月活动，倡导读好书、好读书的社会氛围。通过这些活动，实施素质教育，倡导终身学习，构建学习型社会。[1]

四是联合发达地区图书馆扶持西部贫困地区图书馆。西部贫困地区图书馆由于社会发展程度低，经济落后，购书经费紧张，出现了藏书数量少、藏书质量低的现象，而中东部地区图书馆由于社会发展程度高，经济发达，信息资源十分丰富，不仅拥有传统的纸质文献，还拥有电子文献、数字化的图书馆馆藏文献和网络化的信息资源。近些年来，许多高校改变了办学方向，专业设置进行了相应调整，图书馆原有的藏书资源需要进行重新整合，与现有新专业有关的图书需要大量购入上架，与现有新专业无关的图书需要剔旧下架。剔旧下架的这部分图书是十分宝贵的信息资源，可以捐赠给西部贫困地区图书馆，充实西部贫困地区图书馆馆藏，实现馆藏文献资源的重复利用。以石家庄经济学院为例，其原名为河北地质学院，拥有土壤学、地层学、矿物学、岩石学等大量图书资料。自20世纪90

---

[1] 马娴. 高校图书馆社会化服务新探[J]. 高校图书馆工作，2011（3）.

年代，因办学方向的原因，将河北地质学院改名为石家庄经济学院，专业设置发生了很大改变，新增了法律、公关、金融、旅游、外语、营销等许多专业，图书馆新购进了大量与新专业有关的图书资料，由于馆舍有限，新书需要大量的馆藏空间进行上架，需要加强剔旧补新工作，该馆将这部分剔旧图书捐赠给了西部贫困地区图书馆，同时实现了馆藏文献资源的重复利用。

五是结合农村实情开展教育扶贫。农村文化站由于设备条件差，管理人员文化素质低，缺乏对图书管理的基础知识及图书分类的专业知识，购书倾向于文化快餐、言情、武侠这类市场畅销书，进书质量低，不能满足对农民读者开展职业技术教育培训的需要。高校图书馆可以向文化站捐赠一些教学仪器设备、桌椅板凳、办公设备、学习用具、图书资料等；可以举办各种形式的培训班和专题讲座，对图书馆管理人员进行全面细致的业务培训、业务指导；可以举办实用信息发布会，通过原版原刊、产品样本样品展示会等传播信息，既方便了基层用户，又锻炼和提高了图书馆工作人员的素质。[1]

五、加强高校图书馆联盟的整体效能，采用多种模式互补的形式，提高服务质量

要提高高校图书馆社会化服务的效率，只靠某一个或某几个图书馆是难以完成的，必须充分发挥各种图书馆联盟优势互补的整体效能，尽最大力量满足社会用户的文献信息需求。从现状来看，和高校图书馆结成的联盟有地域性的中心图书馆、高校图工委，也有行业性的图书馆联盟，如农业系统的高校图书馆工作委员会、民委系统的高校图书馆工作委员会、医学系统的工作委员会，还有数字资源的图书馆联盟，如CALIS、CASHL等。这些不同的高校图书馆联盟，在各自的系统当中，互相合作，共建资源，互通信息，基本达到资源共享的状态。

今后需要加强的工作主要包括：其一，加大各联盟馆之间资源的共建共知，把不同联盟图书馆之间的信息资源纳入某一高校图书馆的资源库中，尽可能地增加本图书馆为社会用户提供的文献信息总量。其二，提高各联盟文献信息资源的使用率。从现状来看，所有图书馆联盟的资源共

---

[1] 彭江山. 教育扶贫——高校图书馆社会服务的新途径[J]. 科技情报开发与经济，2006(8).

知状态比较好，而共建和共享仍然达不到理想的结果，需要进一步采取措施，如馆际互借、共建网络平台、远程传递等，提高联盟各成员馆的文献信息使用率。其三，制定必要的规则、协议和服务评估标准，以促进成员馆间信息、人力等资源要素的自由流动和服务质量的提高。其四，使成员馆注重资源布局的分工和梯度，形成产业链，以整体优势应对外界竞争。其五，建立覆盖本区域、连接国际国内的信息资源共享平台和综合服务体系，按市场机制运作，为提高社会化服务水平提供资源保障。[1]其六，加强区域图书馆间的资源采集规划衔接，防止雷同和重复建设。同一区域内不同类型图书馆之间也各有特色，各自选择最适合自己的资源类型进行建设。在跨区域、跨行业的资源重组中，要建立区域内图书馆分工体系，注重资源布局的梯度和分工，发挥优势，形成产业链，增强区域产业联动效应，以区域联合体的整体优势，应对外界竞争。其七，利用现有基础，加快信息基础设施建设，建立覆盖该区域、连接国际国内的信息资源共享平台和综合服务体系，促进信息技术的研究、开发和广泛应用，实现区域内信息资源的公开与共享。建立畅通的信息交流平台，搭建功能完善、服务周到、覆盖面广的联合体交流网络，共同构建图书馆间多元化、高效率、资源共享的大流通格局，实现融合共享，真正使区域图书馆之间形成一个开放、竞争、统一、有序的良好互动沟通格局。[2]

六、实行社会化管理

一是坚持实行馆务委员会指导下的馆长负责制和馆务公开制，委员会成员除主管校长及馆长外，应有一定数量、层次读者参加。二是在核定办馆规模服务任务的基础上，实行工资成本总量的定量化管理。校长与馆长之间签订目标责任合同，学校真正做到管事不管人。图书馆实行高难岗位精尖技术人才与普通体力劳动岗位人员的分类管理，以降低人才使用的经费成本。三是对文献采购和公共事务采用招标和外包方式，以杜绝腐败现象和压缩人员编制。四是组建多类型多载体文献共存互补的查、借、阅一体的文献布局模式，为读者提供"一站式"开架服务。将书库分为主题检索区和分类检索区。前者是利用率高的文献，按专题陈列；后者是流通率低的文献，按分类组织。五是推行专业人员上岗资格认证制度，竞争上

---

[1]沈颖.校图书馆社会化服务创新探究河南图书馆学刊[J].2009(5).
[2]曹志梅.区域图书馆联合体及其构建[J].中国图书馆学报，2007(3).

岗制度，辅之以聘任合同制，并由经选举产生的"同行评审委员会"对岗位聘任实行仲裁，力争建立起干部能上能下，人员能进能出的用人机制。六是用模糊量化方式对不好量化的工作进行"认定式量化"（由相关负责人和业务骨干组成量化小组，对每项工作的工作量进行认定），按初级、中级、高级读者和基础服务、技术服务、参考咨询服务分别赋予不同的权值，并落实到每位职工。当然，当馆藏和读者变化时，需重新认定其工作量。七是由量化小组和相关各层次读者按一定比例合作，对职工服务质量和效果按年测评，结合出勤、创造性等一起作为年终考核依据，实行绩效优先兼顾一般的分配策略，并与职务（称）晋升、继续教育等挂钩，对超额完成工作量的要重点倾斜，以鼓励他们积极投身社会服务。

高校图书馆还可以通过参与公共文化购买的形式服务社会用户。

政府公共服务购买就是指政府将原来由政府直接举办的，为社会发展和人民生活提供服务的事项交给有资质的社会组织或个人来完成，并根据社会组织提供服务的数量和质量，按照一定的标准进行评估后支付服务费用，是一种"政府承担、定项委托、合同管理、评估兑现"的新型政府提供公共服务方式。根据情况服务购买可采用有招标、竞争性谈判、单一来源采购、询价等多种方式。

七、建立高校图书馆社会化服务的评价体系

正确、科学的评价体系是做好一项工作的可靠保证。要持久、深入地开展好高校图书馆社会化服务工作，除了以上措施外，还要建立健全科学实用的评价体系。

对图书馆的服务质量进行评价，就先要明确其评价的标准。当然，这种评价是对图书馆工作的评价，但图书馆所做的一切工作，都理应也必须是"始于客户的需求，终于客户的满意"，这种评价将是"基于用户的图书馆服务质量评价"，是"用户以自身感受为基点对服务质量进行的评价"。可见，图书馆服务质量评价始终是围绕着用户、读者来开展的，其根本的评价标准是用户对图书馆服务的满意度。

以用户的满意度作为评价原则，它不但要求图书馆的服务要有一个好的结果，还应有一个好的过程。并不是图书馆的投入多、资源多，用户利用的多，服务就自然会好，用户就一定会满意，"极少有证据证明这个经验逻辑的正确性"，实际上，"高利用率完全可能伴随低满意率"。同时，以用户的满意度作为评价原则，还有助于建立一种公平的竞争环境，这是因为如果以馆藏资源、以硬件作为评价标准，那些大馆、强馆即使不

怎么努力，只要不出大乱子，仍然可获得较高的评价，而一些小馆、弱馆无论怎样努力，也无法达到较高级别，这必将打击图书馆改进服务工作的积极性，弱化评价的激励作用。[1]

建立科学、全面的服务评价体系，是提高图书馆的办馆效益和实现图书馆可持续发展目标的关键。何姗认为在图书馆服务评价体系的多个评价指标中，"读者满意度"和"图书馆绩效"两个指标不可或缺。[2]

（一）用户满意度评价

用户满意是图书馆全面质量管理的基点，也是推行全面质量管理的指导原则，追求用户满意是图书馆全面质量管理的终极目标。用户满意度评价是衡量高校图书馆社会化服务质量和水平的核心要素。菲利普·科特勒指出：满意度是指一个人通过对产品和服务的可感知的效果与其期望相比较后所形成的感觉状态。高校图书馆用户满意就是用户对图书馆提供的信息产品和信息服务的感知和体会与用户的服务期望之间的关系。当用户的使用感受能够符合甚至超过其期望，或者图书馆提供的服务能够符合甚至超过用户需求时，用户就会感到满意，对图书馆的服务质量肯定。用户满意，保持对其吸引力，是图书馆可持续发展的动力。因此用户满意度评价包括：图书馆信息产品满意是基础；图书馆信息服务满意是核心；用户感知满意是关键。用户满意度测量方法一般分面对面咨询和通讯咨询两种。面对面咨询是根据预先设计好的满意度指标和调查内容，对抽样到的用户进行详尽的访问，使访问者对图书馆使用产品的情况有系统、全面的了解和总体把握。王娟等基于用户满意度的系统构成和指标体系设置的基本原则以及地方高校图书馆用户满意度影响因素分析，建立了由4个一级指标、17个二级指标的用户满意度评价指标体系，其主要目的是找出影响用户满意度的各个因素重要程度，定量地测算出图书馆用户综合满意度，比较分析影响图书馆用户服务评价体系各因素的优缺点。研究表明，用户满意度评价一级指标包括馆藏、服务、设备、环境，二级指标体系包括文献资源结构、二三次文件加工等，以构成用户满意度的评价指标体系。[3]

（二）图书馆绩效评价

建立图书馆绩效评价体系，就是对图书馆各个要素的运行效能和服务效益进行评估。高校图书馆作为非营利性质的组织，其绩效评价的思想精

---

［1］徐成兵．试论高校图书馆服务质量评价体系的建构[J]．现代情报，2008（2）．
［2］何姗．基于高校图书馆全面服务质量管理体系的构建[J]．现代情报，2008（3）．
［3］王娟等．基于读者满意度可拓聚类的地方高校图书馆服务评价体系研究[J]．安徽农业科学，2010（35）．

髓在于以人为本,围绕全心全意为用户服务的办馆宗旨开展工作,通过分析图书馆的运行现状,发现存在的问题,让馆员充分参与图书馆的管理过程,并重视馆员的发展。图书馆绩效评价体系分以下两个层次:

1. 整体绩效评价

将图书馆作为一个组织从整体来考评运行的效率和效益,主要包括:①资源建设的效益:馆藏文献的效绩效评价;人力资源的绩效评价;馆舍、设备及其他设施的绩效评价。②读者服务的效益:图书馆提供的基础性服务(书刊借阅、宣传、教育、展览等)绩效评价;图书馆提供的技术性服务,如文献资源的整合、咨询和科技查新、定题服务及用户的培训与教育的绩效评价。③图书馆内部工作、管理的效益:党务建设的绩效评价;行政工作的绩效评价;业务部门的绩效评价。

2. 馆员绩效评价

图书馆提供用户满意的高质量社会化服务,最终离不开具有良好素质的馆员。图书馆的全面质量管理中应通过各种措施提高馆员能力并调动和发挥其积极性、主动性和创造性,从而使在推动图书馆事业发展的过程中馆员的自我价值得到实现,以达到图书馆管理的终极目标为用户提供最优质服务。根据不同岗位性质(如管理岗位和服务读者岗位)的评价要求进行对馆员德、能、勤、绩四方面的考评。"德":包括职业道德水准和为用户服务的精神;"能":包括专业职称、业务能力、创新精神以及指导他人的能力;"勤":包括劳动纪律性、学习业务和工作的积极性;"绩":包括业务工作取得的进展、质量以及在学术研究上取得的成果。

唐元华撰文提出了高校图书馆社会化服务的评价体系。[1]文章指出,高校图书馆社会化服务评价体系建设目标,是体系能够涵盖服务能力评价、服务过程评价、服务效果评价,体系建立后能够为任何高校图书馆开展社会化服务提供参考依据。

文章从服务项目开展前、服务项目进行中、服务项目周期终结后3个时点和时段上筛选要素,设定评价指标。综合考虑影响社会化服务质量与效益的关键要素即对社会化服务的认可度;与社会化服务相关的信息资源拥有情况;人力资源的配备情况;突发事件应对能力;服务对象;服务方式;服务时间;社会效益评估;成本补偿。以上9个要素可以概括为三大板块:服务项目准备要素、服务项目实施执行要素、服务项目后评价要素。

---

[1] 唐元华. 高校图书馆服务社会化评价体系构建[J]. 农业图书情报学刊, 2014 (5).

参考文献

[1] 赵静.高校图书馆功能的演进［M］.北京:清华大学出版社，2016（12）.

[2] 李栓民.地方高校图书馆社会化服务的实践与探索［J］.农业图书情报学刊，2011（7）.

[3] 吴晞.从藏书楼到图书馆［M］.北京：书目文献出版社，1996.

[4] 郑章飞.中闲图书馆学教育概论［M］.北京：国防科技大学出版社，2001.

[5] 李琛.高校图书馆教育功能理论与实务［M］.合肥：安徽师范大学出版社，2012（5）.

[6] 袁曦临.建立基于图书馆的终身教育体系和学习模式的构想［J］.图书馆论坛，2007（5）.

[7] 夏晓玲.地方高校图书馆参与社区文化建设研究［J］.韶关学院学报，2011（1）.

[8] 张白影.高校图书馆信息服务社会化的理论与实践——以广州大学图书馆为例［J］.大学图书馆学报，2009（4）.

[9] 连玉明.学习型社会［M］.北京：中国时代经济出版社，2004.

[10] 艾家凤.高校图书馆人力资源管理研究［M］.北京：中国科学技术大学出版社，2015（8）.

[11] 李志，谢国洪.企业员工参与管理研究综述［J］.管理，2007（3）.

[12] 孟娜.论人事管理与人力资源管理［J］.甘肃科技，2012（18）.

[13] 相飞.企业员工激励原则与应用［J］.江西行政学院学报，2004（11）.

[14] 李梓房.知识结构与知识型企业成长［M］.北京：经济日报出版社，2008.

[15] 章小芳.浅谈图书馆馆员的知识结构及其完善［J］.图书馆刊，2004（6）.

[16] 王启云.高校数字图书馆建设评估研究［M］.北京：中国书籍出版社，2012（9）.

［17］中国数字图书馆有限责任公司数字图书馆整体解决方案.http：//www.d—library.com.cn/tag/index.html.

［18］李宏伟，罗任秀，邱春兰.高校图书馆开展社会化服务的探讨及实践——以江西理工大学图书馆为例［J］.江西图书馆学刊，2011（4）.

［19］吴涛，王关锁.图书馆科学发展的理念与实践［M］.北京：中国书籍出版社，2012（9）.

［20］赵国忠，张创军.高校图书馆社会化服务概论［M］.北京：国家图书馆出版社2016（10）.

［21］杨威理．西方图书馆史［M］．北京：商务印书馆，1998.

［22］陈兴凤等．中外高校图书馆社会化服务的比较与借鉴［J］.常州信息职业技术学院学报，2014（3）.

［23］张杰.高校图书馆服务社会化实证分析——以安徽地区三所省属高校为例［D］·安徽大学，2015.

［24］黄宗忠.图书馆学导论［M］.武汉：武汉大学出版社，1988.